Robert Spaemann

Über Gott und die Welt

Eine Autobiographie in Gesprächen

Klett–Cotta

Das Sichzusammenschließen der vielen Momente des Lebens zu einem
Ganzen ist nicht ein objektives Geschehen jenseits und außerhalb dieser
Momente, sondern es geschieht wiederum in Augenblicken, die ihrerseits einen
Teil des Lebens bilden. Das Ganze wird so zum Teil seiner selbst. Wir erinnern
uns, und wir integrieren das Erinnerte, indem wir seine Bedeutung stets aus
einem Entwurf des Künftigen neu bestimmen. Dieser Entwurf ist seinerseits
wieder bestimmt durch die erinnerte und nicht erinnerte Vergangenheit.

Robert Spaemann: »Die Zweideutigkeit des Glücks«

Klett-Cotta
www.klett-cotta.de
© 2012 by J. G. Cotta'sche Buchhandlung Nachfolger GmbH,
gegr. 1659, Stuttgart
Alle Rechte vorbehalten
Fotomechanische Wiedergabe nur mit Genehmigung des Verlags
Printed in Germany
Umschlag: Rothfos & Gabler, Hamburg
Unter Verwendung eines Fotos von © Marijan Murat
Gesetzt aus der Bembo von Dörlemann Satz, Lemförde
Auf säure- und holzfreiem Werkdruckpapier gedruckt und gebunden
von cpi books, Leck
ISBN 978-3-608-94737-3

Zweite Auflage, 2012

Bibliografische Information Der Deutschen Nationalbibliothek
Die Deutsche Nationalbibliothek verzeichnet diese Publikation in der
Deutschen Nationalbibliografie; detaillierte bibliografische Angaben
sind im Internet über <http://dnb.d-nb.de> abrufbar.

INHALT

VORWORT

von Stephan Sattler

Wie ist Robert Spaemann der Philosoph geworden, der er heute ist? Er zählt zu den wenigen deutschen Denkern der Gegenwart, deren Stimme über die akademische Welt hinausreicht. Mit seinen Büchern und Vorträgen fand er schon immer international Beachtung.

»Über Gott und die Welt« zeigt nun Lebensstationen des Philosophen auf und die ihn bestimmenden Gedanken. Zu seinem Leben hat sich Robert Spaemann bislang nur zurückhaltend geäußert; er hält den Gedanken für abwegig, das Ausbreiten der eigenen Vita könne Wesentliches über den Inhalt seines Philosophierens aussagen. Wenn Philosophie – hier zitiert er Hegel – »wirkliche Erkenntnis dessen, was in Wahrheit ist« bedeutet, dann geht es dabei um Einsichten, von denen man meinen könnte, es sei nur Zufall, dass sie nicht schon von den Lesern selbst gedacht wurden; von der eigenen privaten Lebensgeschichte allein sind sie nicht abzuleiten.

Nun schildert Robert Spaemann, eingebettet in zehn Kapitel mit Gesprächen, die ich mit ihm führte, Episoden, Erfahrungen und Begegnungen, die ihn nachhaltig prägten. Beides, Dialog und Episode, bilden ein Buch, in dem Robert Spaemann seine Lebensstationen und seine Denkwege erzählt. Biographisches und Philosophisches mischen sich, und das Erzählen – typisch für diese und viele andere Gespräche mit Robert Spaemann – weitet sich und mündet ins Weiterdenken. Dabei ist ein bilder- und gedankenreiches Panorama aus Lebensstationen, Porträts, Diskussionen und Positionen entstanden, das Spaemann-Kenner freuen und alle anderen Leser, die ihm noch nicht begegnet sind, in Spannung versetzen wird. »Die zwei Interessen der Vernunft«, ein Text, der in nuce Robert Spaemanns Denken der letzten Jahre zusammenfasst, bildet den Schlusspunkt und Ausklang dieser knappen Gedankenbiographie in Gesprächen.

Über Kindheit und Jugend von Robert Spaemann in Berlin, Köln, Dorsten und Münster wusste man bislang kaum Näheres: die Konversion seiner Eltern zum katholischen Glauben, den frühen Tod seiner Mutter, seine frühe Haltung und innere Widerständigkeit gegen den Nationalsozialismus, die ihn mit 17 Jahren veranlassen, sich im Reichsarbeitsdienst dem »Eid auf den Führer« und danach dem Gestellungsbefehl der Wehrmacht zu entziehen. Schon in Jugendjahren offenbaren sich sein Hang zur Eigenständigkeit und die Bereitschaft zum Dissidententum. Mit dieser Vita im Dritten Reich unterscheidet er sich von allen, die wie Robert Spaemann um 1927 geboren sind und das geistige Leben der alten und der wiedervereinigten Bundesrepublik bis heute gestalten.

Es fällt auf, dass Spaemann sich in der Nachkriegszeit zunächst ganz gegensätzlichen Gruppierungen und Ideen zuwandte. Da ist einmal sein starkes Interesse am christlichen Leben und dann seine Neigung zu linken und sozialistischen Vorstellungen, mit denen er nach einem abenteuerlichen Aufenthalt Ende der vierziger Jahre in Ostberlin für immer bricht. Die Schriften Carl Schmitts wie auch die »Dialektik der Aufklärung« von Horkheimer und Adorno faszinieren ihn gleichermaßen. Thomas von Aquin und Hegel gelten ihm ein Leben lang als Lehrer des Denkens.

In Joachim Ritter, dem Philosophen, der ab 1946 in Münster lehrt, findet er die Lehrerpersönlichkeit, die ihn endgültig für die Philosophie gewinnt, wobei er für theologische Fragen stets offenbleibt. Mehr als 20 Jahre später tritt er bei den Auseinandersetzungen mit zu Revolten neigenden Studenten zwischen 1967 und 1971 als ein Mann auf, der an einmal gewonnenen Einsichten festhält und sich nicht einschüchtern lässt. Er sucht in Stuttgart und Heidelberg das Gespräch mit den jungen Leuten und wird von ihnen wegen seiner klaren, für jeden nachvollziehbaren Diktion geachtet, obwohl er unmissverständlich und nicht selten eine Gegenposition vertritt. An allen wichtigen Debatten der jungen Republik hat sich Robert Spaemann seit den fünfziger Jahren bis heute beteiligt: In der Frage der Atombewaffnung sieht man ihn an der Seite Heinrich Bölls. In seinem Buch »Grenzen« ist der Brief an Heinrich Böll vom Ende der siebziger Jahre nachzulesen, in dem er seine Parteinahme für die sogenannte Nachrüstung begründet. Als es um die Bildungsreform geht, tritt er zusammen mit Hermann Lübbe auf, der das schöne Wort »Verblüffungsresistenz« geprägt hat.

Auf Robert Spaemann passt Goethes Wort: »Wer philosophiert, ist mit den Vorstellungen seiner Zeit nicht einig.« Seine Moral- und Naturphilosophie sind große Gegenentwürfe zu den heute herrschenden Ideologien, vor allem der »wissenschaftlichen Weltanschauung«, die mit imperialem Gestus verspricht, alle Wünsche der Neuzeit und der Moderne zu erfüllen. Und doch ist er kein Wissenschaftsgegner, ganz im Gegenteil. Wer sich mit ihm über physikalische und biologische Fragen unterhält, ist gelegentlich verblüfft über seine Kenntnisse auf diesen Gebieten. Sein Begriff des »Lebens«, seine Philosophie der »Personen« sind gründlich durchdachte Plädoyers für den Menschen wie er »geht und steht« und wie er sich auch selbst versteht, gegen alle Versuche, den Menschen als »Ding« hinzustellen, das beherrscht und manipuliert werden kann und muss.

Descartes' Diktum vom Menschen als »Herrscher über die Natur« ist ambivalent. Denn »Herrschaft über die Natur« und »Beheimatung in der Natur« stehen in einem dialektischen Verhältnis zu einander. Warum aber verhält es sich so? Darauf gibt der Aufsatz »Zwei Interessen der Vernunft« eine Antwort. Aber eigentlich kreist das ganze Buch um diese wichtige Grundfrage: Wir beobachten Robert Spaemann beim Verfertigen seiner Gedanken, beim Denken mit seiner sanften, aber beharrlichen Überzeugungskraft. Er ist katholischer Christ und Philosoph, kein katholischer Philosoph, wie seine Kritiker behaupten, um ihn abzuwerten. Auch die Bezeichnung »Linkskatholik« in den fünfziger Jahren hat er immer abgelehnt. Seine politischen Überzeugungen waren einmal »links«, sein Katholizismus nie. Sein Philosophieren ist authentisch, argumentierend, nie nur antithetisch. Den Gegner so genau wie möglich zu verstehen, dieses Ethos steht am Anfang seiner kritischen Bemühungen. Die gemeinsame Vernunft zwingt ohne Zwang allmählich zur Einsicht – mit diesem Eindruck verlässt man Robert Spaemann nach einem zweistündigen Gespräch mit ihm »Über Gott und die Welt«. Für ihn ist Philosophie eine *ars longa*, die nie zum abgeschlossenen System gelangt, solange das Fragenstellen möglich ist. Erst der Tod setzt ihm ein Ende.

Wie kam es überhaupt zu diesem Buch? Ich schätze Spaemann seit dem Jahr 1972, als ich den Aufsatz »Die Utopie der Herrschaftsfreiheit« im »Merkur« las. Darin durchmusterte er in jargonfreier Sprache die gängigen politischen Theorieangebote, angefangen von Habermas über Dahrendorf und Luhmann, und brachte Platon und Nietzsche luzide zum Sprechen. Mir gefiel dieses von den »Modetönen des Zeitalters« (Kant) unbeeindruckte Denken, vor allem der Nachweis, wie unhintergehbar der Begriff des Guten für die gesamte Ethik und Politik ist.

1987 lernte ich Robert Spaemann in Frankfurt kennen, als er die Laudatio auf Hans Jonas bei der Verleihung des Friedenspreises des Deutschen Buchhandels hielt. Seine souveräne Apologie einer teleologischen Naturphilosophie, seine Aktualisierung des Begriffs »Natur« und die Reflexion darüber, was wir meinen können, wenn wir von »natürlichen Dingen« reden, hinterließ bei mir einen starken Eindruck.

In den neunziger Jahren traute ich mich dann als Kulturredakteur des »Focus«, Spaemann um ein Interview zu bitten, und rechnete mit einer Absage. Doch es kam anders. Das Interview fand statt, sogar der Anklang in der Redaktion blieb nicht aus. Danach folgten noch einige Interviews und vor allem längere Telefonate. Aber erst 2006 kamen wir uns näher: längere Spaziergänge durch die schattigen Laubwälder um das Schloss Solitude in Stuttgarts Westen. Es dauerte dann noch bis Dezember 2010, dass ich den Mut aufbrachte, Spaemann zu überzeugen, einen Gesprächsband über seine geistige Biographie mit mir herauszugeben. Wir hatten immer häufiger über Ereignisse aus seinem Leben gesprochen. Er erzählte mir, er habe einige »kleine« Episoden aus seiner Vergangenheit niedergeschrieben, die aber eigentlich nicht zur Veröffentlichung bestimmt seien. Bei mir dagegen verstärkte sich beim Zuhören immer mehr die Überzeugung, gerade diese Erinnerungen, gerade ein Gespräch über seine Vita müssten publiziert werden – ein Gedanke, den, wie Spaemann mir sagte, Michael Klett schon vor Jahren geäußert hatte. Es war die Freude, mit Spaemann zu reden, ihn zu befragen, mit ihm zusammen zu sein, die mich antrieb, andere mit einem Buch daran teilnehmen zu lassen. Schließlich gab er meinem Mitteilungsbedürfnis nach und willigte in das anfangs keineswegs sichere Unternehmen ein, unsere Gespräche zu veröffentlichen.

Zwölf Sitzungen im Jahr 2011, die lange Abschrift daraus, viele Kürzungen und Gespräche über Streichungen folgten.

Dieses Buch kam zustande und ist nun, wie ich meine, die beste Einführung in das Philosophieren Robert Spaemanns. Ich habe eine wichtige Erfahrung im Zusammenhang dieses Buches gemacht: Es besteht kein kleiner Unterschied zwischen dem umfangreichen und kompetenten Sich-Auskennen in der Philosophie, wie sie seit Platon betrieben wird, und dem Philosophieren selbst.

Dem Autor bin ich zu tiefem Dank verpflichtet, dass er meine Fragen mit großer Geduld hingenommen, mit nie nachlassender Konzentration beantwortet hat und bereit war, seine »Episoden«, Texte, die so viel über ihn offenbaren, einzufügen. Erst sie geben dem Buch sein eigentliches Gewicht.

Frau Susanne Held, die das druckfertige Manuskript unermüdlich engagiert erstellt und unsere Arbeit durch kluge Vorschläge zur Kürzung und Korrektur begleitet hat, sei vielmals gedankt. Auch dem Lektor Johannes Czaja, der Korrektorin Frau Renate Warttmann und dem Verlag Klett-Cotta gebührt – natürlich nicht zuletzt – mein bester Dank.

München, im März 2012   *Stephan Sattler*

WAS IMMER IST

Kindheitserinnerungen

Nächst Gott verdanke ich, wie mein Vater mir erzählte, meine Existenz der Malerin Käthe Kollwitz. Sie muss den genialischen jungen westfälischen Kunstgeschichtsstudenten, Dichter und Bauhaus-Schüler Heinrich Spaemann als Mitarbeiter der legendären »Sozialistischen Monatshefte« kennengelernt und gemocht haben. Mein Vater war dort zuständig für Film und Varieté, also damals zum Beispiel für Charlie Chaplin, Buster Keaton, Sergej Eisenstein, Josephine Baker und den Mozart der Jongleure, Rastelli. Ich besaß als Kind einen der Bälle, die Rastelli nach der Vorstellung ins Publikum geworfen hatte.

Die aus dem Schwäbischen stammende Tänzerin und Mary-Wigman-Schülerin Ruth Krämer mochte Käthe Kollwitz auch und fand, die beiden sollten einander kennenlernen. Sie stiftete den älteren Freund und Mentor meines Vaters, den Psychologen Alexander Mette (später Präsident des Psychologenverbandes der DDR), dazu an, die beiden zusammen einzuladen. Sie hatte Erfolg.

In Mettes Haus allerdings ereignete sich später (es war der letzte Besuch) auch die Wende im Leben meiner Eltern, der Blutsturz meiner Mutter, der ihrer tänzerischen Laufbahn ein Ende setzte. Dass sie im Himmel wieder würde tanzen können, war ihr gewiss. Dies und ein gleichzeitiger Anfall dämonischen Wahnsinns bei Mette war der Beginn einer gänzlichen Neuorientierung meiner Eltern, die, beginnend mit der Lektüre Rousseaus über Jean Cocteaus Briefwechsel mit Maritain schließlich zum Weggang von Berlin nach Münster und am Ende in den Schoß der katholischen Kirche führte. So viel zur Vorgeschichte meiner Erinnerungen.

Ergänzend ist nur noch zu sagen, dass mein Vater sich Jahre nach dem Tod meiner Mutter entschloss, Priester zu werden. Er wurde 1942 vom Bischof von Münster, Graf Galen, geweiht.

Den Bericht aus diesen Erinnerungen sollte ich beginnen mit dem Vers des Psalms *Laetatus sum in his quae dicta sunt mihi: In domum Domini ibimus*. Meine früheste Kindheitserinnerung ist die Erinnerung an die Freude, von der in diesem israelitischen Wallfahrtslied die Rede ist – die Erinnerung an ein unbeschreibliches Wohlbehagen des Dreijährigen, der auf dem Schoß seiner Mutter liegend aufwacht beim Psalmodieren der Mönche, das ihn auch schon in den Schlaf gesungen hatte. Die Eltern meinten, es sei nun genug, und wollten aufbrechen. Aber ich bettelte sie an, noch zu bleiben. Ich konnte mich von dem Gesang mit seinen endlosen Wiederholungen nicht trennen (und kann es bis heute nicht). Es war in der Benediktinerabtei St. Josef im münsterländischen Gerleve, wo meine Eltern in die Kirche aufgenommen wurden und wo sie mich als Dreijährigen hatten taufen lassen.

Mein Taufpate war der alte, bärtige Klosterbruder Radbod, der mich früh in die Geheimnisse seiner Bienenzucht einweihte, während meine Eltern im Klosterladen ihren Honigbedarf deckten. Später begleitete ich gelegentlich als Ministrant einen Mönch auf dem »Versehgang« zu einem der umliegenden Bauernhöfe, wo es dann nach stattgehabter Zeremonie ein reichliches Frühstück gab, reichlicher, als das im Kloster üblich war.

Die Verbindung zur Abtei überdauerte die Übersiedelung

meiner Eltern nach Köln im Jahr 1932. Ostern feierten wir fast immer dort. 1943 wurden die Mönche vertrieben. Ich schrieb damals mein erstes Sonett in einem etwas pathetischen, von Reinhold Schneider inspirierten Stil, in dem ich mein Land dem Untergang preisgegeben sah, weil es die zehn Gerechten ausstößt, deretwegen Gott sogar Sodom und Gomorrha verschont hätte:

Gerleve 1943
Das Volk, das seine Beter feig verriet, / die Erstgeborenen aus seinen Söhnen, / den eignen heiligen Namen, würd es wähnen, / den Namen selbst zu retten? Doch es flieht // aus seiner Mitte das geweihte Lied, / das seinen Namen trug und unter Tränen / den Segen Gott abrang. Nur dumpfes Stöhnen / dringt aus dem Abgrund noch und schaudernd sieht // ein Engel, wie sein Volk die zehn Gerechten / ausstößt, um derentwillen Gott vergeben / und Sodoma selbst freigesprochen hätte. // Nun ist es rettungslos den finstern Mächten / und namenlos und nackt dahingegeben. / Nur du bleibst noch, mein Gott, du komm und rette.

Ein pathetischer Augenblick war für mich das Osterfest 1943. Meine Mutter war sieben Jahre zuvor gestorben. Ich verbrachte das Fest, wie meistens, in Gerleve, diesmal einquartiert bei einem Bauern. Das Kloster war inzwischen in ein Lazarett verwandelt. Die Bauern hatten mit der Drohung von Lieferstreik die Öffnung der Abteikirche und regelmäßige Gottesdienste darin erzwungen. So fand an jenem Tag das Osterhochamt statt. Die Kinder von der Gerlever Volksschule sangen, ja schmetterten die gregorianischen Gesänge: *Kyrie, Gloria, Credo, Sanctus* und *Agnus Dei* in der besonderen österlichen Melodie.

Ihr Lehrer hatte es mit ihnen geprobt, und es erscheint mir immer als lächerlich, wenn die Liturgiereformer später verbreiteten, es hätte dieser Reform und der Abschaffung des Lateins bedurft, um eine aktive Teilnahme der Gläubigen an der Liturgie zu erreichen. Pathetisch war der Augenblick für mich, weil ich ganz allein den vertriebenen Mönchschor zu vertreten hatte durch den Sologesang des sogenannten »Proprium«, eines der reichen, melismatisch komponierten gregorianischen Ostergesänge, Gesänge, die zu den schönsten des Jahres gehören und die von Rechts wegen Sache einer kleinen Mönchsschola waren.

Die kleine Terz, mit der das »Resurrexi« beginnt, ist so ganz anders als die Pauken und Trompeten, die in späteren Jahrhunderten für diesen Text mobilisiert wurden. Der verhaltene Jubel der kleinen Terz drückt die Stille aus, in der sich die Morgenröte eines neuen Äons ereignet. Adressat des Psalmworts »Ich bin auferstanden und immer bei Dir« sind nicht wir. Es ist eine Zwiesprache des Auferstandenen mit dem Vater.

Zwei Jahre später kamen die Mönche zurück. Dass ich in ihre Gemeinschaft eintreten wollte, ist nach all dem verständlich. Und auch, dass der ehrwürdige alte Abt, so wie es die Benediktinerregel vorschreibt, meinen Enthusiasmus bremste und mich erst einmal an die Universität zurückschickte. Da ich ohnehin über beide Ohren verliebt war, blieb (womit ein weiser Abt immer rechnet) dieses Anklopfen an der Klosterpforte Episode. Ein älterer, aus dem Krieg heimgekehrter Freund und Mitstudent, der mit mir angeklopft hatte, trat dann bald darauf wirklich ein, wurde Mönch, ein guter Mönch, später Novizenmeister, und ist schon lange am Ziel dieses Unternehmens angekommen.

Mein Kontakt zur Abtei wurde spärlich. Erst viele, viele Jahre später entdeckte ich in der Provence, am Fuß des Mont Ventoux, die neue Abtei Ste Madeleine in Le Barroux, in der ich das Mönchtum meiner Jugendzeit, die herrliche römische

Liturgie, die strenge monastische Observanz, den frühen Tagesbeginn, das strikte Schweigen wiederfand und jenen Gehorsam, der das Lebenselement des Benediktinermönchs ist, ihn zum Ruhen in sich bringt und die Mönchsgemeinde zu einer brüderlichen Gemeinschaft von Einsiedlern macht.

Entstanden ist diese Abtei durch einen Mönch, der zur Zeit der Verwirrung und Aufweichung der klösterlichen Disziplin nach dem 2. Vatikanischen Konzil mit Erlaubnis seines Abts sein Kloster verließ und in der Provence bei einem leerstehenden steinernen Kirchlein als Einsiedler zu leben begann, die alte Messe las und die monastischen Tagzeiten rezitierte. Bald sammelten sich junge Leute um ihn, und sie begannen zusammen eine neue Mönchsgemeinde zu bilden, bauten dann in Le Barroux ein großes Kloster. Zwei Kilometer entfernt entstand ein ebensolches Frauenkloster.

Als dann das päpstliche Verbot durch päpstliche Gunstbeweise abgelöst wurde, stand dem inneren Frieden und der äußeren Entfaltung und Ausstrahlung nichts mehr im Weg.

Ich muss, wenn ich über mein Leben schreibe, zuerst von dem sprechen, was gar nicht mein Leben ist. Ich bin kein Mönch. Aber mein Leben ist eine vorübergehende Episode im Universum. *Wichtig ist, was immer ist.* Die Mönche bezeugen durch ihren Gesang und durch die Form ihres Alltags das, was immer ist. Sie bezeugen es als den, der immer ist. Ohne das, was sie bezeugen, wäre das, was jetzt ist, also auch die Episode dieses Lebens, ebenso wie des Lebens aller anderen, ohne Bedeutung. Es hätte, wenn die Erinnerungen erloschen sind, nicht einmal mehr den Status der Vergangenheit.

~

Ernst Bloch, dem ich sonst nichts verdanke, schreibt einmal von dem, »was uns allen in die Kindheit scheint und wo noch keiner war: Heimat«. Ja, in die Kindheit ist mir wohl so etwas geschienen: die heitere, zärtliche, strenge Liebe meiner kranken, jungen Mutter. Was mir blieb, war, was meine Mutter mir mitgegeben hat: Glaube und Hoffnung auf die »wahre Heimat«, von der der Apostel Paulus schreibt, dass sie im Himmel ist. Ich kann mich nicht erinnern, von meiner Mutter später geträumt zu haben.

Erst vor einem Jahr träumte ich, dass ihr Besuch mir unmittelbar ins Haus stünde. Ich wunderte mich zwar, weil ich doch gedacht hatte, sie sei gestorben, und weil sie, wenn sie lebte, doch eigentlich sehr alt sein müsste. Aber das änderte nichts daran, dass dieser Traum die reine Euphorie war. Ich hatte das Gefühl: Nun werden sich alle Fragen beantworten, alle Probleme lösen, alles, alles würde gut sein. Natürlich konnte ich auch im Traum das Gesicht meiner Mutter nicht wieder hervorrufen. Ich wachte also auf, ehe sie an die Haustür kam.

Bei dieser Gelegenheit fällt mir ein anderer Traum ein, den ich als Kind hatte und in dem meine Mutter auch eine entscheidende Rolle spielte, obgleich sie persönlich gar nicht auftrat. Mir träumte, auf einer Dorfstraße lief aus der Ferne eine Hexe mir nach. Ich rannte in panischer Angst weiter, um nach Hause zu kommen, aber die Hexe kam immer näher. Die Situation wurde verzweifelt.

Aber in diesem Augenblick schoss es mir durch den Kopf: Meine Mutter hatte mir gesagt: Es gibt keine Hexen. An dem, was meine Mutter sagte, zweifelte ich nie. Sie sagte immer nur die Wahrheit und hatte auch kein Verständnis dafür, wenn jemand, und sei es ein Kind, nicht die Wahrheit sagte.

Aber gegen die Wahrheit der Worte meiner Mutter stand nun die eigene unmittelbare Erfahrung: Hier ist eine Hexe.

Sie sieht aus wie eine Hexe und sie droht, mich gefangenzunehmen. Es gab nur eine Lösung dieser Frage: Es muss sich um einen Traum handeln. Die Hexe muss geträumt sein. Das Problem war nun nur noch: Wie schaffe ich es, aufzuwachen, ehe die Hexe mich fängt? In diesem Augenblick warf ich mich, im unbedingten Vertrauen auf die Wahrhaftigkeit meiner Mutter, vor der Hexe auf die Straße und wälzte mich hin und her, um aufzuwachen, was mir dann auch gelang.

Mir war später diese Geschichte immer ein Bild für den unbedingten Glauben an die göttliche Offenbarung entgegen dem Augenschein, für den vernünftigen Glauben gegen abergläubische Empirie.

Ein dritter Traum hatte die umgekehrte Struktur. Er wehrte sich gegen die Entlarvung als Traum, und das jahrzehntelang. In ihm ging es um meinen Jugendfreund Martin Bongartz. Wir waren schon als Kinder enge Freunde, waren zusammen Ministranten, wir gingen zusammen zur Schule. Er stotterte. Er war witzig. Ich nicht. Aber ich lachte gern über seine Späße.

Im letzten Kriegsjahr wurde er noch zum Militär eingezogen und blieb in Ungarn verschollen. Vermutlich zwei Tage vor seinem Tod schrieb er mir noch bei einem Glas Tokayer einen langen Brief, ein wundervolles Dokument unserer Freundschaft, das dann leider selbst im Bombenkrieg verbrannt ist.

Danach träumte ich jahrzehntelang, dass er wiedergekommen sei und wir ein großes Fest des Wiedersehens feierten. Nach der etwa zehnten Wiederholung dieses Traums fing ich an, mich im Traum zu erinnern, dass ich das alles schon früher einmal oder mehrmals geträumt hatte, und nun kamen mir zunehmend Zweifel, ob es sich nicht auch diesmal wieder nur um einen Traum handelte. Aber alles war doch so real. Und ich sagte zu meinem Freund: »Denk dir, ich habe schon so oft geträumt, du seist wiedergekommen. Und dann war es immer nur ein Traum. Ich hätte nicht gedacht, dass du nun tatsächlich doch noch wiederkommen würdest.« Und dann, am Ende, war es wieder nur ein Traum.

Später versuchte ich mich dann empirisch zu vergewissern, indem ich alle möglichen Experimente anstellte, die dazu dienen sollten, mir während des Traums Klarheit zu geben. Aber alle Kriterien, die es erlauben sollten, Realität von Illusion zu unterscheiden, schienen erfüllt zu sein. Bis ich dann schließlich wieder aufwachte und alles nur ein Traum war. Es gibt in der Tat keinen Test, der uns eine absolute Gewissheit verschaffen könnte, dass wir nicht träumen. – Nachdem sich alle Tests als unzureichend erwiesen hatten, kehrte der Traum nicht wieder.

KAPITEL 1

JUGEND IM DRITTEN REICH

Leben in zwei Welten und Hinwendung zur Philosophie

Herr Professor Spaemann, erinnern Sie sich noch, wann Ihr Interesse für Philosophie geweckt wurde?
Man kann, glaube ich, nicht genau sagen, wann man zur Philosophie gekommen ist. Philosophie ist ja nur die intensivere und systematischere Fortsetzung normalen Denkens. Also müsste man eigentlich fragen: Wann haben Sie angefangen zu denken? Und diese Frage kann man natürlich erst recht nicht beantworten.

Aber was die Philosophie im engeren Sinne betrifft, insofern es sich um eine bestimmte Disziplin handelt, um eine Disziplin, die eine lange Geschichte hat, da kann ich die Frage schon beantworten. Es war ein Lehrer am Kölner Dreikönigsgymnasium, Dr. Anton Klein, der mein Interesse für Philosophie weckte. Er unterrichtete die drei Bildungsfächer Latein, Griechisch und Deutsch. Und unlängst habe ich in einem alten Tagebuch von mir aus den Jahren 1941/42 zweimal den Eintrag gefunden: »Heute hat er wieder philosophiert«, und das hieß, er hat angefangen, über den Stoff, den er uns gerade vortrug, eigene Überlegungen anzustellen. Es waren oft nur wenige, knappe Sätze, die bei mir auf fruchtbaren Boden gefallen sind.

Ein Beispiel, das ich zufällig in diesem Tagebuch gefunden habe, betraf Polybios. Polybios war zwar kein Philosoph, sondern Historiker, aber er entwickelte politisch-philosophische

Gedanken über den Kreislauf der Verfassungen, Gedanken, die Platon nahestehen. Mein Lehrer knüpfte an die Lektüre eine Bemerkung über das Ziel des Staates: Das bestehe nicht in der Macht, sondern, wie ich als Junge damals notierte, in der »Veredelung des Menschen«.

Übrigens gab er uns 15-jährigen Schülern auch eine Einführung in die Ideenlehre Platons. Die Welt, die wir sehen, sei nicht das Ganze, sondern ihr lägen Ideen zugrunde. Eingeprägt hat sich mir noch seine kommentarlose Bemerkung zur Theorie vom Aufgang und Niedergang der Staaten: »Christliche Staaten brauchen nicht zu sterben. Sie haben die Kraft, sich von innen heraus zu erneuern.« Mich hat das fasziniert; meine Mitschüler, glaube ich, eher gelangweilt.

Erhielten Sie von Ihrem Elternhaus philosophische Anregungen?

Eigentlich nein. Meine Eltern waren gebildet, aber nicht philosophisch. Als ich neun Jahre alt war, starb meine Mutter. Ihr Einfluss auf mich blieb prägend. Aber es war dann vor allem mein Vater, bei dem ich aufwuchs und der maßgebend war für das, was mir an Bildung vermittelt wurde. Philosophie spielte dabei keine spezielle Rolle. Bei uns zu Hause war die religiöse Prägung sehr stark.

Für meine Eltern war nach ihrer Konversion der christliche Glaube zum Hauptlebensinhalt geworden. Meine Mutter war Tänzerin, mein Vater war als Kunsthistoriker und Kulturredakteur der »Sozialistischen Monatshefte« tätig, daneben spielte also auch die Welt der Künste eine große Rolle. Eine Zeit lang studierte er im Bauhaus, unter anderem bei Paul Klee, aber vor allem bei Moholy-Nagy. Mit Philosophie hatte das alles nicht direkt zu tun. Aber ich wuchs in einem Klima auf, in dem das Geistige von zentraler Bedeutung war. Materiell bewegten wir uns auf der Leiter unten.

Wussten Sie denn als Schüler schon, was Philosophie sein könnte?

Was ich bei meinem Lehrer »Philosophieren« nannte, war mir jedenfalls klar. Ein Beispiel. Wir lasen die Novelle »Kalkstein« von Adalbert Stifter. In meinem Tagebuch notierte ich dazu: Am Beispiel des armen Pfarrers macht der Lehrer deutlich, worin eigentlich der Wert des Menschen besteht. Und das hat nichts mit dem zu tun, was heute propagiert wird.

Unser Lehrer, schrieb ich, redet nie über Nationalsozialismus. Tatsächlich immunisierte er unsere Klasse dagegen. Einmal kam ein Schüler von außen in unsere Klasse und meinte: »Ihr seid ja alle vollkommen konterrevolutionär.« Das Wort »konterrevolutionär« für die Gegner der Nationalsozialisten überraschte mich nicht. Es war für mich ein Ehrentitel: Ich war konterrevolutionär.

Der Nationalsozialismus erschien mir als Bruch mit einer 2000-jährigen, übrigens von mir natürlich sehr idealisierten europäischen Gesittung.

Welche Rolle spielte damals für Sie der nationalsozialistische Zeitgeist?

Er zwang mich, in zwei Welten zu leben, eine Situation, die für meine Hinwendung zur Philosophie sicher wichtig war. Da war einmal die offizielle Welt. In ihr durfte man gewisse Dinge nicht sagen, ja es war klug, möglichst wenig zu sagen. Und es gab die dazu konträre Welt, in der ich aufwuchs. Es war im Wesentlichen die christliche. Wenn man genötigt wird, die Welt auf zwei Weisen anzuschauen, sich mit einer zu identifizieren und die andere abzulehnen – die Nationalsozialisten waren ganz einfach die Feinde –, regt das natürlich zum Nachdenken an: Warum haben wir recht und sie unrecht?

Waren die NS-Jugendorganisationen ein Teil der offiziellen Welt, wie Sie es nennen?

Gewiss. Zum so genannten Jungvolk hatte ich zu erscheinen. »Die Hitler-Jugend« ab dem 14. Lebensjahr konnte ich irgendwie umgehen. »Irgendwie« – das heißt, ich weiß nicht mehr, wie. Mich erreichte nie eine Aufforderung, dieser Organisation beizutreten.

Davor kam das sogenannte »Jungvolk«. Das hieß vor allem marschieren. Es war der reine Stumpfsinn. Die anderen Kinder trugen alle eine Uniform, nur ich nicht. Meine Eltern hatten mir keine gekauft. Zur Strafe musste ich immer ganz am Schluss hinterher marschieren. Geschämt habe ich mich nicht, eher war ich stolz, keine zu besitzen.

Wenn mich der Fähnleinführer anschnauzte, warum ich noch immer keine Uniform hätte, antwortete ich: »Meine Eltern können das nicht bezahlen.«

Mussten Sie Parteiparolen auswendig lernen?

Nein, es blieb beim Marschieren, beim Absingen von Liedern und allerlei Lauf- und Turnübungen. Die Fähnleinführer spielten sich wie Unteroffiziere auf, schimpften und kommandierten uns herum. Es war äußerst abstoßend. Eigentlich geschah da nichts, was Kinder für den Nationalsozialismus hätte gewinnen können.

Empfanden Sie keine Gemeinschaftsgefühle in der Gruppe Gleichaltriger?

Doch, aber in einer anderen Gruppe, einer Gruppe der Gegenwelt. Ich war Mitglied im Bund Neudeutschland, einem 1919 von Jesuiten gegründeten Schülerverband. Dort hatte ich meine Kameraden. Dort fühlte ich mich beheimatet.

Als er verboten wurde, machten wir trotzdem Wanderungen in den Wäldern, immer auf der Hut, dass die Polizei uns nicht auf die Schliche kam. Das war viel aufregender als die Übungen beim Jungvolk.

~

INDIANERSPIELE

Wie alle Jungen zu meiner Zeit habe ich Indianer gespielt. Und irgendwann habe ich mir das Spiel kaputtgemacht. Natürlich schlugen wir uns in die Büsche, je unwegsamer und urwaldmäßiger, desto besser. Die großen Wege dachten wir weg. Und dann kam der GAU: Ich wollte, dass alles so echt indianisch sein sollte wie möglich. Aber was würden denn wirkliche Indianer tun, wenn sie im Wald auf einen breiten und ebenen Weg stießen? Sie würden natürlich auf diesem Weg gehen und sich nicht durch das Unterholz quälen. Also ging ich auf dem Weg. Aber was war denn nun noch das Indianermäßige? Um weiter Indianer zu spielen, musste ich aufhören, zu denken, wie ein echter Indianer in dieser Situation denken würde. Das Bemühen um Authentizität zerstört sich selbst.

Und das blieb mein Lebensthema: Unmittelbarkeit und das vergebliche Bemühen um Unmittelbarkeit und Authentizität. Gewollte Unmittelbarkeit ist eben nicht mehr Unmittelbarkeit.

In meinem Fénelon-Buch »Reflexion und Spontaneität« habe ich diese einfache und übrigens nicht originelle Entdeckung – ohne Indianer – zur Sprache gebracht. Begleitet hat mich die Sache lebenslang. Als ich später Kleists Schrift »Über das Marionettentheater« las, fand ich genau das thematisiert, worin ich ein Grundmotiv meines Denkens zu sehen glaube.

Die ersten sich durchhaltenden Denkmotive sind ja nicht

selbst Resultate diskursiven Denkens. »Sympathie und Antipathie sind die ersten Akte der Vernunft«, heißt es bei Gómez Dávila – Sehnsucht nach dem verlorenen Paradies und Trauer über die Unmöglichkeit einer Rückkehr – außer für kurze Momente der Überwältigung durch das Schöne, das nicht von dieser Welt ist und von außen in die Welt hineinragt.

~

HAYINGEN

Ein Traum vom Paradies war für mich der erste Besuch im Sommer 1938 bei meiner Großmutter, die damals gerade in ein altes Häuschen in Hayingen gezogen war, einer Stadt mit 600 Seelen auf der Schwäbischen Alb. Ich war elf Jahre alt und kannte bisher kein Landleben. Nach den Ferien musste ich einen Schulaufsatz über die Ferien schreiben. Ich schrieb über die erste Begegnung mit diesem Leben, und mir ist dieser Aufsatz in Erinnerung als mein erstes nach meinen eigenen Maßstäben gelungenes Stück Poesie. Ich versuchte, etwas von der Schönheit einer Welt wiederzugeben, die mir im Rückblick als letzte Präsenz eines jahrtausendealten bäuerlichen Lebens erscheint, die letzte Präsenz einer Welt, die es definitiv in unserem Land nicht mehr gibt.

Zwei Jahre später nahm ich für ein halbes Jahr an diesem einfachen Leben teil, arbeitete beim Bauern, erhielt vom Dorflehrer und vom Pfarrer für die ausgefallene Schulzeit Privatunterricht in Mathematik und Latein. Fürs Griechische musste ich jede Woche zwei Stunden zu einem jungen Pfarrer eines anderen Dorfes laufen. Im Winter ließ er mich bei sich übernachten. Ich feierte die Feste und Sonntage des Dorfes mit, organisierte mit Gleichaltrigen eine Theatergruppe. Am Wochenende amüsierten wir die Dorfleute in einer Scheune mit unseren kleinen Sketchen.

Ich bilde mir ein, dass das Hayinger »Naturtheater«, das heute in der ganzen Region bekannt ist, auf diese kleine Initiative zurückgeht. Die Hayinger Buben hatten einfach Geschmack am Theaterspielen gefunden. Und die Sonntage! An den Sonntagen gackerten sogar die Hühner anders als werktags. Alles war anders. Zur Messe ging fast das ganze Städtchen. Die Männer allerdings blieben vor der Kirche stehen und plauderten, bis die Predigt vorüber war, und die heilige Handlung begann. Im Sommer verkündete der Pfarrer von der Kanzel eine allfällige Dispens vom Verbot der Sonntagsarbeit, wenn aufgrund der Wetterverhältnisse Eile beim Ernten geboten war. Dass der Pfarrer darüber entschied, hatte den Vorteil, dass die Gemeinde sich nicht spaltete in die Frommen und die weniger Frommen und den Leuten Gewissenskonflikte erspart blieben.

Und bis jetzt bleibt für mich die Erinnerung an eine untergegangene Welt. Jeder hatte in ihr seinen Platz. Da waren die beiden armen Frauen, die sich die Ähren lesen mussten für das tägliche Brot. Der Bauer, dem ich bei der Ernte half, wies mich an, beim Zusammenrechen der Ähren genug für diese Frauen liegenzulassen. Da war der alte, von Geburt blinde Aurele, den seine ledige Schwester zu Hause versorgte und dem ich manchmal etwas vorlas. Manchmal führte ich ihn auf den Kirchturm, wo ihn das Klappern der Glockenapparatur vor dem Stundenschlag in immer neues Entzücken versetzte. Ich sehe ihn noch vor mir, die Hände reiben und in sich hineinkichern. An Jahrmarktstagen putzte ihn seine Schwester heraus mit dem Sonntagsstaat samt Krawatte fürs Betteln mit Hinhalten des Hutes. Seine großen Augenblicke waren Todesfälle. Ich erinnere mich an den Tod eines Schäfers, der vom Blitz erschlagen wurde. Drei Tage lang versammelten sich das Dorf und die Schäfer der umliegenden Dörfer zum Rosenkranzgebet in der Friedhofskapelle, und Aurele waltete seines Amtes als Vorbeter. Und da war die ehemalige Spielkameradin meiner Mutter, die als Kind mit ihrer Mutter in Hayingen Ferien machte – eine schöne Frau, sie und ihre Schwester ledige Töchter der hochangesehenen Inhaberin des Gasthauses »Bierhalle«. Da war der junge ledige Bauer mit seinen zwei Kühen, der jeden Abend vor seiner Haustür saß und Französisch lernte, und zwar mit einem Wörterbuch und ohne je etwas von Grammatik oder Aussprachregeln erfahren zu haben. Sein großer Augenblick schien gekommen, als die französischen Kriegsgefangenen ins Städtchen kamen. Aber leider erwies sich, was er gelernt hatte, als völlig ungeeignet für irgendeine sprachliche Kommunikation.

Und da waren diese Kriegsgefangenen, die anstelle der eigenen Söhne bei den Bauern arbeiteten und dort auch wie die eigenen Söhne gehalten wurden. Manche besuchten sie nach dem Krieg ihre damaligen »Gastfamilie«. Ich habe, was Marx die »Idiotie des Landlebens« nennt, für eine kurze Zeit mitgelebt. Hätte ich wirklich dazugehört, so hätte es mich bald in die Welt hinausgetrieben. Aber ich hätte auch gewusst, wohin ich gehen müsste, wenn ich nach Hause wollte.

Diese Welt ist nicht mehr. Und besser der Untergang als die museale Perpetuierung. Der in der »Ritter-Schule« – vor allem von meinem Freund Hermann Lübbe – gepflegte Gedanke blieb mir fremd, ja zuwider, auch die Musealisierung sei eine volle und legitime Weise der Präsenz der Herkunft. So konnte ich mich nach dem Krieg in Münster nicht mit dem Wiederaufbau des Marktplatzes zwischen Rathaus und Lamberti-Kirche anfreunden. Die Giebelhäuser, die wieder erstanden, waren eben doch, wenn man genauer hinsah, nur Attrappen. Die riesigen Schaufenster lockten in Geschäfte, deren größter Teil gar nicht mehr unter dem Dach Platz hatte, sondern aus den Häusern, ohne dass man das unmittelbar wahrnahm, hinten wieder herausquoll. Ich war dagegen Partei für das neue Stadttheater, das vom alten zerstörten keine Reminiszenz aufbewahrte außer, als Zitat, der Ruine der alten Mauer im Innenhof.

Mein Plädoyer für die Moderne wurzelt in der Verehrung des Untergehenden. Tief bewegt hat mich immer das Motiv, mit dem die Athener ihre Demokratie begründeten. Der letzte König, Kodros, hatte sein Leben für Athen geopfert, und niemand wurde für würdig erachtet, sein Nachfolger zu sein. Es ist für mich die schönste Begründung der Demokratie, die ich kenne.

Zur Musealisierung eine schöne Geschichte. Grünewalds Stuppacher Madonna war vor wenigen Jahren von der Gemeinde Stuppach – nicht ohne Widerstand und Bedenken – für einige Wochen an die Stuttgarter Staatsgalerie ausgeliehen und an prominenter Stelle aufgehängt worden: so eine Art Stuttgarter Mona Lisa. Kurze Zeit nach ihrer Aufhängung im Museum kam eine Abordnung der Gemeinde Stuppach und ließ sich vom Direktor »ihre« Madonna zeigen. Der Direktor geriet in eine Mischung von Verlegenheit und Rührung, als die Besucher sich spontan niederknieten und ein Marienlied sangen.

Ähnlich hatte Papst Paul VI. sich im Juli 1967 zum Entsetzen seiner laizistischen türkischen Begleitbeamten am Eingang der zum Museum gewordenen Hagia Sophia in Konstantinopel vor dem Christusmosaik niedergekniet, gebetet und so dem Bild für einige Minuten seine wahre Bestimmung zurückgegeben.

Die früheste Erinnerung an eine schmerzlich wahrgenommene Musealisierung war ein Besuch bei meinem Onkel in Nürnberg, der mich durch die schöne alte Stadt führte und mir zu den gesehenen Dingen viel zu erzählen wusste. Was mich aber abstieß und mir den Besuch fast verleidete, waren die Schildchen, die an den alten Häusern und Monumenten angebracht waren und den Touristen über Herkunft, Bestimmung und Geschichte des jeweiligen Gebäudes informierten. Diese Schildchen verdarben mir die Freude. Sie erschienen mir wie lauter Anführungszeichen, mit denen die Stadt sich selbst einklammerte. Wer wissen will, wer dieses Haus einmal bewohnte oder welchem Zweck es diente, der sollte es sich erzählen lassen, so dachte ich, eben wie ich von einem Onkel, oder aber er konnte es in einem Stadtführer nachlesen. Mir schienen diese Häuser in gewisser Weise schon zerstört, ehe sie einige Jahre später von den Bomben real vernichtet wurden.

So schrieb Proust einmal, dass er die Kathedralen Frankreichs lieber zerstört sähe als ihrem gottesdienstlichen Zweck entfremdet. Schafft museale Vergegenwärtigung Gegenwart? Die Frage stellt sich mir auch, wenn ich die Musikberieselung in französischen Kathedralen über mich ergehen lassen muss. Nachdem man aus dem Gottesdienst den gregorianischen Choral rigoros eliminiert hat, soll nun die Gregorianik aus der Konserve eine gewisse weihevolle Stimmung erzeugen, die sich mit diesem Gesang verbindet. Ich empfinde diese »Virtualisierung« als blanken Hohn.

So empfand ich schon als Kind, ohne diesem Empfinden Ausdruck geben zu können. Vollkommen ausgedrückt fand ich das, was ich von früh auf empfand, als ich im Zusammenhang mit meinem Buch über de Bonald Charles Péguys Kritik am Antimodernismus der französischen Konservativen las. Für Péguy waren die Leute der Französischen Revolution noch Menschen des alten Frankreich, weil sie an Gerechtigkeit glaubten, weil sie überhaupt glaubten. Modernismus aber definierte Péguy als »nicht glauben, was man glaubt«;

Funktionalisierung aller unmittelbaren Überzeugungen für politische Zwecke.

Als Modernist ist mir dann später Richard Rorty erschienen mit seiner entschiedenen Absage an so etwas wie »Wahrheit« und seiner Definition eines heute allein möglichen Bildungsziels: Ironie, ein ironisches Weltverhältnis. Die Setzung der »Welt« in Anführungszeichen. Und daraus folgt, was der gegenwärtige Papst als »Tyrannei des Relativismus« bezeichnet.

Es gibt eine unscheinbare, penetrante Unart, die in unserem Land offenbar alle als intellektuell geltenden Menschen ergriffen hat: der inflationäre Gebrauch des Wörtchens »sozusagen« durch den größten Teil aller sogenannten gebildeten Menschen. Gerade auch unter Philosophen ist das Ausmaß dieses Gebrauchs schon grotesk geworden. Und er ist inzwischen auch in den Medien angelangt und zu Ladenverkäuferinnen durchgedrungen. Er beschränkt sich auch nicht mehr darauf, gegenüber irgendeiner These eine gewisse Vorsicht zum Ausdruck zu bringen. Wenn man drei Sätze lang dieses Wort nicht mehr benutzt hat, kann man es nicht mehr zurückhalten und sagt notfalls sogar: »Heute regnet es sozusagen.«

~

Wären Sie zur selben Einstellung gelangt, wenn Sie zum Beispiel in einem liberalen Elternhaus aufgewachsen wären?

In einer Gegenwelt zu leben wäre mir wohl mit einer liberalen Erziehung schwerer gefallen. Denn dazu bedarf es einer fundamentalen Überzeugung, wie es für mich die Welt des christlichen Glaubens darstellte, die mir in der frühkindlichen Prägung durch meine Mutter und später durch meinen Vater zwanglos vermittelt wurde. Worum ging es bei meiner Erziehung? Die erste Frage im katholischen Katechismus lautete damals: »Wozu sind wir auf Erden?« Meine spätere Frau beantwortete die Frage: »Damit wir lernen, Wichtiges von Unwichtigem zu unterscheiden.« Das sagt auch der Katechismus, nur dass er noch dazusagt, was das Wichtigste ist. Diese Unterscheidung wird am besten gelernt, wenn gute Eltern einen jungen Menschen auf kind- und jugendgemäße Weise teilnehmen lassen an dem, was ihnen selbst wichtig ist. Und das taten meine Eltern. Wichtig ist, was immer ist. Was immer ist, heißt: »Gott«. »Sucht zuerst das Reich Gottes und seine Gerechtigkeit. Alles Übrige wird euch nachgeworfen werden«, lautet ein Jesuswort. Die Freunde der Familie – darunter vor allem Künstler – waren überwiegend Leute, denen dasselbe wichtig war. Dazu gehörte das Leben in und mit der Kirche. Und Vergegenwärtigung des Wichtigen in der Liturgie der Kirche, die damals schön und unter aktiver Teilnahme der Gemeinde gefeiert wurde. Das gehörte zu den Selbstverständlichkeiten in meinem Elternhaus. Man definierte sich nicht primär als politischen Gegner des NS-Regimes. Man gehörte eben einfach einer anderen Welt an. Mein Vater war eher unpolitisch, auch in jungen Jahren, als er die Sparte »Film, Ballett und Varieté« im Feuilleton der »Sozialistischen Monatshefte« betreute. Meine Mutter war der Politik ebenso wenig zugeneigt. Als ich als Kind einmal das in der Schule eingeübte Lied »Deutsch ist die Saar« vorsang – damals stand die sogenannte Rückholung des Saargebiets in das Deutsche Reich bevor – und schließlich die Stelle »Lasst uns in den Himmel schrei'n, wir wollen immer Deutsche sein« zum Besten gab, machte meine Mutter ein indigniertes Gesicht und meinte: »In den Himmel schreit man nicht.«

Ihre Eltern konvertierten zum katholischen Glauben. Aus welchen Gründen?

Der unmittelbare Anlass zu einer Neuorientierung im Leben war der Blutsturz meiner Mutter. Von da an hatte sie jahrelang mit der Tuberkulose zu kämpfen, an der sie dann auch 1936 starb. Der Schock über die Erkrankung veranlasste meine Eltern, über ihr Leben nachzudenken. Bei meinem Vater kamen noch intellektuelle Einflüsse hinzu. Wie er mir später erzählte, gab ihm die Lektüre Rousseaus einen wichtigen Impuls. Er ging auf Distanz zur Großstadtkultur, zum Berliner Kunstleben, in dem er und meine Mutter bis dahin gelebt hatten. Sie begannen zu zweifeln. Besonders beeindruckt hat meinen Vater damals auch der Briefwechsel zwischen Jacques Maritain und Jean Cocteau. 1930 traten dann meine Eltern der katholischen Kirche bei. Um auch einen äußeren Wechsel der Lebenswelt vorzunehmen, zogen sie 1932 nach Münster. Dort studierte mein Vater bei dem Kunsthistoriker Martin Wackernagel, nachdem er zuvor schon bei Heinrich Wölfflin studiert hatte. Durch Wackernagel lernte er die Benediktinerabtei in Gerleve in Westfalen kennen. Die Begegnung mit diesem Kloster, das Erlebnis der Mönchsliturgie, hat ihn, wie er später erzählte, stark beeindruckt. Noch ein anderes Erlebnis kam hinzu, das Chorgebet der Domherren im Dom zu Münster: Lauter gestandene Männer in wichtigen kirchlichen Leitungsfunktionen versammeln sich zum Chorgebet. Alle haben Wichtiges zu tun, aber das Chorgebet ist ihnen noch wichtiger. Dieser Maßstab für das, was wirklich wichtig ist, hatte es ihm angetan. Natürlich sangen die Domherren nicht so schön wie die Benediktinermönche im Kloster Gerleve. Genauer gesagt: Sie sangen überhaupt nicht schön.

Gab es in Ihrer Jugend jemals so etwas wie eine Versuchung, mit der »neuen Zeit« zu gehen?

Ich komme auf das Wichtige und Unwichtige zurück. Wenn man tief überzeugt ist, dass das ewige Leben, dass die Gottesbeziehung das Wichtigste im Leben ist, dann erzeugt das eine gewisse Standfestigkeit, eine Haltung, die einem ein weltliches liberales Elternhaus, wie ich meine, kaum vermitteln kann. Ich habe das um mich herum gesehen. Eltern hielten ihre politische Reserve gegenüber dem Regime vor ihren Kindern geheim, um ihnen Loyalitätskonflikte zu ersparen. So etwas lag meinen Eltern vollkommen fern. Wo die Alternative so abstoßend ist wie der Nationalsozialismus, da entsteht kein echter Konflikt. Eine Versuchung ist eigentlich nie ernstlich zu mir gedrungen. Da vielleicht mitzumachen kam schon deswegen nicht in Frage, weil für mich das Regime in seiner Verachtung der 2000-jährigen europäischen Gesittung zu abstoßend war. Ein anderer Grund war die Art und Weise, wie man die Juden behandelte. Das war so widerlich, dass es keiner besonderen Leistung, keiner Anstrengung bedurfte, um sich davon abzuwenden. Es gab wohl Momente, in denen ich kurz so etwas wie Stolz empfand, etwa als die deutschen Truppen in sechs Wochen die Franzosen zur Kapitulation zwangen. Das hat in jedem Deutschen kurz den Reflex ausgelöst: Donnerwetter, das ist schon toll. Aber dann kam bei mir sofort der Gedanke: Wenn das so weitergeht, verewigt das dieses Regime. Für mich war eben der Sieg Deutschlands untrennbar verbunden mit dem Sieg Hitlers. Das Gefühl des Stolzes verwandelte sich schnell in Niedergeschlagenheit.

Wie haben Sie die Bombenangriffe erlebt?

Ich habe das brennende Köln erlebt, kurz bevor wir 1942 nach Dorsten zogen. Wenn man jung ist, kann man nicht zwei Feinde haben. Man braucht klare Freund-Feind-Verhältnisse: Die Feinde meiner Feinde sind meine Freunde. Darum habe ich die alliierten Bomber nicht als Feinde betrachtet. Ich habe das alles Hitler in die Schuhe geschoben und erst viel später eingesehen, dass es sich da um kapitale Kriegsverbrechen handelte und dass die Verantwortlichen dafür eigentlich schwerste Strafen verdient hätten. So zu denken lag mir damals fern. Im Keller zitterte ich natürlich um mein Leben, aber in Augenblicken, als gerade mal keine Bomben fielen, keine Flakgeschütze dröhnten, hörte ich einen Chor von Nachtigallen. Es war Mai. Sie haben mich getröstet. Ich sagte mir: Die werden sie nicht zum Verstummen bringen. Der Hitler kann nichts machen, und die Bomber können nichts machen. Wir werden vielleicht in zwei Minuten alle tot sein, aber die Nachtigallen werden weiter singen. Dass man auch sie zum Schweigen bringen kann, überstieg meine damaligen Horrorvisionen.

~

ICH WÄRE GÄRTNER GEWORDEN …

Mein Leben war und ist reich an schönen Augenblicken. Was der schönste Augenblick war, kann ich nicht sagen. Außerdem ginge es niemanden etwas an.

Der dunkelste aber war ein öffentlicher Augenblick: die Zeitungsnachricht am 21. Juli 1944 vom gescheiterten Attentat auf Hitler. Die Befreiung vom Tyrannen hatte also vor der Tür gestanden, und nun hieß es, alle Hoffnung fahren lassen. Würde sich das Reich des Bösen tatsächlich über ganz Europa ausdehnen und unsere Zukunft bestimmen?

Meine Absichten für diesen Fall standen schon fest. Ich wollte Gärtner werden. In der Universität – mit NS-Studentenbund oder gar NS-Dozentenbund – wäre für mich kein

Platz. Gärtner braucht man immer. An der vegetativen Natur endet der politische Totalitarismus.

Mein Vater aber, ein frommer Mann, nahm mich beiseite und schlug vor, etwas zu tun, das er sonst nie getan hatte, was aber fromme Leute in der Vergangenheit öfter taten: die Bibel auf gut Glück aufschlagen und mit dem Stift blindlings auf einen Satz tippen. Mein Vater schlug auf, ich tippte. Der Satz, auf den wir stießen, Kap. 16, Vers 20 des Römerbriefs lautet: »Der Gott des Friedens wird den Satan in Bälde unter euren Füßen zertreten.« Ich glaubte dem Orakel nur zu gern. Es passte zu meiner tief verwurzelten Sicht der Dinge: Le pire n'est pas toujours sûr. Dann war der Heldentod der Attentäter vielleicht doch nicht vergeblich. Und wenn vergeblich, so doch nicht sinnlos. Er rettete die Ehre meines Vaterlandes, das ich liebte und für das ich mich schämte – patriotische Gefühle, die meinem Vater eher fremd waren.

Wenige Tage später hörte ich den Direktor meines Gymnasiums in kleinstem Kreise äußern, das Attentat habe scheitern müssen. Die Niederlage Deutschlands hätte es nicht mehr aufhalten können. Aber es hätte den Grund gelegt für eine neue Dolchstoßlegende. Das Volk hätte die Schuld an der Niederlage und an allem Elend in ihrem Gefolge den Attentätern zugeschoben und Hitler zum Märtyrer gemacht.

Übrigens war dieser Direktor, Dr. Feil, Parteimitglied und sonderte an nationalen Feiertagen, an denen er vor versammelter Schule zu reden hatte, so plumpe Sprechblasen ab, dass kaum jemand annehmen konnte, diese Phrasen hätten irgendetwas mit ihm zu tun. Sie hatten nichts mit ihm zu tun. Er war eben kein Held.

Aber er hat mir einmal das Leben gerettet. Das war im Frühjahr 1944. Das Gymnasium Petrinum in Dorsten in Westfalen, das ich damals besuchte, teilte sich die Räume mit dem Dorstener Mädchengymnasium. Vormittags die Buben, nachmittags die Mädchen. An einem Vormittag ging ich während der Pause in den Zeichensaal, zeichnete an die Tafel eine Hitlerkarikatur, schrieb darunter: »Achtung! Totengräber Deutschlands!« und verließ unbemerkt den Saal.

Am Morgen des nächsten Tages verzögerte sich der Unterrichtsbeginn wegen einer improvisierten Lehrerkonferenz. Vom Hausmeister erfuhr ich, im Zeichensaal habe sich ein schlimmer Vorfall ereignet, über den er schweigen müsse, aber über den gerade beraten werde. Mir war klar, worin dieser Vorfall bestand. Die Sache endete indessen wie das Hornberger Schießen. Kurz nach Ende des Krieges erfuhr ich, was geschehen war. Der Direktor, den ich damals auf der Straße traf, sprach mich an: »Sagen Sie mal, Spaemann, das waren doch Sie damals im Zeichensaal, das Führerbild und so weiter.« Ja, gewiss, ich war's.

Dass ich noch lebe und nicht stattdessen eine Straße nach mir heißt, kam so: Die Zeichenlehrerin der Mädchen entdeckte das Bild und holte die Direktorin, eine echte Nationalsozialistin, die sofort den Direktor anrief, ihn herbeizitierte, ihm die Tafel zeigte und verlangte, umgehend die geheime Staatspolizei herbeizurufen, um den Täter ausfindig zu machen. Der Direktor nahm daraufhin einen Schwamm und wischte das Corpus delicti aus, ehe sich's die Dame versah, die empört etwas von Strafvereitelung sprach. Der Direktor fuhr sie an: »Frau Kollegin, ich kann nicht zulassen, dass unsere und Ihre Schüler dieses bösartige Produkt der Feindpropaganda zu Gesicht bekommen. Sofort weg damit!«

Wie war der Direktor auf mich als Täter gekommen? Er hatte auf meinem Platz in der Klasse unverfängliche Karikaturen ähnlicher Machart entdeckt und daraus seine Schlüsse gezogen. Ohnehin hätte er auf mich getippt. Übrigens verlor Dr. Feil ein Jahr später durch die Entnazifizierung sein Amt.

Die Direktorin nicht. Sie sank viele Jahre später, ausgezeichnet mit staatlichen und kirchlichen Orden, ins Grab.

Mein Elternhaus war unpolitisch. Dass die Nationalsozialisten die Bösen und die geheime Staatspolizei der Feind war, bedurfte keiner Worte. Es gehörte zu den Hintergrundüberzeugungen, mit denen ich aufgewachsen bin und die sich mir empirisch nur bestätigten. Ich kannte damals keine sympathischen Nationalsozialisten, wohl aber sympathische Menschen, die von den Nationalsozialisten verhaftet, gedemütigt oder beruflich benachteiligt wurden.

Außerdem gab es sympathische Opportunisten, wie den Vater meines Jugendfreundes, der mit der Parteimitgliedschaft die Anstellung als Chef einer wichtigen städtischen Behörde bezahlte, obwohl er die Nationalsozialisten ebenso verabscheute wie der Vater der siebenköpfigen Kölner Familie, die mich – meine Mutter war gestorben – während des Theologiestudiums meines Vaters drei Jahre lang als »Pflegesohn« aufgenommen hatte. Der Mann blieb von 1933 bis 1945 Inspektor bei der Stadt Köln und wurde, weil er sich weigerte, der Partei beizutreten, von jeder Beförderung ausgeschlossen. Natürlich sah man in dieser Familie mit einer milden Verachtung auf die opportunistischen, gleichfalls praktizierend katholischen Nachbarn herab. Aber niemand hinderte mich daran, in dieser Nachbarsfamilie meines Freundes freundschaftlich aus- und einzugehen.

Den Heldentod wollte ich auch nicht sterben. Aber ebenso wenig den Tod als Soldat des Führers in einem Krieg, der dessen Herrschaft über Europa für lange Zeit zementieren sollte. Ich hoffte zunächst, dass mir die Entscheidung darüber erspart bliebe durch das Ende des Krieges vor meiner »Wehrmündigkeit«.

Unterdessen bildete sich mein »politisches Weltbild« heraus. Es war ein katholisch-konservatives Weltbild. Ich sympathisierte mit autoritären Entwürfen wie dem österreichischen Ständestaat, dessen Anhänger sich ja als einzige politische Gruppe – im Gegensatz zu den Sozialisten – dem »Anschluss« widersetzten, und sogar mit dem General Franco, der dem Priestermorden und Klösterbrennen ein Ende machte. Die »Grands cimetières sous la lune« von Bernanos, die den Bruch dieses Royalisten mit der Rechten markierten, waren bei mir noch nicht angekommen. Meine damalige Sympathie wurde freilich später entschuldigt, als ich sah, dass Franco – zur Wut Hitlers – sein Land aus dem Zweiten Weltkrieg heraushielt und dass er die spanische Botschaft in Budapest zur Ausstellung zahlreicher Pässe und Visa an ungarische Juden anwies, was ihm nach dem Krieg den offiziellen Dank einer Abordnung des Weltrates der Juden eintrug. Das Verhalten gegenüber den Juden war für mich der augenfälligste Beweis für die unchristliche Barbarei des NS-Regimes. In der Volksschule mussten wir an nationalen Feiertagen auf den Schulhof heraustreten und die unsäglichen Lieder singen. Eines der Lieder hatte einen Refrain, der irgendetwas wie »Juden raus« enthielt. Neben mir stand ein »halbjüdischer« Mitschüler, der den Refrain natürlich nicht über seine Lippen brachte. Ich brachte ihn auch nicht über die meinen und fragte mich, was das für Menschen sind, die ein solches Lied schreiben können. Meine späteren politischen Optionen waren eigentlich immer von dieser Art »Konkretismus«, wie meine marxistischen Freunde herablassend bemerkten. Ein solches konkretes Schlüsselerlebnis gehört hierher, das mich im eigentlichen Sinne wirklich politisiert hat. Es war, im Unterschied zu der Verweigerung des antisemitischen Refrains, das Erlebnis einer unwürdigen und beschämenden Kapitulation.

Ich war auf der Heimfahrt vom Gymnasium nach Hause. Es war die kurze Zeit, in der Juden einen Stern tragen mussten, aber die öffentlichen Verkehrsmittel noch benutzen durften. Ein würdiger alter Herr mit Judenstern saß in der Bahn. An der nächsten Station stieg ein junger Mann in die Bahn, sah den Alten und schnauzte ihn an, er solle gefälligst aufstehen und als Jude nicht einen Sitzplatz in Anspruch nehmen, wenn andere Leute stehen müssten. Der alte Herr stand wortlos auf. Der junge Schnösel setzte sich auf seinen Platz.

In diesem Augenblick war mir bewusst – ich war damals immerhin schon 14 –, dass es jetzt nur eine anständige Weise des Verhaltens geben könne, nämlich aufzustehen und dem Herrn meinen Platz anzubieten. Ich tat das nicht. Ich blieb sitzen. Ich hatte Angst. Bis heute schäme ich mich. In diesem Augenblick erfasste mich eine ungeheure Wut – eine Wut gegen die, die es fertiggebracht hatten, mich zu diesem unwürdigen Sitzenbleiben, zu diesem Sieg der Feigheit, zu veranlassen. Auch 14-Jährige haben ein Gewissen.

Bald darauf verschwanden die Leute mit dem Stern. Sie wurden in den Osten deportiert. Das Gerücht wurde ausgestreut, sie würden dort Arbeitseinsatz für die Kriegsindustrie machen. Die Leute ohne Stern glaubten diesem Gerücht nur zu gern. Es gab in der Mehrheit des Volkes eigentlich nicht so etwas wie Judenhass. Das Regime wusste gut, dass es die Menschen in Deutschland nicht mit der nackten Wahrheit über die Judenermordung konfrontieren durfte. Die Leute wollten es einfach nicht wissen. Ihre Schuld war nicht Hass und Mordlust, sondern Gleichgültigkeit und Feigheit. Ich wollte es aber nun wissen. Ich glaubte dem Gerücht nicht. Und ich habe dann wie ein Agent Informationen gesammelt, in erster Linie indem ich Soldaten, die aus dem Osten zum Heimaturlaub kamen, ausfragte, ob sie nicht in Polen Juden gesehen hätten und was sie darüber erzählen konnten. Nach einem halben Jahr wusste ich Bescheid. Ich wusste, dass sie vergast wurden.

Wenn die Leute nach dem Krieg sagten, sie hätten das

nicht gewusst, so ist das die Wahrheit. Aber warum wussten sie es nicht? Sie wollten es nicht wissen. Ich habe einmal
Carl Friedrich von Weizsäcker davon erzählt. Er fragte mich,
wieso ich als 17-Jähriger etwas gewusst hätte, was er, als Sohn
des damaligen Staatssekretärs Weizsäcker und als Atomfor-
scher, nicht gewusst hat. Ich konnte ihm nur sagen, dass er
eben keine derart agentenartigen Recherchen wie ich angestellt hatte. Und zu seiner Entschuldigung fügte ich hinzu:
Für mich hatte dieses Wissen keine unmittelbaren Folgen. Er
aber wäre in seinem Gewissen schwer belastet worden, wenn
er im Wissen von diesen Ereignissen mit seiner Forschung im
Dienst dieses Krieges weitergemacht hätte.

Einmal habe ich den Versuch gemacht, einem Lehrer am
Dorstener Gymnasium den Star zu stechen. Er hatte im Ge-
schichtsunterricht von der dominierenden Rolle der Juden in
der Presse der Weimarer Zeit gesprochen. Ich ging nach dem
Unterricht zu ihm und fragte ihn:

»Herr Studienrat, ich nehme einmal an, dass das, was Sie
uns über die Rolle der Juden in der Weimarer Zeit sagten, die
Wahrheit ist. Aber warum erzählen Sie das in diesem Augenblick? Wissen Sie nicht, was im Moment mit den Juden geschieht?«

»Wieso? Was? Sie machen Arbeitseinsatz im Osten.«

Ich sagte ihm: »Nein, sie machen keinen Arbeitseinsatz,
aber ich kann Ihnen sagen, was geschieht.«

Daraufhin schrie er mich an: »Raus!«

Er war kein fanatischer Nationalsozialist. Sonst wäre er der
Frage nachgegangen, wieso ich ihn in ein solches Gespräch
verwickelte. Er wollte es einfach nicht wissen. Und nach dem
Krieg gehörte er zu denen, die wahrheitsgemäß sagen konnten, sie hätten es nicht gewusst.

Wie gesagt, für mich hatte dieses Wissen keine unmittelbaren Konsequenzen. Aber die Konsequenzen kamen doch

auf mich zu. Der Wehrdienst rückte näher. Zunächst nur der Reichsarbeitsdienst. Er dauerte für mich ein Vierteljahr lang. Ich absolvierte ihn in Neheim-Hüsten im Sauerland. Tatsächlich wurde hier nicht gearbeitet, sondern der Dienst bestand in vormilitärischer Ausbildung. Dagegen hatte ich nichts, obwohl das Kasernenleben mir in tiefster Seele zuwider war. Aber ich fand es gar nicht so verkehrt, schießen zu lernen.

Ein Problem entstand für mich, als in diesem Zusammenhang ein Fahneneid abgelegt werden sollte – ein Eid auf den Führer. Diesen Eid würde ich nicht leisten können. Ratsuchend wandte ich mich an meinen Vater und schrieb ihm – vorsichtshalber auf lateinisch – »an iurandum sit an non?« (»ob ich schwören soll oder nicht?«) Mein Vater antwortete postwendend: »Iurandum est. Deus testis rectae voluntatis.« (»Schwören. Gott ist Zeuge des wahren Willens.«) Schön, wenn es so wäre, dachte ich. Aber es ist doch wohl eher der Versuch eines besorgten Vaters, das Leben seines Sohnes zu retten. Dass Gott »Zeuge des guten und richtigen Willens« ist, das hätten sich auch die Christen der ersten 300 Jahre sagen und das Körnchen Weihrauch streuen können. Nein, ich wollte den Eid nicht leisten. Aber ich wollte auch nur sehr ungern zum Märtyrer werden.

Mein Vorbild war in diesen Dingen immer der listenreiche Odysseus. Ich fand einen Ausweg. Es war eine kalte, regnerische und unfreundliche Jahreszeit. Zwei Tage vor der Vereidigung setzte ich mich am Abend einige Stunden lang nur mit einem Hemd bekleidet ins Freie und ließ mich von dem Schneeregen nassregnen, bis ich bis auf die Knochen durchgefroren war.

Es ging dann wie nach Plan: Am nächsten Tag musste ich mit hohem Fieber zu Bett und mit einer Angina ins Lazarett. Die Vereidigung fand unterdessen ohne mich statt. Und zum

Glück fühlte sich niemand veranlasst, sie bei mir nachzuholen. Die Entlassung aus dem Reichsarbeitsdienst folgte bald darauf. Sie fand an einem Abend statt, und den Leuten, die an dem Abend nicht mehr nach Hause kommen konnten, war es erlaubt, die Nacht noch in der Kaserne zu verbringen. Ich verabscheute das Milieu in dieser Kaserne so, dass ich keine Minute länger freiwillig dort bleiben wollte. Ich ging zum Bahnhof, legte mich auf eine Bank und schlief dort bis zur Ankunft des Frühzug am anderen Morgen. Die Nacht wiedergewonnener Freiheit auf dieser Bank gehört zu den schönsten Augenblicken meines Lebens.

Der Krieg nahm kein Ende. Der Wehrdienst kam auf mich zu. Ich bin ihm entgangen. Ich war kein Pazifist. Ich bewunderte Don Juan d'Austria. Ich bewunderte Karl Martell, den Prinzen Eugen und den König Jan Sobieski, die Retter Wiens vor den Türken oder die Kämpfer der deutschen Befreiungskriege gegen Napoleon, und ich betrachtete die gefallenen Soldaten des Ersten Weltkriegs zwar nicht als Helden oder Märtyrer, aber als Männer, die ihre Pflicht gegenüber dem Vaterland getan hatten – »wie das Gesetz es befahl«.

Jüngers »Stahlgewitter« hatte ich zwar nicht gelesen. Da es unter den Nationalsozialisten geschätzt war, ahnte ich nicht, dass es tatsächlich ein gutes Buch ist, besser als Erich Remarques »Im Westen nichts Neues«, das im Unterschied zu den »Stahlgewittern« eine Absicht verfolgt. Es ist ein Anti-Kriegsbuch. Auf dieses Buch wie auf manches andere der linken Intelligenz der Weimarer Zeit stieß ich, weil man mir die Pflege der Schulbibliothek anvertraut hatte und ich auf diese Weise Zugang besaß zu den »Giftschränken«. Die darin aufbewahrten Bücher verschlang ich.

Diese Lektüre eröffnete mir eine andere Weise, die Welt anzusehen, die sich von der der Nationalsozialisten ebenso unterschied wie von dem pathetischen »Wir sind Hierarchisten« des Schriftstellers Theodor Haecker. Sein »Vergil, Vater des Abendlandes« prägte wie kaum ein anderes zeitgenössisches Buch meine Orientierung in der Welt. Nicht der Lateinunterricht in der Dorstener Schule, sondern Haecker war schuld, dass ich ein halbes Schuljahr lang einen Gesang der Aeneis in deutsche Hexameter übersetzte und am Ende des Schuljahrs eine Fünf in Englisch in Kauf nahm – was Haecker wohl missbilligt hätte, denn das klassische Englisch war für ihn von allen möglichen Surrogaten des Lateinischen das würdigste. Irgendwann fiel mir dann auch »Satire und Polemik« in die Hand, die Sammlung von Haeckers im Ersten Weltkrieg entstandenen polemischen Beiträgen, die im »Brenner« erschienen waren, dem Pendant der »Fackel« von Karl Kraus.

Und nur mit Kraus lassen sich Haeckers Texte vergleichen, seine wütende Verhöhnung der im »Berliner Tageblatt« versammelten liberalen Intelligentsia und ihrer Kriegsbegeisterung, seine unerbittliche Empfindlichkeit gegen falsche Töne, auch im Land des feindlichen Nachbarn, wo Marschall Foche »das Schwert des Siegers zu Füßen der Madonna von Lourdes niederlegte«, wozu Haecker nur bemerkte, es habe sich doch wohl um eine Gasgranate gehandelt.

Papst Benedikts XV. Rede von der »grauenhaft nutzlosen Schlächterei« der europäischen Völker mag wohl Haeckers durch Kierkegaard und Newman vorbereiteten Übertritt zum Katholizismus befördert haben. Wie richtig es war, Haeckers Schriften als Widerstandsliteratur zu lesen – auch wenn man nicht wusste, dass die »Weiße Rose« sich bei ihm traf –, offenbarten seine nach dem Krieg erschienenen »Tag- und Nachtbücher«.

Der Zweite Weltkrieg schien sich mir vom Ersten dadurch zu unterscheiden, dass Recht und Unrecht in ihm eindeutig verteilt waren. Hier das Reich des Bösen, dort die

Völker, die ihre Freiheit verteidigten. Im Hitler-Stalin-Pakt mitsamt der Teilung Polens hatte sich zusammengetan, was zusammengehörte. »Herodes und Pilatus«, sagte mein Vater. Ob der Überfall auf die Sowjetunion ein Präventivschlag oder ein zum Programm gehöriger Eroberungskrieg war, spielte letzten Endes keine Rolle.

Dass die Ermordung des polnischen Offizierskorps 1940 in Katyn durch die Sowjets laut alliierter Propaganda ein Werk der Nationalsozialisten war, glaubte ich aufs Wort, weil ich glaubte, dass nur die Nationalsozialisten lügen und dass sie es immer tun.

Weil Jugendliche zur Parteilichkeit neigen, auch wenn es den eigenen Interessen entgegengesetzt ist, war ich sogar parteilich in Bezug auf die Beurteilung der Zerstörung der deutschen Städte. Die Bombardierung Kölns im Mai 1942 habe ich erlebt und tote Nachbarn aus ihrem Haus getragen. Dass diese Bombardements Kriegsverbrechen waren und die, die sie anordneten, Verbrecher, drang damals nicht in mein Bewusstsein. Ich empfand sie als schicksalhafte unvermeidliche Übel im Kampf gegen Hitler.

Nun also – der Militärdienst. Ich wollte nicht. Einmal war ich jemandem begegnet, der auch nicht wollte. Ein junger Soldat stand eines Tages, wohl Anfang 1944, an unserer Haustür und bat meinen Vater zu sprechen. Er übergab meinem Vater den Brief eines Freundes, der den Überbringer als unbedingt vertrauenswürdig empfahl. Mein Vater lud ihn ein, mit uns zu essen. Er war im Anschluss an einen Urlaub der Truppe ferngeblieben, also ein Deserteur. Offenbar fühlte er sich in Uniform sicherer als in Zivil.

Ich erinnere mich nicht genau an unsere Gespräche. Nach Tisch überließ mein Vater mir den Gast. Wir tauschten uns aus über seine Situation, über unsere gemeinsame Einstellung in diesem Krieg und über Philosophie. Er schenkte mir zum

Abschied das berühmte, 1932 erschienene 100. Göschen-Bändchen von Karl Jaspers »Die geistige Situation der Zeit«, das er bei sich trug und das ich anschließend verschlang. Die hier vorgenommene Positionsbestimmung im Verhältnis zu Marxismus, Rassismus und Psychoanalyse war meine erste Begegnung mit der Existenzphilosophie. Das konzentrierte schmale Bändchen erübrigt die Lektüre vieler späterer wortreicher Stellungnahmen von Jaspers zu Fragen der Zeit. Der Gast war für mich mit einer Gloriole umgeben, ein Engel in Gestalt eines strahlenden uniformierten deutschen Jünglings.

Damals war er für mich ein Vorbild. Ich wollte in diesem Krieg nicht deutscher Soldat werden. Meine Gymnasialklasse meldete sich damals geschlossen freiwillig für die Offizierslaufbahn – gewiss nicht, weil sie unbedingt noch in den Krieg ziehen wollten, sondern weil sie hofften, innerhalb des Militärs rasch zu Offizieren befördert zu werden.

Mir lag dieser Gedanke fern. Mir schien die Verantwortung eines Offiziers für den Krieg, in dem er diente, größer als die des Gemeinen. Natürlich verbot es sich, mit irgendjemandem darüber zu sprechen. Es war mir ohnehin klar, dass ich nur bei wenigen mit Verständnis hätte rechnen können. In »meinen Kreisen« war die Abstraktion des Krieges von den Kriegszielen Hitlers das Übliche. Viele träumten davon, dass die Kriegsheimkehrer dem nationalsozialistischen Spuk nach dem Endsieg ein Ende machen würden. Und ähnlich wie in Frankreich die Antirepublikaner in der Armee – sehr zu Unrecht – eine von der Revolution unberührte Repräsentation des wahren Frankreichs sahen, so war für manche Gegner der Nationalsozialisten die Wehrmacht eine Zuflucht für unabhängige Geister.

Der Bischof von Galen, dem es an Mut gewiss nicht fehlte – ich konnte von diesem Mut nur träumen –, befahl seinen Seminaristen, wenn sie Zweifel an der Berechtigung dieses Krieges und deshalb ihres Militärdienstes äußerten, kurz und bündig, sich dem Dienst am Vaterland nicht zu entziehen.

Anfang Januar 1945 war ich immer noch nicht eingezogen. Ein Militärarzt hatte mich für zwei Monate zurückstellen lassen – auf Intervention eines Generals, wie ich nach dem Krieg erfuhr, aber ich weiß nicht, von wem und warum.

Das Epiphaniefest beging ich damals in der Abtei Maria Laach. Unvergesslich ist mir der Einzug der Mönche unter dem Gesang des Introitus dieses Festes »Ecce advenit dominator dominus«. Maria Laach war immer ein sehr »nationales« Kloster. Kaiser Wilhelm II. hatte ihm das große Apsismosaik gestiftet. Der Prior, Pater Bogner, Offizier im Ersten Weltkrieg, später Bauhaus-Student und dann Mönch, hatte ein bekanntes Buch geschrieben »Soldat und Mönch«. Bei einem winterlichen Spaziergang erzählte ich ihm, dass ich Remarques »Im Westen nichts Neues« gelesen hatte, was er sehr missbilligte.

Kurz vor Ablauf der Zeit der militärischen Zurückstellung verschwand ich und war postalisch für keinen Gestellungsbefehl mehr erreichbar. Ich weiß nicht mehr, unter welchem Vorwand ich einem uns bekannten Bauern in der Umgebung von Dorsten, dessen Sohn im Feld war, meine Hilfe anbot und mich bei ihm einquartierte. Wenn ich bei ihm entdeckt worden wäre, hätte es ihn nicht in meine Illegalität hineingezogen, denn er war guten Glaubens, ich sei immer noch aus gesundheitlichen Gründen »zurückgestellt«.

In diese Zeit fiel dann die Vernichtung der Stadt Dorsten, die durch alliierte Flugzeuge dem Erdboden gleichgemacht wurde. Zuvor hatten die alliierten Flieger bereits Jagd auf Bauern bei der Feldarbeit gemacht. Ich sah aus der Ferne die Rauchwolken aufsteigen und radelte nach dem Ende des Bombardements dorthin in der geringen Hoffnung, meinen

Vater in der Trümmerwüste noch wiederzufinden. Ich traf ihn tatsächlich sofort, staubüberschüttet, auf der Straße. Ein Zuhause gab es nicht mehr. Die Wohnung mit Möbeln, Bildern und Büchern existierte nicht mehr. Mein Vater, für den es in Dorsten keine Gemeinde mehr zu betreuen gab, kam zu mir auf den Bauernhof, wo wir die Kartage und das Osterfest mit der Bauernfamilie begingen. Gründonnerstag feierte mein Vater die Messe im Keller auf einer Kartoffelkiste; Ostern aber, mit den zusammengerufenen Nachbarn, in der guten Stube.

Am Karfreitag 1945 waren die Amerikaner einmarschiert. Aber von »Marschieren« konnte eigentlich nicht die Rede sein. Ein Offizier und ein paar Soldaten sprangen aus einem Auto und konfiszierten erst einmal das Haus mit dem Satz »This is an American hospital.« Die Bewohner des Hauses hatten sich mit zwei Räumen zu begnügen. Unvergesslich aber sind mir die ersten Minuten der Besatzung. Während die SS noch einige Kilometer weiter Bürger exekutierte, weil sie weiße Fahnen gehisst hatten, holten die Amis erst einmal einen Ball aus dem Auto und fingen an zu spielen. Diese unabsichtliche Demonstration eines durch und durch zivilen Geistes hat mich damals tief beeindruckt.

»Spaemann, der Halbzivilist« war ja schon der Spottname der »Offiziere« im Reichsarbeitsdienst gewesen, weil ich demonstrativ immer wieder die zivilen Vokabeln »bitte« und »danke« benutzte, was mit dem militärischen Zeremoniell inkompatibel war. Und nun dies. Aber man muss natürlich auch die Kehrseite dieses zivilen Geistes sehen: Er kann sich nämlich den Feind nur als Verbrecher und den gerechten Krieg nur als Polizeiaktion denken. Die brutale Vernichtung ziviler Städte widersprach jedem militärischen Ethos, das immer eine Achtung des Feindes impliziert und dem der Gedanke fremd ist, man dürfe eine unverteidigte Stadt dem Erdboden gleichmachen, nur weil man es für möglich hielt, dass in deren Mauern sich irgendwo noch ein oder zwei Heckenschützen aufhielten oder, in den Jahren zuvor, um die Kriegsmoral des Volkes zu brechen. Aber militärisches Ethos war auf deutscher Seite, vor allem dort, wo die SS sich breit machte, ohnehin verschwunden.

Dort aber, wo die Alliierten unter amerikanischem Oberbefehl ihr Besatzungsregime etablierten, da erlebte ich das tatsächlich in erster Linie als Befreiung, wenn auch mit einem kleinen Stolperstein zu Beginn. Bei der Kontrolle unserer Papiere ergab sich nämlich, dass mein Vater katholischer Priester war und ich sein Sohn gleichen Namens. Das führte zu einem kurzen Verhör: »You are a catholic priest. You can not have a family.«

Die Erklärung wirkte zu kompliziert. Wir wurden in einen benachbarten Bauernhof gebracht und dort in ein Zimmer eingeschlossen, bis ein polnischer Militärgeistlicher das Zimmer betrat und meinen Vater einem Test unterzog: »Sagen Sie das Placeat.« Das »Placeat« ist ein kurzes Gebet an die Dreifaltigkeit in der alten lateinischen Liturgie, das gegen Ende der Messe der Priester allein leise spricht und das kein normaler Laie auswendig kennt.

Das Unglück wollte, dass mein Vater es in der Aufregung auch nicht herausbrachte. Aber irgendwie gelang es ihm, sich doch glaubhaft zu machen. Nachdem der polnische Priester die Anfangsworte dieses Textes gesprochen hatte, wusste mein Vater wieder, wie es weitergeht. Der Mitbruder entfernte sich dann so grußlos, wie er gekommen war.

Leider gab es im polnischen Klerus gegenüber deutschen Mitbrüdern selten Spuren von Brüderlichkeit. Die deutschen Pfarrer in den polnisch besetzten Gebieten wurden von den ihnen nachfolgenden polnischen Amtsbrüdern buchstäblich über Nacht aus ihren Pfarrhäusern gejagt.

Nach diesem Intermezzo kam dann das große Aufatmen bei der Lektüre der überall angeschlagenen ersten Bekanntmachung, die mit den Worten begann: »Ich, General Dwight Eisenhower, ordne an: …«, und dann kamen strenge Vorschriften, Ausgangssperren und so weiter, die alle mit drakonischen Strafandrohungen bis hin zur Todesstrafe verbunden waren.

Was ich damals aus diesen Bekanntmachungen las, stand zwischen den Zeilen, nämlich die Zusage, dass mir nichts geschehen werde, wenn ich diese Anordnungen befolgte. Das war neu. So etwas wie Rechtssicherheit hatte im Dritten Reich nicht existiert. Und das Gefängnis war oft eine Zuflucht vor Schlimmerem. So berichtete ein Schulfreund meines Vaters, von Beruf Richter, bei einem Besuch, er habe gerade gestern einen Mann zu zwei Jahren Gefängnis verurteilt wegen defätistischer Äußerungen. »Ich habe ihm das Leben gerettet«, sagte er. »Ich wusste, dass vor dem Gerichtsgebäude bereits die Gestapo stand, die den Mann, wenn er freigesprochen worden wäre, sofort verhaftet und ins Konzentrationslager gebracht hätte. Dass dies nun nicht mehr zu befürchten war, entnahm ich der Botschaft in den Strafandrohungen des Generals Eisenhower.

Einmal bin ich ja tatsächlich unter dem Besatzungsregime im Gefängnis gelandet, als ich nämlich mit einem abgelaufenen englischen Passierschein in der französischen Zone im Zug von einer Militärpatrouille aufgegriffen und in Neustadt im Schwarzwald hinter Gitter gebracht wurde. Ich schrieb dort übrigens meinen ersten philosophischen Aufsatz – auf Toilettenpapier, einen Aufsatz über das Verhältnis von Ewigkeit und Augenblick. Das Essen war elend. Meine Zellengenossen waren zwei junge Schwarzhändler, mit denen ich mit selbst angefertigten Karten Skat spielte, und anschließend ein Ingenieur, der wegen desselben Delikts wie ich aufgegriffen worden war und mir nun ausführlich sein Metier erklärte, die Konstruktion von Maschinen zur Herstellung von Pralinen. Das Militärtribunal verurteilte jeden Einsitzenden zu so viel Tagen Gefängnis, wie er bereits in der Untersuchungshaft zugebracht hatte. Meine Laune war die beste. Der Krieg war vorbei, das Gefängnis ein Luxushotel im Vergleich zu dem zuvor jederzeit drohenden KZ, und eine Liebste wartete auf mich.

Natürlich habe ich, wie fast immer, Glück gehabt. Es gab andere, denen es unter den Franzosen übel erging. Mir ist der Tannenduft in der goldenen Oktobersonne auf dem Fußmarsch in Richtung Freiburg nach meiner Entlassung unvergesslich. Das Haus, das mich erwartete, war das Haus Heinrich Höflers, der aus der Todeszelle im Reichssicherheitshauptamt in Berlin kurz vor seiner Exekution befreit worden war und mich strahlend wie immer umarmte.

Die wiedergewonnene Freiheit hatte zunächst ein einfaches Gesicht, nämlich das der Rechtssicherheit und der Geltung von inhaltlich nachvollziehbaren Paragraphen. Dieses hohe Rechtsgut muss immer wieder neu verteidigt werden. Heute ist es bedroht von den sogenannten »Werten«, durch die so etwas wie politische Korrektheit definiert wird. Jeder falsche Zungenschlag kann heute kriminalisiert werden.

Und wenn nun oft von Europa als einer »Wertegemeinschaft« die Rede ist, dann erinnert mich das an die Wertegemeinschaft, die wir zwölf Jahre hatten und die an die Stelle eine Rechtsordnung getreten war. Alle Totalitarismen des 20. Jahrhunderts proklamierten die Überordnung der Wertegemeinschaft gegenüber dem Staat, der auf diese Weise natürlich aufhört, eine Rechtsordnung zu sein. Aber auch Demokratien sind nicht gefeit gegen die Tyrannei der politischen Korrektheit, eine Tyrannei der Werte. Die Tugend der Liberalität kann auch durch eine obligatorische »liberale« Weltanschauung bedroht werden. Sie wird zum Beispiel immer dann bedroht, wenn in der Europäischen Union nationale Regierungen nicht dafür bestraft werden, dass sie gegen Paragraphen der europäischen Verträge verstoßen, sondern weil sie »dem Geist der Verträge« nicht entsprechen.

~

Sie haben sich durch eine gezielt herbeigeführte Krankheit dem Fahneneid entzogen. Mussten Sie nach dem Arbeitsdienst auch zum Wehrdienst?
Ich bekam noch einen Gestellungsbefehl zur Wehrmacht, dem ich aber nicht folgte. Ich lebte damals nicht mehr zu Hause, sondern bei einem Bauern. Ich bin untergetaucht, was der Bauer übrigens nicht wusste. Er hielt mich für »ausgemustert«, aus gesundheitlichen Gründen.

Haben Sie sich gedrückt? Kam das nicht einer Desertion gleich?
Ja, so war es wohl.

Sie sollten also mit 17 Jahren noch zur Wehrmacht?
Ja, das war keine Ausnahme. Mein bester Freund beispielsweise, so alt wie ich, wurde noch eingezogen und ist vermutlich in Budapest gefallen. Die Zeit kurz vor der deutschen Kapitulation war chaotisch.

War denn für Sie ein geregelter Schulbesuch noch möglich?
Nein, mit dem Reichsarbeitsdienst im Herbst 1944 war damit Schluss. Meine wichtigste Schulzeit blieb diejenige, die ich im Kölner Gymnasium erlebte, das ich leider 1942, mit

15 Jahren, verlassen musste. Vor allem meinem Lehrer Anton Klein trauerte ich nach.

Das neue Gymnasium in Dorsten langweilte mich eher. Außerdem wurde ich ein halbes Jahr lang in meiner Klasse gemobbt. Wahrscheinlich weil man mich als arrogant empfand. Ich übersetzte in dieser Zeit einen Gesang des Vergil in deutsche Hexameter. Theodor Haeckers »Vergil – Vater des Abendlandes« hatte mich Feuer fangen lassen. Französisch und Hebräisch lernte ich in Privatunterricht. Die Schule abgeschlossen habe ich erst direkt nach dem Krieg mit einem Notabitur. Damals war ich achtzehn.

Zurück zu Ihrem Interesse an der Philosophie. Welche Vorstellung hatten Sie in Ihrer Jugendzeit von ihr? War es für Sie mehr eine systematische Denkdisziplin oder eine besondere Weise, zu leben?
In der Antike ist die Philosophie ein Bios, eine Lebensweise, die sich zum Beispiel von der des Politikers unterscheidet. Meiner Meinung nach hat sich die Philosophie als rein theoretische Disziplin erst im Kontext des Christentums herausgebildet. Philosophie als Lebensweise wurde durch den christlichen Glauben, durch das, was die frühen Väter auch »philosophia Christi« nannten, abgelöst. Die existentielle Seite der Philosophie wurde aufgehoben durch die Lebensweise des Christ-Seins, übrig blieb ihre theoretische Seite, ihre Eigenschaft als wissenschaftliche Disziplin.

Demnach bedeutete für Sie Philosophie vor allem eine systematische Angelegenheit, eine Weise zu denken?
Ja. Aber eigentlich keine neue Denkweise, sondern eine Verteidigung der *intentio recta*, der Unmittelbarkeit gegen ihre Aufhebung durch die Reflexion. Wenn ich auf mein Leben zurückschaue – ich habe immer eine gewisse Naivität besessen.

Das zeigen meine Tagebücher aus den Jahren 1941/1942. Die deutsche Romantik, also Novalis, Eichendorff und Brentano, Runge und Caspar David Friedrich, wurde eine Zeit lang mein Lebenselement. Die Reflexion auf die Voraussetzungen und Kontexte meines eigenen Denkens setzte erst viel später ein. Die Entwicklung meines Denkens verlief überhaupt nicht deduktiv. Ich hatte keine grundsätzlichen Einsichten, Prinzipien, aus denen ich dann etwas ableitete, sondern es waren spontane Erfahrungen, die ich gedanklich zu klären versuchte. Ich bin in jungen Jahren, und noch lange danach, wie ein Nachtwandler durchs Leben gegangen. Ein momentanes Interesse erfasste mich, irgendetwas faszinierte mich, was zunächst nichts mit philosophischen Gedanken zu tun haben musste, so die Lektüre bestimmter Dichtungen.

Erst im späten Rückblick habe ich gesehen, wie meine Gedanken – einem Puzzle gleich – zusammenpassten. Meine Entwicklung entsprach also mehr einer Leibniz'schen als einer cartesischen Denkhaltung, mehr einer Hegel'schen als einer kantischen, also einem allmählichen Sich-Klarwerden über etwas, das man in weniger klarer Weise schon vorher wusste.

~

SEIN UND SCHEIN

Wie bin ich zur Philosophie gekommen? Gewiss kann ich Lichter auf meinem Weg dahin nennen, meinen Gymnasiallehrer Dr. Anton Klein, Lektüren von Theodor Haecker und Josef Pieper, Platons »Phaidon« und »Gorgias« sowie die »Apologie des Sokrates«, die mein Vater und ich uns beim Mittagessen gegenseitig vorlasen.

Dazu kam, dass vor allem ein leibhaftiger Philosoph,

Hans-Eduard Hengstenberg, der mit meinem Vater befreundet war, bei uns verkehrte, ein Schüler Max Schelers, der für mich der Inbegriff eines von der Leidenschaft des Erkennens ergriffenen Mannes war und mit dem ich lange Gespräche geführt habe. Er wird übrigens bis heute in seinem Gewicht unterschätzt, weil er sich, obgleich auch ursprünglich Psychologe, jeder psychologischen, soziologischen oder historistischen Brechung der ontologischen *intentio recta* konsequent versagte.

Insofern meinem Naturell ganz entgegengesetzt, war Hengstenberg jahrelang mein denkerisches Gewissen, und oft ein schlechtes. Übrigens ganz und gar Antipode meines Lehrers Joachim Ritter, mit seiner ständigen Frage: »Was bedeutet das?« Für Hengstenberg bedeutete ein philosophischer Satz genau das, was er sagt, und nichts sonst.

Seine frühe Schrift »Einsamkeit und Tod«, die man damals der sogenannten christlichen Existenzphilosophie zuordnete, und seine damals unveröffentlichten Gedichte sind von einer literarischen Qualität und differenzierten Sensibilität, die Hengstenberg in seinen ontologischen, anthropologischen und ethischen Schriften einer rigorosen Objektivität opfert. Er wird gelegentlich mit Dietrich von Hildebrand verglichen, dem er allerdings an Tiefe und gedanklicher Kraft überlegen ist. Insbesondere ist für Hengstenberg Phänomenologie nur eine philosophische Propädeutik für genuin ontologische Fragestellungen und Einsichten.

Omnis affirmatio est negatio. Für jemanden wie mich, der bei jeder Äußerung zu fragen geneigt ist, gegen wen das gesagt ist – weil anders man sich ja das Reden hätte sparen können –, ist die Lektüre von Hengstenbergs kritischer Auseinandersetzung mit Teilhard de Chardin, aber auch mit Aristoteles anzuraten. Seine Aristoteleskritik zeigt, dass er die Schrift »Über Werden und Vergehen« nie wirklich gründlich gelesen hat.

Hengstenberg verstand es nicht, und wollte es wohl auch nicht verstehen, sich in die gängigen philosophischen Diskurse einzufädeln. So blieb sein Einfluss begrenzt. Aber ich habe von ihm gelernt, was Philosophie heißt und was eigentlich ein Philosoph ist.

Aber was in meinem Naturell ließ diese Einflüsse statt ganz anderer zu Einflüssen werden? Was waren die ursprünglichen Instinkte, die mich zu Platon trieben? Ich erinnere mich an ein erstes kindliches Missbehagen, das sich nur philosophisch beschreiben lässt, das Indianerspiel im Wald, von dem ich erzählt habe, das an dem Willen zur Authentizität der Simulation scheiterte.

Eine andere Geschichte: Ich liebte die süddeutschen Barockkirchen, die ich vor allem bei den Besuchen bei meiner Großmutter auf der Schwäbischen Alb kennen lernte. Aber eines Tages entdeckte ich, dass einige Barockfiguren im Altarraum nur eine Vorderseite hatten. Sie waren ausgehöhlt. Das stieß mich ab. Der lebendige Eindruck der Statue war eben nur eine vom Künstler in mir hervorgerufene Impression, der keine Wirklichkeit entsprach, ähnlich wie die marmorierten Säulen in den Barockkirchen, die den Eindruck von echtem Marmor erzeugen sollen. Ich spürte den Anfang einer virtuellen Welt.

Meine frühe Liebe zur modernen abstrakten Kunst hing mit der Abneigung gegen die Simulation zusammen, gegen die Erzeugung von Schein, in dem sich kein Selbst-Sein offenbart. Ich verstand Platons Kritik der Malerei lange bevor ich von ihr gehört hatte. Aber ich begann den Geist zu lieben, aus dem die fast unsichtbar entfernten Skulpturen auf und an den Türmen unserer Kathedralen geschaffen wurden, denselben Geist, aus dem, wie Charles Péguy sagte, immer noch ein Stuhlbein gemacht wird.

Ein verwandtes Missbehagen schlich sich bei mir ein, als

mein Nürnberger Onkel mir seine Stadt vor ihrer Zerstörung zeigte, das sich selbst zu musealisieren begann. Kleine unmerkliche Änderungen dieser Art schienen mir eine neue Welt anzukündigen. Ich war noch klein, aber es war nicht meine Welt.

Noch zwei Beispiele für den mich bedrückenden Einbruch der virtuellen Welt und der schleichenden Virtualisierung der realen stammen aus der katholischen Liturgie, und zwar wähle ich die Beispiele absichtlich nicht aus der neuen, reformierten Liturgie, sondern aus der Feier der alten.

Es war kurz nach der Erneuerung der Osternacht durch Papst Pius XII. Im Münsteraner Dom zelebrierte der Dompropst die Zeremonien der Feuerweihe vor dem Tor des Doms und des feierlichen Einzugs der Osterkerze in die Kirche. Ich war mit vielen Gläubigen in der Kirche geblieben und erwartete in der Stille des dunklen Kirchenschiffs den Einzug mit dem dreimaligen Gesang des *Lumen Christi*.

Aber die Stille wurde beendet durch einen Lautsprecher, der die Gebete des Priesters am Feuer draußen in den Innenraum übertrug. Ich war schockiert und schrieb dem Dompropst, dass es in dieser Zeremonie eben ein Drinnen und ein Draußen gibt und dass es dem Geist der Liturgie ganz zuwider sei, räumliche Unterschiede, die zugleich symbolischen Charakter haben, durch einen Lautsprecher zum Verschwinden zu bringen. Es sei auch überhaupt nicht nötig, dass jeder alles, was irgendwo im Rahmen der Liturgie gesprochen wird, auch am anderen Ende des Gotteshauses lückenlos hört. Der Propst, der berühmte Domprediger Donders, eine verehrungswürdige Gestalt, antwortete mir, mein Einwand habe ihn überzeugt und er werde künftig den Einsatz des Mikrophons während dieser Feier unterlassen. (Wie heutzutage eine Antwort auf eine solche Frage lauten würde, könnte ich ziemlich genau formulieren.)

Später, in Stuttgart, ebenfalls in einer Osternacht, wartete der Zelebrant, der mit uns befreundete Pfarrer Hermann Breucha, nach der Feuerweihe mehrere Minuten mit dem Einzug in die Kirche. Warum? Breucha war auch Rundfunkpfarrer. Der Gottesdienst wurde im Rundfunk übertragen, aber die Installationen für die Sendung hatten sich um Minuten verzögert. Ich tadelte das mit der Begründung, dass es an sich schon problematisch sei, die Feier der Mysterien im Rundfunk zu übertragen. Unerträglich aber erscheint es mir, wenn der Ablauf der Liturgie sich in irgendeiner Weise nach den Erfordernissen ihrer Außendarstellung richtete. Auch hier fand ich übrigens volle Zustimmung. Breucha fühlte sich in jener Nacht selbst überrumpelt.

Was hat das alles mit der Zuwendung zum philosophischen Leben zu tun? Worum es mir in der Philosophie geht, ist etwas ganz Elementares: die Verteidigung von Selbst-Sein, Selbst-Sein mit eigenem »Aus-Sein-auf«. Und es geht um die Unterscheidung von Sein und Schein, von Wirklichkeit als Selbstsein und Simulation. Gibt es diesen Unterschied überhaupt? Gibt es so etwas wie Selbstsein? Was unterscheidet das Sein einer Fledermaus vom Sein eines Autos? Das Auto ist, was es ist, nur für uns. Die Fledermaus ist »selbst« etwas: Es ist irgendwie, eine Fledermaus zu sein. Es ist nicht irgendwie, ein Auto zu sein, es ist nur irgendwie, ein Auto zu fahren: Kunst simuliert gerade das Nicht-Simulieren. Im sakramentalen Ritus konstituiert sich durch performative Handlungen das Symbolische – nicht Simulierte! *Verba efficiunt quod significant.* Wie das Kunstwerk – und mehr als dieses – stellt es an den Mitfeiernden Ansprüche, denen man zu genügen hat. Da gibt es keine Unterbrechungen, die von außerrituellen Erfordernissen diktiert sind.

~

Welche Bücher haben Sie zum Philosophieren angeregt?

Schon mit 14 oder 15 Jahren habe ich unter dem Einfluss meines Lehrers die frühen Dialoge Platons gelesen. Dann kamen die Bücher Josef Piepers dazu, die damals eine große Bedeutung für mich besaßen. Verschlungen habe ich Theodor Haeckers »Vergil – Vater des Abendlandes«. Das formulierte für mich eine Gegenwelt.

Texte von Thomas von Aquin las ich übrigens viel früher als Werke von Augustinus. Die *intentio obliqua*, nach der man Denkprozesse auch historisch, psychologisch und von außen ansieht, war bei mir immer schwach entwickelt. Ich suchte die *intentio recta*, die Beschäftigung mit den Sachen selbst. Die erste Entdeckung der so genannten Existenzphilosophie verdanke ich einem jungen Mann, jenem Deserteur, der in Uniform bei uns zu Besuch kam und mit dem ich mich stundenlang unterhielt. Er schenkte mir zum Abschied ein kleines Büchlein, das er bei sich trug: Karl Jaspers »Die geistige Situation der Zeit« aus dem Jahr 1932.

Wollten Sie von Anfang an Philosophie studieren?

Nein, mein Plan stand lange fest. Ich wollte Theologie in Münster studieren. Das hatte unter anderem auch den Vorteil, dass man in einem Schnellkurs für Kandidaten der Theologie das Abitur ablegen konnte.

Ab Wintersemester 1945 hörte ich anfangs Vorlesungen in Philosophie. Das war für Theologiestudenten obligatorisch. Das Philosophiestudium war dem der Theologie vorgeschaltet. Obwohl ich mich auf das Philosophiestudium gefreut hatte, langweilte ich mich schnell bei der Neuscholastik, die für Aspiranten der Theologie obligatorisch war. Also besuchte ich auch die philosophischen Vorlesungen – außerhalb der Theologischen Fakultät – bei Gerhard Krüger, der aber schon 1946 nach Tübingen wechselte. Sein Nachfolger war Joachim Ritter.

Haben Sie sich in jungen Jahren eher als skeptische oder mehr als dogmatische Natur eingeschätzt?
Wie ich mich selbst einschätzte, weiß ich gar nicht. Aber ich habe in meinem Tagebuch aus dem Jahr 1942 eine Betrachtung über mich selbst gefunden, zwei, drei Seiten lang, reichlich pubertär und pathetisch, voller Abscheu über meinen schlechten Charakter.

Aber zu Ihrer Frage. Erst jetzt, im Rückblick, ist mir deutlich geworden, dass ich vom Naturell her immer ein Skeptiker war – bis auf den heutigen Tag. Dem scheint zu widersprechen, dass ich manchmal ziemlich apodiktisch rede und man mich eher als Dogmatiker wahrnimmt. Aber mein Grundhabitus ist ein skeptischer. Apodiktische Behauptungen dienen oft dazu, die möglichen Einwände zu provozieren. Ein Dialog, in dem niemand etwas behauptet, ist kein guter Dialog, der die Erkenntnis fördert.

Aber auch Skepsis ist für mich kein Ruhekissen. Man muss auch Zweifel in den Zweifel setzen, schreibt Hegel. Widerspruchsgeist wäre am ehesten ein zutreffendes Charakteristikum. Und mein Widerspruch richtet sich in erster Linie gegen die bestehenden Maßstäbe der Kritik und gegen die anerkannten Kritiker. In meiner Jugend fehlten die großen prägenden Gestalten, die mich für die Philosophie begeistert hätten.

Mein Vater war kein Philosoph, und die Erwachsenen, die ich über ihn kennenlernte, waren Künstler oder Theologen. Dass er 1942 katholischer Priester wurde, hatte mich kurze Zeit bekümmert. Ich fühlte mich, als hätte ich meinen Vater verloren. Der Zustand hielt aber nicht lange an. Was unser Verhältnis zur Philosophie betrifft – mein Vater schuf die Gewohnheit, dass wir uns bei Tisch immer etwas vorlasen, eine

Zeit lang »Goethes Gespräche mit Eckermann«, dann die »Apologie des Sokrates«. Die Lektüre ging in der Regel in lebhafte Gespräche über.

Es gab eine Person, die ich in diesem Zusammenhang bereits erwähnt habe: den Philosophen Hans-Eduard Hengstenberg. Er hat sicher auf meine philosophische Entwicklung eingewirkt, wiewohl mir das heute gar nicht mehr so bewusst ist. Ihm verdanke ich die Entdeckung Max Schelers und den Hinweis auf eines von dessen Hauptthemen, das mich später immer wieder beschäftigt hat: die sogenannten Werte.

In der zweiten Auflage seines Buchs »Der Formalismus in der Ethik und die materielle Wertethik« kritisierte Scheler in den zwanziger Jahren den jüngeren Kollegen Nicolai Hartmann, der seinerseits ein Buch über Wertethik verfasst hatte. Scheler spricht da von einem »den lebendigen Geist erstarrenden Objektivismus und Ontologismus«, von einem »allzu handgreiflichen Realontologismus und Wertwesensobjektivismus«, und fährt dann fort: »Überhaupt muss ich einen vom Wesen und möglichen Vollzug geistiger Akte ganz unabhängig bestehen sollenden Ideen- und Werthimmel – unabhängig nicht nur von Mensch und menschlichem Bewusstsein, sondern vom Wesen und Vollzug eines lebendigen Geistes überhaupt – prinzipiell schon von der Schwelle der Philosophie zurückweisen.« Diese ungewöhnlich scharfe Bemerkung ist um so wichtiger, als sie von dem größten Vertreter der Wertphilosophie stammt, dem radikalen Kritiker des Wertrelativismus.

Aber gab es nicht einen Autor, nach dem Sie Ihr Denken schon früh ausrichteten: Thomas von Aquin, dessen Schriften äußerst systematisch aufgebaut sind?
Von »systematisch« würde ich eher nicht sprechen. Die Idee von Philosophie als einem in sich schlüssigen deduktiven

System beginnt mit Descartes. Sie hat ihren Höhepunkt im Deutschen Idealismus.

Der spekulative Versuch von Maréchal und Gustav Siewerth, den Thomismus als System im Sinne des Idealismus zu rekonstruieren, haben mich zu Beginn meines Studiums gefesselt. Sie wurden von den Neuscholastikern ebenso ignoriert wie von Josef Pieper und blieben lange Jahre ein Geheimtipp. Es war gerade die systematische Struktur der Argumente von Thomas, die ich liebte. Diese Bewunderung für das Ideal änderte aber nichts an meiner skeptischen Natur. Ich weiß gar nicht, wann ich begonnen habe, in den Werken des Thomas von Aquin zu lesen. Aber es fing lange vor meinem Studium in Münster an.

Und deutsche Philosophen, wann haben Sie sich mit ihnen beschäftigt?
Kant und Hegel oder Schopenhauer und Nietzsche – mit deren Werken habe ich mich erst in meinem Studium ernsthaft beschäftigt, als ich die Theologie aufgegeben und Feuer für die Philosophie gefangen hatte.

Kam Ihnen damals je der Gedanke, dass man die Philosophie auch gegen den christlichen Glauben kehren kann?
Ja, aber eigentlich noch nicht während meines Studiums, sondern erst später ist mir der Gedanke gekommen, dass man gegen die Grundvoraussetzung der christlichen Existenz, nämlich das Dasein Gottes, durchaus ernsthaft argumentieren kann. Allerdings bedeutet das dann eine Art Abdankung des Denkens, so stellte sich mir das immer dar.

Für mich war klar: Wenn wir Gott wegnehmen, wenn wir also so tun, *etsi deus non daretur*, als ob es Gott nicht gäbe – dann bricht das Denken zusammen. Auch Fragen des Niveaus spielen dann keine Rolle mehr. Mir schien sich nämlich der

Atheismus intellektuell unter dem Niveau von Philosophien zu bewegen, die eine theologische Grundlage haben. Aber ich fragte mich damals: Das Denken kann ja abdanken, in einer radikalen Skepsis einfach untergehen. Das Argument gegen den christlichen Glauben schien mir als solches immer schwach. Aber der Verzicht auf Argumente, das schien ein schwerwiegender Standpunkt zu sein. Denn er hält ja die Rechtfertigung des Arguments für obsolet.

Im Platon-Dialog »Gorgias« sagt der Antipode des Sokrates, Kallikles – dem die eigene argumentative Unterlegenheit im Gespräch zur unausweichlichen Tatsache geworden war –, sinngemäß: »Wozu rede ich überhaupt mit dir? Die Frage, wer hier argumentativ recht hat, muss uns doch gar nicht interessieren. Fahre ruhig mit deiner Philosophie allein fort.«

Sokrates hält dem entgegen: »Gut, ich kann auch ohne dich, also alleine, das Gespräch fortsetzen, und zwar mit verschiedenen Rollen, auf die ich alle möglichen Einwände gegen mich verteile.«

Ob die dann von Sokrates allein fortgesetzte Rede den Kallikles wirklich überzeugt hat, wird im Dialog nicht mehr erörtert.

Kann man die Argumentation der Philosophie dadurch aufheben, dass man sich auf Erfahrung beruft, also betont, dass etwas Gegenstand oder eben nicht Gegenstand der Erfahrung ist?

Also, ich denke, die Argumentation muss auf der Basis gewisser Erfahrungen geführt werden, die wir gemeinsam haben. Ohne Erfahrung gibt es überhaupt kein Denken. Das kann man bei Aristoteles lernen.

Aber die Frage, welche Erfahrung die Bedingung für die Reflexion und die daraus entwickelten Argumente stiftet, wird meistens nicht thematisiert. Zum Beispiel bei Thomas von Aquin spielt die Erfahrung des Glaubens, wenn man es so nennen will, für seine Argumentation gar keine Rolle. Darüber wird bei ihm nicht eigens reflektiert. Darum denke ich auch, dass die alte Philosophie, die mittelalterliche, keine christliche war und auch nicht sein wollte. Der christliche Glaube dieser Philosophen ging nicht als Prämisse in ihre Philosophie ein. Sie wandte sich an die bloße Vernunft. Anders verhält es sich beim Deutschen Idealismus. Er intendierte bewusst eine christliche Philosophie. Insbesondere der späte Schelling hat den Gedanken entwickelt, dass die christliche Offenbarung eine Erfahrung stiftet, welche die Philosophie nicht ignorieren darf, sondern selbst noch einmal denken muss. Ich glaube, schon in den Anfängen meines Studiums war mir klar, dass die Erfahrung die Basis des Argumentierens ist.

In Platons Siebentem Brief kommt das sehr schön heraus. Da wird gesagt, zur Basis-Erfahrung, der Erfahrung des Guten, gelangt man weder durch Argumente noch auch ohne sie, vielmehr in langen vertrauten Unterredungen, im Austausch von Argumenten und Gegenargumenten zeigt sich plötzlich etwas ganz deutlich, das gar nicht unmittelbar Inhalt der Argumente war.

Reicht die Entfaltung einer Argumentation allein nicht?
Beides gehört zusammen: Erfahrung oder Intuition und Argument. Mit einem Menschen, dem die grundlegenden Intuitionen einfach fehlen, kann man schwer argumentieren. Und umgekehrt: Wer sich nur auf die Intuition stützen will, weigert sich, Rede und Antwort zu stehen.

In meinem Tagebuch, das ich schon erwähnte, habe ich eine abfällige Bemerkung über Frauen niedergeschrieben: Frauen seien manchmal schrecklich, weil für sie Argumente keine Rolle spielten. Als 14-Jähriger beklagte ich, dass dadurch der Streit ewig weitergehe. Man könne zwar den Streit längst durch ein Argument beendet haben, aber das interessiere Frauen nicht, sondern sie wollen an ihren Sympathien und Antipathien festhalten.

Da fällt mir ein, dass viel später meine Frau mir manchmal vorhielt: »Du leidest an einer ›déformation professionelle‹. Du glaubst nämlich an die Macht der Argumente, dabei wollen die meisten Menschen überhaupt kein Argument hören, und wenn das Argument wirklich anfängt, einleuchtend zu werden, dann fangen sie an, dich zu hassen, aber nicht etwa, dein Argument zu akzeptieren.«

Ja, und meine Kinder bemerkten nicht selten: »Dem, was du sagst, Papa, können wir nicht widersprechen, weil du besser argumentieren kannst als wir. Aber recht hast du deswegen noch lange nicht.«

Heißt das: Wer allein auf die Macht des Arguments vertraut, gerät in Schwierigkeiten?
Gewiss, aber auch derjenige, der sich nur auf seine Erfahrung oder Intuition beruft, ist nicht fein raus. Immanuel Kant sagt zum Beispiel: »Wer in Sachen der Moral sich auf Erfahrung beruft, ist pöbelhaft.«

Als Sie sich dem Studium der Philosophie zuwandten, haben Sie das mehr um des Wissens oder mehr um des Denkens willen getan?
Um des Denkens willen. Um zu verstehen. Für mich bestand der Impuls immer darin: Ich weiß es ja schon, aber ich verstehe es nicht. Und beim Verstehen gibt es natürlich in gewisser Hinsicht kein Ende. Denn Sie können immer wieder noch grundsätzlicher, noch tiefer verstehen, dann öffnet sich ein neuer Horizont, und es stellen sich neue Fragen. Es ist wie in einer Endlos-Spirale.

Von Friedrich Nietzsche stammt die Frage: »Die Wissenschaft als Mittel der Selbstbetäubung: Kennt ihr das?« Mit »ihr« meint er Menschen, die in die Wissenschaft, in eine sozial vermittelte, diskursive Beschäftigung fliehen, in der über Methoden und Forschungsziele längst ein Konsens besteht, und deshalb über das zu erlangende Wissen nicht immer weiter hinausgehende Fragen gestellt werden müssen. Ist Philosophie ein Antidot gegen diese Selbstbetäubung?

Ja, sicher. In diesem Sinne ist Philosophie tatsächlich ein monologisches Unternehmen. Doch auch sie kommt ohne Ergebnis nicht aus. Was in handlungsrelevanten Zusammenhängen richtig oder falsch ist, darüber kann man lange Diskurse führen, aber plötzlich kommt man an den Punkt, wo man die Sache, um die es geht, entscheiden muss. Manches kann man auf sich beruhen lassen. Aber es gibt Dinge, von denen anderes abhängt. Und da muss man sich dann entscheiden, wann die Sache argumentativ geklärt ist. Darüber gehen dann wieder die Meinungen oft auseinander.

Dieser Schritt zur Entscheidung aber ist, würde ich sagen, der eigentlich philosophische, der am Ende des Diskurses steht. Gewiss, der Diskurs bleibt notwendig. Das eigene Denken wäre unverantwortlich, wenn es sich nicht Argumenten anderer aussetzt. Aber am Ende des Diskurses muss ich für mich entscheiden. Diese Entscheidung kann ich nicht noch einmal zum Gegenstand eines Dialogs machen. Der Spirale des endlosen, ergebnislosen Diskurses muss auch die Philosophie entkommen. Sie muss sich entscheiden.

Hatten Sie diesen Gedanken schon als Student?

Das Thema Entscheidung beschäftigte mich schon sehr früh. Am Anfang des Studiums las ich die Tagebücher Sören Kierkegaards, die Theodor Haecker übersetzt hatte. Ohne von

Lehrern darauf hingewiesen worden zu sein, hat mich die Lektüre der Werke Kierkegaards nicht mehr losgelassen. Auch dessen theologische Argumentation und die sich daran anschließenden Debatten über den wahren Kern des Christentums haben mich stark beeinflusst. Ich weiß noch, wie mich das Buch des Theologen Karl Barth, »Der Römerbrief«, so beschäftigte, dass ich eine Woche lang keine Vorlesung besuchte. Zwei Begriffe bedeuteten für mich damals sehr viel: Entscheidung und Existenz. Es waren die Schlüsselbegriffe der einschlägigen Diskussionen nach dem Kriegsende 1945.

Wann haben Sie Ihren ersten philosophischen Text geschrieben?

Das war im Herbst 1945. Ich hatte meine Großmutter auf der Schwäbischen Alb besucht und wollte nach Freiburg, um eine Freundin wiederzusehen. Im Zug kontrollierte mich die französische Militärpolizei. Weil mein Visum längst abgelaufen war, forderten sie mich auf, den Zug zu verlassen, und sperrten mich ins Gefängnis von Neustadt im Schwarzwald, wo ich auf Toilettenpapier meinen ersten längeren philosophischen Aufsatz über Ewigkeit und Augenblick schrieb. Leider besitze ich dieses Opus 1 nicht mehr.

KAPITEL 2

STUDIUM IN DER NACHKRIEGSZEIT

Münster, Joachim Ritter und die Folgen

Am Anfang Ihres Studiums 1945 stand für Sie zunächst fest, dass Sie Theologie studieren werden. Was bewog Sie dazu?
Ich wollte Mönch werden. Das war eine von mir lang gehegte Idee. Eintreten wollte ich in das mir seit meiner Kindheit bekannte Kloster St. Joseph in Gerleve. Ich habe auch den damaligen Abt des Klosters besucht und meine Absicht kundgetan. Getreu der Regel des heiligen Benedikt wurde ich abgewiesen. Nach ihr wird jeder, der in ein Kloster aufgenommen werden will, erst einmal mit unfreundlichen Worten weggeschickt und kann erst nach mehrmaligen Anläufen mit der ernsthaften Prüfung seines Ersuchens rechnen.

Übrigens wurde ich, damals 18 Jahre alt, nicht mit brüsken Worten bedacht, dafür aber mit dem Ratschlag, doch erst einmal zu studieren und abzuschließen, dann könne man ja weitersehen. Na ja, das habe ich dann auch getan, bin aber nicht mehr wiedergekommen, um in die Mönchsgemeinschaft aufgenommen zu werden. Das Kloster selbst habe ich weiterhin noch oft besucht.

Warum haben Sie sich für die Universität Münster entschieden?
Weil sie die nächstgelegene war. Ich lebte nach Kriegsende mit meinem Vater in Dorsten, einer Kleinstadt nicht weit

entfernt von Münster, wo wir ja auch schon mal in den drei-
ßiger Jahren kurze Zeit gelebt hatten.

**Wie sehr fühlten Sie sich damals dem Westfälischen
verbunden?**
Ehrlich gesagt kaum. Ich habe darunter gelitten, dass ich
eigentlich nirgendwo sagen konnte: Hier ist meine Heimat.
Ich kann wohl sagen, dies ist mein Vaterland, und das ist für
mich auch immer wichtig geblieben.

**Eine landsmannschaftliche Prägung, wie sie bei Ihrem
Kollegen Hermann Lübbe, einem Ostfriesen aus Aurich,
offensichtlich ist, kann man Ihnen also nicht nachsagen.**
Nein, wiewohl mein Vater ein Westfale war, in Sölde bei
Dortmund geboren. Sein Vater leitete die dortige Volksschule. Die Eltern meines Vaters stammten von Bauernhöfen
aus der Umgebung.

Was man Sozialisation nennt, das hat bei mir eigentlich
eher im linksrheinischen Köln stattgefunden, wo ich mich
noch am ehesten ein bisschen zu Hause fühlte. Außerdem:
Meine Mutter war Schwäbin.

**Konnte man denn 1945 im vom Bombenkrieg heim-
gesuchten Münster überhaupt unter einigermaßen
akzeptablen Bedingungen studieren?**
Wir mussten erst einmal beim Wiederaufbau helfen und
Steine schleppen, sonst wären wir nicht zum Studium zugelassen worden. Das Münsteraner Schloss war das Hauptge-
bäude der Universität. Aber die Hörsäle, Institutsräume und
Bibliotheken waren über die ganze Stadt verstreut.

Trotz dieses provisorischen Zustandes gab es spektakuläre
Vorlesungen, so Jost Triers Althochdeutsch-Vorlesung und
Benno von Wieses Schiller-Vorlesung. Hermann Volk, der

spätere Kardinal und Bischof von Mainz, sprach vor einem überfüllten Auditorium Maximum über katholische Dogmatik. Es waren Predigten, die auf den Kopf zielten und das Herz trafen. Volk zählte damals zu den wichtigen Persönlichkeiten in der Stadt, und man traf ihn auch öfter im Theater.

Und es zog Sie auch zu den Vorlesungen des Philosophen Gerhard Krüger?
Ich weiß nicht mehr genau, worüber er im Wintersemester 1945/1946 gelesen hat. Es ging irgendwie über Tradition und Moderne, also ungefähr dasselbe Thema, das Ritter dann bewegte.

Das Thema »Moderne und Modernitätskritik« hat mich seitdem nicht mehr losgelassen. Für Theologiestudenten gab es damals einen eigens in der theologischen Fakultät angesiedelten Philosophie-Lehrstuhl. Aber die dort gebotene Neuscholastik langweilte mich.

Gerhard Krüger, von dem ich bis dahin nichts gelesen oder gehört hatte – er kam aus der Gegend Heidegger und Bultmann –, faszinierte mich.

Haben Sie damals schon sein Platon-Buch »Einsicht und Leidenschaft«, zuerst erschienen im Jahr 1939, gelesen?
Das habe ich damals gelesen, ja. Krügers Interpretation von Platons »Symposion« öffnete mir eine neue Sicht. Wie sehr er von Heideggers Interpretationskunst geprägt war, wusste ich natürlich nicht. So erging es mir etwa auch bei der Lektüre von Krügers Platon-Deutung. Sie machte mich auf etwas aufmerksam, das mich bislang nicht beschäftigt hatte: dass die Vernunft vom Eros getragen wird, dass es sich bei beiden nicht um eine Entgegensetzung handelt, sondern dass Vernunft selbst schon eine Leidenschaft ist. Das Subjekt ist eben

bestimmt von einer fundamentalen Leidenschaft, die es selbst jedoch nicht geschaffen hat.

Der Vers des Vergil, Ekloge 2, 65, *trahit sua quemque voluptas* – »Jeden reißt seine Leidenschaft fort« – gilt auch für die Leidenschaft der Vernunft. Allerdings, so habe ich es in Erinnerung, hatte Krüger etwas Blasses, so dass man vielleicht nicht hätte auf den Gedanken kommen können, man habe einen bedeutenden Denker vor sich.

Außer der Begegnung mit der Philosophie – was hat Sie kurz nach Kriegsende sonst noch beschäftigt?
Damals ging es mir wie den meisten meiner Generation. Man war wie ein trockener Schwamm. Ich sog eigentlich alles in mich auf, was mir irgendwie bedeutsam schien: neue Theaterstücke, Vorlesungen über Althochdeutsch und Mittelhochdeutsch, die ersten Texte der Nachkriegsliteratur.

Im Jahr 1947 kam ich in Berührung mit der Zeitschrift »Ende und Anfang«, die von jungen Leuten in München für eine junge Leserschaft gegründet worden war.

~

ENDE UND ANFANG

Im Herbst 1947 bekam ich ein kleines Schreiben des Ortsverbandes der Kommunistischen Partei in München, in dem ich als »Werter Genosse« angesprochen und eingeladen wurde, mich an dem im Dezember in Ostberlin tagenden Deutschen Volkskongress als Delegierter zu beteiligen.

Dieser Volkskongress wurde für mich zu einem Schlüsselerlebnis, einem Wendepunkt in meinem Verhältnis zur Politik. Das Ganze fing an mit der Zeitschrift »Ende und Anfang«, die 1946 von einer kleinen Gruppe in Augsburg herausgegeben wurde; die meisten dieser jungen Leute waren katholisch und auf der Suche nach einer Ortsbestimmung innerhalb des Gestaltungsprozesses eines neuen Deutschland, dessen Konturen noch sehr unbestimmt waren.

An ihrem Anfang war die Zeitschrift noch eher schöngeistig und unpolitisch. Ich sandte der Redaktion von Dorsten bzw. Münster aus damals erst eine Rezension eines neuen englischen Buches über Thomas Morus und dann einen längeren Aufsatz mit der Überschrift »Vertrauen – ein Wagnis«.

Der Aufsatz war von der existenzialistischen Stimmung der Zeit geprägt und erörtert den Unterschied zwischen dem Vertrauen, das wir in ein Flugzeug setzen, mit dem wir fliegen, und dem Vertrauen in einen Menschen.

Das Vertrauen in Menschen beruht nicht auf einem Wahrscheinlichkeitskalkül, sondern ist eine Form von Gewissheit. Dieser Gewissheit entspricht aber objektiv nur eine hohe Wahrscheinlichkeit. Sie kann trügerisch sein. Aber diese Möglichkeit in Erwägung zu ziehen wäre bereits die Zerstörung. Kein spieltheoretischer Kalkül kann hier weiterhelfen. Die Kluft zwischen dieser Wahrscheinlichkeit und dem Wagnis des Vertrauens ist der Gegenstand, der mich damals beschäftigte.

Es kann wohl sein, dass auch John Henry Newmans »Grammar of Assent« im Hintergrund stand. Denn auch Newman geht es ja darum, den Sprung von der Wahrscheinlichkeit zur Gewissheit des Glaubens plausibel zu machen.

Die Zeitschrift veröffentlichte beide Artikel. Sie waren auch nicht schlecht. »Gut gebrüllt, Löwe«, schrieb mein Vater auf eine Postkarte.

Die Redaktion lud mich zu einer Tagung in der Abtei Neresheim ein, die der Erörterung der Zeitsituation und der Zukunft der Zeitschrift gewidmet sein sollte. Die wichtigste

Figur auf dieser kleinen Konferenz war Ludwig Döderlein, ein philosophischer Privatgelehrter aus der Döderlein-Familie, die mit den Größen des Deutschen Idealismus verbunden war. Döderlein verfügte auch über wichtige Nachlässe aus dieser Epoche.

Soviel mir in Erinnerung geblieben ist, erklärte er uns während dieser zwei Tage das Wesen der Hegel'schen und der Marx'schen Dialektik. Döderlein verteidigte den Totalitarismus als unumgehbares Signum des Zeitalters, als Folge einer Entwicklung des Denkens, das es nicht mehr erlaubt, Einzelphänomene in den Blick zu nehmen, sondern die Interdependenz aller Phänomene und Ereignisse verstanden hat.

Döderlein führte uns den bekannten Gedankengang des Marxismus vor, der alles »abstrakt« nennt, was im gewöhnlichen Sprachgebrauch das Konkrete heißt. Konkret ist nur der Gesellschaftsprozess als Ganzer, dieses Ganze zu denken aber heißt »totalitär« oder »dialektisch« denken.

Den Marxismus präsentierte Döderlein als die Wahrheit des Zeitalters. Mich haben diese Gedankengänge damals tief beeindruckt, und den anderen Mitgliedern unserer Gruppe ging es wohl nicht anders.

Die Zeitschrift begann sich mehr und mehr dem Marxismus zuzuwenden. Sie repräsentierte für eine Weile einen jugendlichen »Linkskatholizismus«, der radikaler sein wollte als die »Frankfurter Hefte«. Als ich dann für zwei Semester zum Studium nach München wechselte, nahm ich an den regelmäßigen Redaktionskonferenzen teil, die allmählich Züge des Konspirativen annahmen.

Herausgeber war Franz J. Bautz, der später die Kulturabteilung des Bayerischen Rundfunks leitete; Ludwig Zimmerer, später Kulturattaché der Deutschen Botschaft in Warschau, war beteiligt wie auch Ernst Schumacher, ein großer Bewunderer von Bertolt Brecht, der in den fünfziger Jahren in Leipzig bei Hans Mayer und Ernst Bloch promovierte und Anfang der sechziger Jahre in die DDR übersiedelte. Später wurde er Professor für Theaterwissenschaft an der Humboldt-Universität in Ostberlin. Er war der Einzige unter uns, der definitiv Kommunist wurde und sich zur DDR bekannte.

Schließlich gehörte zu dem Kreis noch Theo Pirker, der wohl den größten Einfluss auf die geistige Entwicklung des Blattes nahm und mich persönlich von allen Teilnehmern in diesem ansonsten etwas jugendbewegten »linkskatholischen« Kreis am tiefsten beeindruckt hat. Er war einige Jahre älter als ich, Kriegsteilnehmer, wenn ich mich recht entsinne, für mich der Inbegriff eines authentischen Proletariers. Er verfasste eine kleine Sequenz von Gedichten, »Lieder zur Methode«, die im frühen Brecht'schen Stil geschrieben waren, und er brachte, wenn wir einen Geburtstag feierten, nicht Papier, sondern einen Kuchen mit.

Pirker wurde die rechte Hand des legendären Gewerkschaftsführers Viktor Agartz und später Professor für Soziologie an der Freien Universität Berlin. Ich glaube, er war der einzige nicht promovierte Universitätsprofessor in Deutschland. Spezialist war er auf dem Gebiet der Soziologie der Büroarbeit. Aber seine große Publikationsliste zeigt viel weiter ausgreifende Interessen: kritische Betrachtung der Geschichte der deutschen Sozialdemokratie ebenso wie eine scharfsinnige Kritik des kommunistischen Marxismus.

Übrigens mochte er es nicht, wenn Nichtbayern Franz Josef Strauß kritisierten. Er sprach ihnen einfach die Kompetenz dazu ab.

Unsere Treffen fanden meistens in der Wohnung von Linde Klier statt, einer aus Prag stammenden deutschen Germanistik-Studentin, die die Seele des Kreises war. Später war sie Leiterin des Goethe-Instituts in Athen, dann in Mexiko. Ich war ihr in besonderer Freundschaft verbunden, und sie war später unsere Trauzeugin. Sie starb in Mexiko im Jahr 2010.

Theo Pirker lud ich später einmal ein, im Rahmen des Studium Generale an der Technischen Hochschule in Stuttgart zu sprechen. Er sprach dort über Kolonialismus. Er bezeichnete Russland in diesem Zusammenhang als letzte Kolonialmacht der Welt – eine in der damaligen Zeit ungewöhnliche Sicht der Sowjetunion.

Und dann kam also der Volkskongress. Er war von der SED initiiert zum Zwecke der Unterstützung des sowjetischen Standpunkts auf der Londoner Außenministerkonferenz. In der Hoffnung, Gesamtdeutschland in die Hand zu bekommen, plädierte die Sowjetunion damals für die Wiederherstellung der Einheit Deutschlands und gegen einen unabhängigen Weststaat. In dieser Zielsetzung konvergierte die kommunistische Politik mit unseren und besonders meinen Intentionen.

Ich sollte als Delegierter teilnehmen. Wer hatte mich eigentlich delegiert? Die kommunistische Politik war es, bei Kongressen dieser Art nicht nur politische Parteien in Betracht zu ziehen, sondern auch sogenannte gesellschaftliche Gruppen. Was eine gesellschaftliche Gruppe war, bestimmten die Kommunisten. Und offensichtlich war der Kreis um unsere Zeitschrift auch eine solche gesellschaftliche Gruppe. Die Gruppe hatte zwar niemanden »delegiert«, nach Berlin zu fahren. Der Delegierer muss wohl der Weltgeist gewesen sein und dessen Sprecher die Kommunistische Partei Deutschland.

In Berlin bekam ich ein Quartier zugewiesen bei einer altkommunistischen Arbeiterfamilie, deren Solidarität und Selbstlosigkeit rührend war. Der Kommunismus war für sie wirklich so etwas wie eine Religion.

Was die Religion betrifft: Beim Umsteigen in Dresden

kamen wir auf einen Weihnachtsmarkt mit Weihnachtsbäumen, und ein Gewerkschaftler aus München sagte zu mir: »Schau mal, bei uns erzählen sie, hier würde die Religion verfolgt, und dabei werden hier Christbäume verkauft.«

Zum Abendessen waren wir eingeladen im Kulturbund, wo wir eine ungewöhnliche Delikatesse zu essen bekamen: Bratkartoffeln in echter Butter gebraten. Da ich wusste, dass die Leute draußen nichts zu essen hatten, schmeckten mir die Bratkartoffeln allerdings nicht.

Der Kongress lief nach Programm, der Vorsitzende war Wilhelm Pieck, einer der beiden SED-Führer. Es wurden einige Reden gehalten und dann eine Schlussresolution vorgelesen, die sich an die Außenminister in London wandte und die Einheit Deutschlands verlangte. Es gab aus dem Kreis von über 800 Delegierten zwei Änderungsanträge, die aber sofort von Pieck und seinen Kollegen der SED-Führung niedergebügelt wurden und gar nicht zur Diskussion oder Abstimmung kamen.

In diesem Augenblick wusste ich, dass ich auf der falschen Hochzeit war. Bei der Abstimmung erhoben sich alle Arme der über 800 Delegierten. Auf die formale Zusatzfrage: Wer stimmt dagegen?, hob ich schüchtern und ein bisschen ängstlich meinen Arm, was mir einen Anraunzer von Pieck eintrug:

»Der Genosse soll doch seinen Namen nennen, wenn er dagegenstimmt.«

Und ein Gewerkschaftler neben mir fuhr mich an: »Wozu bist du überhaupt hergekommen, wenn du dagegen stimmst?«

Ich konnte ihm nur antworten: »Ja, leider ist es tatsächlich so, wie ich befürchtet hatte.«

Am nächsten Tag in den Zeitungen wurde die Gegenstimme natürlich nicht erwähnt. Die Resolution war einstimmig verabschiedet worden.

Ich war allerdings aufgewacht. Und ich ließ meine

Freunde nach München zurückfahren, um selber noch zwei Tage in der Sowjetischen Zone zu bleiben, in denen ich vor allem mit der Eisenbahn herumfuhr. Ich machte dabei einen kleinen harmlosen Test. Die SED-Leute hatten uns großzügig allen bereits ein SED-Parteiabzeichen offeriert. Wir waren ja gewissermaßen heimliche oder wenigstens potentielle Genossen.

Dieses Parteiabzeichen steckte ich ans Revers, als ich ein Zugabteil betrat und mich hinsetzte. In dem Abteil hatte man sich vorher lebhaft unterhalten, aber in dem Augenblick, als ich eintrat, breitete sich eisiges Schweigen aus, und zwar so lange, bis ich das Abteil verließ. Ich ging dann in ein anderes Abteil, nachdem ich vorher das Parteiabzeichen in die Tasche gesteckt hatte. In dem Abteil ging es lebhaft zu, es wurde viel geredet und viel geschimpft. Die Leute verhielten sich, wie normale Leute sich verhalten. Ich nahm nun das Parteiabzeichen wieder in die Hand, ging auf die Toilette, warf es dort hinein und spülte ab.

Nach Hause zurückgekehrt versuchte ich zunächst einen Artikel von mir »Die Kommunisten und wir« aus der Zeitung wieder herauszunehmen. Das war nicht möglich. Aber ich bestand darauf, dass dann mein Name verschwinden müsse. Der Artikel erschien ungezeichnet.

Meine Freunde allerdings fielen über mich her. Pirker fragte, ob ich einen Onkel hätte, der Großgrundbesitzer sei, und alle warfen mir »Konkretismus« vor, also das, was Döderlein »abstraktes Denken« genannt hatte. Ich hätte offenbar den Blick auf das Ganze, auf die große Zielsetzung vergessen oder nie verstanden und mache mich an einzelnen Phänomenen fest, die ich als Symptome für das Falsche des Ganzen nahm.

Ich konnte nur erwidern, dass ich letzten Endes eine Bewegung nur beurteilen könne aufgrund von Einzelheiten.

Und wenn Leute angeblich den Willen des Volkes exekutieren wollen, aber überall dort, wo sie auftreten, das Volk zum Schweigen bringen, dann kann das nicht richtig sein.

Allerdings: Meine Freunde waren schon etwas avancierter als ich, sie waren auch älter als ich, und ich fühlte mich ideologisch in die Ecke gedrängt. Ich fühlte mich allein gegen die Gruppe argumentativ nicht genügend gewappnet. Daraufhin tat ich etwas, das ich im Rückblick als sehr vernünftig betrachte. Ich war der Überzeugung, dass momentane argumentative Überlegenheit kein Kriterium der Wahrheit ist. Es ist wie bei einem Gericht: Die Partei, die den geschickteren Anwalt hat, muss deshalb noch nicht die Partei sein, die recht hat.

Was tun? Ich entzog mich weiteren Diskussionen durch Flucht. Ich brach das Semester in der Mitte ab, fuhr nach Hause, nach Dorsten in Westfalen, hängte dort das Leninbild von der Wand ab, das mein Vater, ohne sich dagegen zu verwahren, hatte hängen lassen, obgleich wir nach der Zerstörung des Hauses nur noch einen gemeinsamen Arbeitsraum hatten.

Dann fing ich an, eifrig zu lesen: Marx, Engels, Lenin und sogar Stalin. Ich las auch die Schriften der Ordoliberalen, der Freiburger Schule, Röpke, Eucken und so weiter. Nun fühlte ich mich der Diskussion gewachsen. Dennoch kehrte ich nicht nach München zurück, weil ich inzwischen ein Stipendium für ein Jahr an der Universität von Fribourg in der Schweiz bekommen hatte.

»Ende und Anfang« wurde dann bald darauf von der amerikanischen Besatzungsmacht verboten, die Freunde gingen auseinander. Außer Ernst Schumacher versöhnten sich alle auf die Dauer mit dem liberalen Rechtsstaat, wie unterschiedlich auch ihre politischen Optionen innerhalb dieses Staates sein mochten.

Ich ging nach Fribourg, ließ Politik Politik sein und freute mich eines unbeschwerten, vergnügten Studentenlebens, in dem das Studieren doch keineswegs eine bloße Nebensache wurde.

~

Bestand da für Sie nicht eine erhebliche Kluft zwischen Ihren theologischen Interessen und den politisch doch weit links gelagerten Weltanschauungen im Umkreis der Zeitschrift »Ende und Anfang«?

Es ist schwer zu sagen, wie es möglich wurde, dass ich so verschiedene Interessen und auch Engagements verfolgte. Es waren sehr subjektive Impulse, über deren Integration ich kaum nachdachte. Damals verfügte ich noch nicht über die theoretischen Möglichkeiten, die große Kluft zwischen ihnen zu überbrücken und sie zusammenzudenken. Die subjektiven Perspektiven standen zunächst relativ unverbunden nebeneinander.

Erst allmählich sind sie zu einer einheitlichen Sicht der Wirklichkeit zusammengewachsen. Aber der Prozess ist bei mir noch nicht zu Ende. Ich glaube, das ist eine Aufgabe, vor der jeder Denkende letzten Endes steht und an der auch jeder Denkende irgendwann scheitert.

Scheitert derjenige, der sein Denken in ein System bringen will?

Ich glaube, das Denken strebt immer danach, sich zu einem System auszubilden, aber es scheitert auch immer mit diesem Streben. Wenn man es pathetisch ausdrücken will, dann besteht darin die tragische Situation der Philosophie.

Kant sagt einmal, dass die Vernunft durch Fragen bewegt

wird, die sie nicht beantworten kann. Aber zu sagen: Dann lass mal von den Fragen ab – das geht ja auch nicht. Der Mensch würde seine Würde verlieren, wenn er darauf verzichtet, das Ganze zu denken.

Gerade im Politischen ist diese Haltung wichtig. Einem Lokomotivführer, der seinen Zug im Rahmen der Juden-Deportationen nach Auschwitz fährt und sich dabei auf sein Pflichtbewusstsein beruft, müsste man sagen, dass in seinem Fall das Pflichtbewusstsein völlig fehl am Platz ist. Man muss ihm zumuten, in gewisser Hinsicht das Ganze, das heißt den Kontext zu denken und sich zu fragen: Wen transportiere ich da eigentlich an welchen Ort? Das ist ein simpler moralischer und – bezogen auf die Vernichtungspläne des Dritten Reiches – politischer Gedanke, der natürlich noch weitere Fragen nach sich zieht.

Döderlein hatte damals, an die Hegel'sche Tradition anknüpfend, recht, als er darauf bestand, die Dinge nicht zu isolieren. Also doch nicht »Konkretismus«? Wir müssen unser Handeln im Zusammenhang des Ganzen betrachten. Aber was ist das Ganze? Wir überschauen es nicht. Aber die Würde der Person ist seine Antizipation. Es gibt kein Ganzes, das gegen diese Würde recht haben könnte.

Im Sommersemester 1946 kam der Philosoph Joachim Ritter an die Universität Münster. War er der Grund, warum Sie sich für die Philosophie und nicht für die Theologie entschieden?
Es ist wohl richtig, dass ich durch Joachim Ritter veranlasst wurde, in die Philosophie einzusteigen, sie als ernsthaftes Studium zu betreiben. Von meiner Absicht, Theologie zu studieren, bin ich aber nicht wegen meiner Hinwendung zur Philosophie abgerückt, sondern ich fand damals, dass ich für das Amt des Priesters nicht geeignet wäre.

Von meinem katholischen Glauben habe ich mich jedoch deswegen nicht verabschiedet. Auch die Theologie interessierte mich weiterhin. Es war eine gewisse Zweigleisigkeit, der ich mich eine Zeit lang überlassen hatte. Das geschah mit gutem Gewissen, weil ich der Überzeugung war, dass der christliche Glaube, und zwar in seiner katholischen Version, wahr ist und dass deshalb alles, was man als vernünftig einzusehen gelernt hat, mit diesem Glauben vereinbar sein muss.

Das war ein schlichtes Postulat, das es mir ermöglichte, mich auf jedes denkerische Abenteuer einzulassen, unbelastet von der Sorge, dadurch den christlichen Glauben zu verlieren. Gedanklich habe ich die Dinge erst viel später zusammengebracht, aber das spielte damals keine Rolle. Ich hatte nie die Befürchtung, es könnte irgendetwas meine Orthodoxie beschädigen. Aber ich konnte Widersprüche, scheinbare Inkompatibilitäten, lange stehen lassen.

Sie sprechen ohne Zögern von Ihrer Orthodoxie.
Ich habe einmal viel später zu meinem Kollegen Dieter Henrich – der ursprünglich Pastor werden wollte – in einer Geburtstagstischrede gesagt: »Herr Henrich, uns beiden ist von unserer theologischen Zeit etwas geblieben: Bei mir ist es die Orthodoxie und bei Ihnen die Salbung.«

Als katholischen Philosophen bezeichne ich mich nie. Dafür habe ich Gründe.

Schauen Sie, jeder Philosoph, jeder denkende Mensch reflektiert doch Erfahrungen, die er im Leben macht und gemacht hat. Sie haben ihren Grund gar nicht in der Theorie, sondern sind von dem Eros bestimmt, der den Menschen bewegt.

Und im Denken reflektiert er diese Erfahrungen. Für den Christen gehört die Gottesbeziehung zu diesen Erfahrungen. Warum soll er sie ausklammern, wenn er Philosophie treibt?

Kein Philosoph lässt doch die vorphilosophischen Erfahrungen weg, die er selbst macht und die Millionen von Menschen machen. Warum sollte ausgerechnet ein Katholik das tun? Das habe ich nie verstanden. Übrigens, wer sich dazu sehr deutlich – auch in der Theorie – geäußert hat, war Schelling. Für ihn ist die Philosophie eine höhere Art des Empirismus. Der Empirismus aber darf die spirituelle Dimension nicht künstlich eliminieren. Sie gehört zur menschlichen Erfahrung, die in der Philosophie reflektiert werden muss.

Wie muss man sich den damaligen Vorlesungsbetrieb vorstellen, als Sie bei Ritter studierten?
Joachim Ritters Vorlesungen wurden anfangs im Botanischen Garten abgehalten, in einem größeren Raum neben dem Gewächshaus, und zwar um 8 Uhr morgens. Das Seminar fand in seiner Wohnung statt.

Während der Vorlesung sprach Ritter scheinbar ohne Manuskript, obgleich er jedes Mal ein ausgearbeitetes mitbrachte. Ich habe noch vor Augen, wie er beim Vortragen ununterbrochen auf und ab ging. Man hatte den Eindruck, ihn bei der »allmählichen Verfertigung der Gedanken beim Reden« zu beobachten.

Übrigens hat er sehr viel gearbeitet, vor allem morgens vor seiner Vorlesung. Im Sommer kam er schon um 5 Uhr morgens ins Institut. Angesichts seines Fleißes verwundert es, wie wenig er veröffentlicht hat.

»Was bedeutet das?« – das war eine der stets wiederkehrenden Fragen Ritters. Hieß das: »Ich verstehe den Autor nicht, kann jemand diese Textstelle, diesen Gedanken uns einmal zu erklären versuchen?«
Nein, sondern es hieß: Welche Bedeutung hat das, was hier steht, im Gesamtkontext der geschichtlichen Wirklichkeit?

Das war seine hermeneutische Grundfrage. Dazu muss man eine gewisse Distanz zum Gegenstand gewinnen, was mir anfangs nicht leicht fiel.

Ich neigte zur *intentio recta*, was wohl auch etwas mit meiner katholischen Orthodoxie zu tun hatte. Ich dachte, jeder Satz bedeutet genau das, was er sagt. Daran festzuhalten und doch den Schritt zur *intentio obliqua* zu gehen verlangte einen Balanceakt. Dies ist eine der wichtigsten Fragen für mich geblieben: Wie kann man eine Sache als sie selbst betrachten und sie gleichzeitig in einem Kontext sehen, der nicht durch sie selbst definiert ist?

Joachim Ritter warf solche Fragen nur im Oberseminar auf, aus dem sich später das Collegium Philosophicum herausbildete. Ritter hielt auch regelmäßig Proseminare. In ihnen ging es ihm darum, genau zu lesen, was da steht.

Wichtig für uns waren die Abende mit ihm im Wirtshaus, beim Bier, nach den Sitzungen des Oberseminars, als auch über Tagesaktualitäten gesprochen wurde, natürlich mehr im Lichte einer philosophischen Hermeneutik.

Partei zu ergreifen war für ihn nicht Sache der Philosophie. Philosophie muss verstehen, was ist, nicht politisieren. Ritter kultivierte eine betonte Bürgerlichkeit, ohne dabei naiv zu sein. Er war ein moderner Intellektueller, der dem modernen Intellektuellen misstraute.

Es gab einen Kreis von Schülern Joachim Ritters, der später als Münsteraner »Collegium Philosophicum« von sich reden machte, weil nicht wenige daraus später das akademische Fach Philosophie in der Bundesrepublik prägten. Wie fanden Sie zu diesem Kreis?
Es begann damit, dass sich nach Joachim Ritters Hauptvorlesung einige Studenten im Café Schucan trafen, um für ungefähr zwei Stunden über die Vorlesung zu diskutieren. Dazu

gehörten Odo Marquard, Hermann Lübbe, Günter Rohrmoser, Ludger Oeing-Hanhoff und Hans Schrimpf.

Später traf man sich im Oberseminar wieder, und als der Kreis sich dort ausweitete, weil immer mehr Studenten mit Philosophie im Nebenfach oder einfach Nicht-Philosophen dazu stießen, nannte man die Veranstaltung »Collegium Philosophicum«.

Es kamen Studierende ganz verschiedener Prägungen zusammen: Thomisten, Marxisten, Skeptiker und evangelische Theologen, Literaturhistoriker wie Juristen, darunter Ernst-Wolfgang Böckenförde oder Martin Kriele, die später als Rechtswissenschaftler wie als Verfassungsrichter große Bedeutung erlangen sollten.

Ich selbst genoss im Collegium Philosophicum Ritters immer eine Art Narrenfreiheit, Fragen zu stellen, die sonst in diesem Kreis nicht gefragt wurden. Narrenfreiheit für Naivität.

Fragen dieser Art warf Joachim Ritter nur sehr gelegentlich auf, und dann eher abends nach dem Seminar im Wirtshaus, wo dann auch über Tagesaktualitäten gesprochen wurde. Auch sie gehören zur »Vernünftigkeit des Wirklichen«, die Ritter emphatisch bejahte. Darin war er ganz Hegelianer.

Ritter trat im Kreis des Collegium Philosophicum nicht als Besserwisser auf, sondern war immer darauf aus, auf neue Gesichtspunkte hingewiesen zu werden, neue Zusammenhänge zu entdecken. Auf sehr zurückhaltende Weise dirigierte er eine Gesprächsgemeinschaft.

... Und keine Schule ...

Nein, weil es keine Theorie des Lehrers gab, die als Basis oder als Voraussetzung gegolten hätte. Man musste sich auch keine bestimmten Inhalte oder Methoden zu Eigen machen.

Die Teilnehmer kamen, wie gesagt, aus verschiedenen philosophischen Richtungen und Fächern, hatten schon akademische Abschlüsse und theoretische Erfahrung. Es konnte über alles geredet werden, was damals im philosophischen Interesse lag, selbst über innerscholastische Fragen der mittelalterlichen Philosophie. Es musste nur eben etwas in diesen Kontroversen zwischen Thomisten und Scotisten noch Ungesagtes vorgebracht werden. Wenn es jemandem gelang, einen Hintergrund zu entdecken, der die Voraussetzungen und Konsequenzen der Kontroverse neu beleuchtete, dann war das in diesem Kreis diskussionsfähig.

Diese Offenheit kannte nur eine Einschränkung: Man durfte nichts Freundliches über Fichte denken und sagen. Dessen Versuch einer radikalen Rekonstruktion der Wirklichkeit lehnte Ritter leidenschaftlich ab. Als einmal der junge Hermann Lübbe, der gern aufmüpfig war, die Tabu-Frage zu stellen wagte, warum Hegel neben Fichte auf dem Dorotheenstädtischen Friedhof in Berlin begraben sein wollte, fiel er eine Zeit lang bei Ritter in Ungnade, was ihn nicht hinderte, später ein exemplarischer »Ritterianer« zu werden.

Was zog die damals jungen Leute zu Ritter?
Es war wohl die charakteristische Weise, in der Ritter seine Fragen stellte. Bei philosophischen Positionen fragte er nicht: Ist das wahr oder falsch, sondern: Was bedeutet das? Damit war man aufgefordert, die Relevanz eines Gedankens im Kontext der Geschichte und Entwicklung des menschlichen Geistes zu erörtern.

In Immanuel Kants »Kritik der reinen Vernunft« trägt der dritte Abschnitt im zweiten Hauptstück des zweiten Buches die Überschrift »Von dem Interesse der Vernunft bei diesem ihrem Widerstreite«. Um dieses Interesse der Vernunft ging es Ritter. Die Frage, die über den reinen Nachvollzug des Gedankens hinausgeht, will wissen, welche Funktion er für das Interesse der Vernunft hat. Marxisten fragen immer, welche Funktion eine Ideologie im Zusammenhang des Klassenkampfes hat. Auf welcher Seite steht sie?

In der Tat war Ritter vor 1933 für kurze Zeit Marxist, und meiner Ansicht nach spielte das in sein Denken nach dem Krieg noch hinein, nur inhaltlich war nicht mehr der Klassenkampf, sondern die Vernunft in »diesem ihrem Widerstreite« das Thema. Und das musste junge Menschen anziehen, die in der unmittelbaren Nachkriegszeit lebten, als alles in Frage gestellt schien und eine Offenheit und Meinungsvielfalt herrschte, wie wir sie uns in unseren Zeiten der »political correctness« gar nicht mehr vorstellen können.

Was Ritter bot, war eine politischere Hermeneutik, als sie von Hans-Georg Gadamer repräsentiert wurde. Den gesellschaftspolitischen Zusammenhang und den Grundimpetus zu verstehen, worum es sich in der sogenannten Entzweiung von Tradition und Modernität handelt, interessierte nach 1945 jeden, der nach Orientierung suchte.

Ritter sei vor 1933 Marxist gewesen, sagten Sie. Aber besaß sein Denken, das Sie nach dem Krieg in Münster so anziehend fanden, nicht eine große Affinität zur Philosophie Hegels?

Gewiss, aber Ritter war keineswegs ein Hegelianer im üblichen Sinne. Erstaunlicherweise fiel die spekulative Seite Hegels bei ihm weg. Wenn man bedenkt, dass er in seiner gesamten Lehrzeit niemals ein Seminar über dessen »Wissenschaft der Logik« gehalten und auch in Vorlesungen davon keinen Gebrauch gemacht hat, muss man sich fragen, was für einen Hegelianismus er eigentlich vertreten hat.

Denn die »Wissenschaft der Logik« ist ja das Kernstück der Hegel'schen Philosophie. Aber gerade sie interessierte ihn nicht. Was ihn an Hegel überzeugte, war vor allem das Zeit-diagnostische, die »Phänomenologie des Geistes«, die Vorlesungen über »Die Philosophie der Geschichte« und vor allem die Vorlesungen »Grundlegung der Philosophie des Rechts«. Dass er sich darauf konzentrierte, mag mit seiner marxistischen Phase vor 1933 zusammenhängen.

Von dieser Phase ist wenig bekannt. Ritter kannte Clara Zetkin; er war Mitglied der Gesellschaft für deutsch-sowjetische Freundschaft und noch nach der »Machtergreifung« durch die Nationalsozialisten einmal in konspirativer Mission in Holland.

Eine ganz andere Seite des Hegel'schen Philosophierens, unter dem Titel »Vorlesungen über die Ästhetik« postum veröffentlicht, spielte bei Ritter eine große Rolle. Seine Vorlesung im Wintersemester 1947/48 über Philosophische Ästhetik ist 2010 in der Buchreihe »marbacher schriften« erschienen, zusammen mit einem Gespräch zwischen dem Herausgeber und mir über Ritter.

Wie stark hat Ritters Hegelianismus Sie beeinflusst?
Ich glaube, damals war mir gar nicht bewusst, dass Ritter einen besonderen Hegelianismus vertrat. Was mich einnahm, war einmal seine geschichtsphilosophische Perspektive, wie sie später in dem 1957 veröffentlichten Büchlein »Hegel und die Französische Revolution« ausgeführt wurde. Das erschloss einen neuen, ganz ungewöhnlichen Zugang zu Hegel. Das kleine Werk wurde auch über Deutschland hinaus wahrgenommen.

Und dann überzeugten mich Ritters Ausführungen über das Verhältnis von Hegel zu Aristoteles. Der antike Denker erschien ihm wie ein Hegel avant la lettre. Tatsächlich gilt für mich auch heute noch der Abschnitt über Aristoteles in Hegels »Vorlesungen über die Geschichte der Philosophie« als beste Einführung in das Denken des Aristoteles. Für Ritter selbst galt: Kein Hegel ohne Aristoteles, dann schon eher ein Aristoteles ohne Hegel.

Ich weiß nicht, ob man mit Bezug auf einen Philosophen, für den Hegels »Wissenschaft der Logik« eigentlich gar keine Rolle spielt, tatsächlich von Hegelianismus sprechen soll. Hegels Logik tritt mit dem Anspruch auf, dass in ihr der menschliche Geist zum endgültigen Verstehen seiner selbst und der Welt gekommen ist. Man kann sie nur lesen, wenn man sich diesem Anspruch auf irgendeine Weise stellt. Ihr gegenüber ist die Frage »Was bedeutet das?« im Sinne Ritters unmöglich geworden. Ihr Anspruch ist es, zu erklären, was es bedeutet, dass etwas etwas bedeutet. Sie tritt auf mit dem Anspruch, den Menschen zum Verstehen seiner selbst zu führen. Und am Ende, wenn dann – wie Heinrich von Kleist in seinem »Marionettentheater« schreibt – das Bewusstsein »durch ein Unendliches gegangen« ist, stellt sich eine neue Unmittelbarkeit wieder her.

Das europäische Denken verfügt nach Ritters Sicht über einen Schlüssel zur Lösung des Problems der Entzweiung von Tradition und Moderne, und dies deshalb, weil die europäische Tradition selbst schon das emanzipatorische Moment enthält. Das war es, was Ritter »predigte«. Und das war es, was wir von ihm lernten.

International berühmt wurde Ritter hauptsächlich durch sein Büchlein »Hegel und die Französische Revolution«. Was die Französische Revolution heraufführte, musste, so Hegel, heraufgeführt werden. Aber das Selbstverständnis der Revolutionäre war gleichwohl ein Missverständnis. Hegel zeigt in der »Phänomenologie des Geistes« die Dialektik der totalen subjektiven Freiheit. Ihr Werk ist Terror und Tod. Und zwar auch der Tod der Revolutionäre. Die Revolution fraß ihre Kinder. Aber für Ritter änderte dies nichts daran, dass das objektive Resultat der Revolution in den freiheitlichen Institutionen des bürgerlichen Rechtsstaats bestand.

Damit ist nach Ritters Auffassung die Menschheit prinzipiell am Ziel angelangt. Ich weiß nicht, ob Ritter die Pariser Hegel-Vorlesungen von Alexandre Kojève zur Kenntnis genommen hat, für den Napoleon das Ende der Weltgeschichte bedeutete. Fukuyama hat später die These vom Ende der Weltgeschichte vertreten, die Ritter nicht mehr zur Kenntnis nehmen konnte. Ich habe Kojève nicht glauben können, und Fukuyama auch nicht. Aber was Ritter lehrte, was er an Bleibendem lehrte, waren nicht Antworten, sondern ein tieferes Verständnis der Frage. Reinhart Maurer hat in seiner Dissertation über Hegel »Hegel und das Ende der Geschichte« einen wichtigen Schritt zu dieser Vertiefung getan.

War Joachim Ritter eher ein Kritiker oder mehr ein Apologet der Neuzeit?

Er war vor allem ein Apologet der »Entzweiung«. Diesen Begriff hatte er von Hegel übernommen. Für Ritter gehört es offenbar zur Eigentümlichkeit des menschlichen Geistes, sich in sich selbst zu spalten. Er kann das, was er eigentlich ist, nur voll entfalten, wenn er diese Spannung in sich aushält, die Spannung zwischen einem Unvordenklichen, Immer-Wahren, Immer-Gültigen und der Freiheit des Subjekts.

Dieser Voraussetzung folgend versuchte Ritter die Entzweiung von Tradition und Fortschritt zwar anzuerkennen, aber nicht beide gegeneinander auszuspielen. Er wollte zeigen, dass der Gedanke der Freiheit, der Emanzipation des Subjekts im europäischen Denken von Anfang an angelegt ist und nicht als neuzeitliche Entgegensetzung zur Tradition aufzufassen sei. Die europäische Tradition unterscheide sich von der anderer Kulturen. Zu ihr gehöre eine globale Vision der Befreiung des Menschen. Die Emanzipationsgeschichte entspreche der Entfaltung von etwas, das von Anfang angelegt sei. Auf die Frage, ob die Philosophie auf der Seite der Tradition oder des Fortschritts zu stehen habe, hätte Ritter geantwortet: Auf keiner von beiden – oder: auf beiden.

Wie hielt es Joachim Ritter mit der Tradition der Philosophie?

Die Lehrstühle, an denen thomistische Philosophie gelehrt wurde, verkörperten für ihn diese Tradition. Er hat zwar nie ein Sachproblem diskutiert, das an diesen Lehrstühlen behandelt wurde, aber er fand es von größter Bedeutung, dass an der Universität über Scholastik gelehrt wurde und dass Kenntnisse in diesem Bereich für notwendig gehalten wurden. Er hatte ja eine Habilitationsarbeit über ein Thema von Augustinus geschrieben. Mit seinem Kollegen Josef Pieper hielt er kontinuierlichen freundschaftlichen Kontakt.

Er schätzte dessen Art, das Denken des Thomas von Aquin einem gebildeten Publikum auszulegen und dessen Aktualität plausibel zu machen. Beide diskutierten auch Sachprobleme, soweit Pieper eine Brücke von Thomas zur Gegenwart zu schlagen bereit war.

Nach seiner Gastprofessur in Istanbul von 1953 bis 1955 wurde Ritters Einstellung zum Gedanken der Emanzipation und des Fortschritts zunehmend affirmativer. Seine beiden Schüler Hermann Lübbe und Odo Marquard haben das aufgenommen und sich noch eindeutiger für die Sache der Moderne verwendet. Metaphysische Grundfragen, die ihren Lehrer noch bewegten, haben sie stillschweigend ausgeblendet.

Leo Strauss und Joachim Ritter haben beide bei Ernst Cassirer promoviert. Dennoch nahmen sie recht kontroverse Positionen ein. Strauss hätte Ritter sicher Historismus vorgehalten. Wie sehen Sie das?

Zunächst: Es ist nicht von ungefähr, dass Ritter von Cassirer ausgegangen ist. Das wird im Allgemeinen zu wenig beachtet. Die Kritik am Historismus, die Leo Strauss in dem Buch »Naturrecht und Geschichte« vornimmt, mag in gewisser Hinsicht auf Joachim Ritter zutreffen.

Damals, als das Buch 1956 erschien, habe ich es mit großer Faszination gelesen. Diese Art zu denken, die Strauss eigen ist, wirkte auf mich wie eine Offenbarung. Aber auch Ritter nahm das Buch mit großem Interesse zur Kenntnis, und ich glaube, man kann nicht sagen, dass das Strauss'sche Denken dem Ritter'schen völlig entgegengesetzt sei.

Denn Ritter verstand sich keineswegs als Historist. Er wollte vielmehr das philosophische Denken in einem geschichtlichen Zusammenhang sehen. Geschichtlicher Zusammenhang bedeutete für ihn dabei nicht Relativismus, sondern er meinte damit den Horizont, in dem sich das Sein selbst zeigt.

Hier spielt ein Heidegger'sches Moment hinein. Martin Heidegger hat wohl am konsequentesten versucht, den Historismus zu radikalisieren und gleichzeitig in einer höheren Form von Metaphysik aufzuheben. Dieser Grundgedanke Heideggers war auch Leo Strauss nicht fremd.

Was hat Joachim Ritter bei seinem Türkei-Aufenthalt so beeindruckt, dass er sein Interesse mehr auf die Seite des Fortschritts verlagerte?
Der Fortschrittsoptimismus der Kemalisten. Dabei hat er immer wieder darüber nachgedacht, was Tradition in einem Land wie der Türkei eigentlich bedeutet. Denn der freiheitliche Impetus, den die Tradition in Europa von Anfang an in sich hatte, konnte dort nicht vorausgesetzt werden. Damit war es für den Fall der Türkei auch nicht möglich, die Entzweiung von Tradition und Fortschritt in einem sinnvollen

Ganzen zu integrieren. Muss man darum eines von beidem, entweder die Tradition oder den Fortschritt, eliminieren? Ist ein Kampf auf Leben und Tod zwischen Imam und republikanischem Funktionär überhaupt vermeidbar? Ritter neigte zur Bejahung des positivistischen Programms der kemalistischen Republik. Damit einher ging eine Neuorientierung. Als er 1955 wieder in Münster lehrte, war er zu einem affirmativen Fortschrittstheoretiker geworden.

Im Jahr 1949 wurde die Bundesrepublik gegründet. Wie war damals Ihre politische Einstellung?

Kurz davor hatte ich meine marxistische Phase durchlaufen. Ich glaubte eine Zeit lang an den »Historischen Materialismus« und habe ernstlich erwogen, ob man Geschichte nicht besser verstehen kann, wenn man sie vor dem Hintergrund von sozialen Prozessen begreift und die sozialen Prozesse wiederum als Resultat von Klassenkonflikten. Es war vor allem eine Sache der Lektüre. Ich habe Marx gelesen, Lenin, sogar Stalin.

Bei den Bänden »Das Kapital« ermüdete ich ziemlich schnell. Aber das »Kommunistische Manifest« finde ich nach wie vor eine eindrucksvolle Schrift. Was Karl Marx betrifft, so vertrat er eine Gerechtigkeitstheorie, die dann eigentlich auch schnell meine Abkehr vom Marxismus bewirkte. Nach ihr sind alle Vorstellungen von Gerechtigkeit ideologisch und klassenbedingt. Es gibt nur eines, was den Widerspruch zwischen ihnen aufhebt: die Herstellung einer Gesellschaft des Überflusses. Denn in ihr gibt es keine Verteilungsprobleme mehr. Alle politischen Probleme lösen sich dann von selbst. Das hielt ich für wirklichkeitsfremd.

Merkwürdigerweise habe ich meine religiösen Überzeugungen mit dem Interesse am »Historischen Materialismus« gar nicht in Verbindung gebracht. Beides lief unvermittelt nebeneinander her.

1949 sympathisierte ich mit einer linken Version der CDU. Der Gedanke des »Christlichen Sozialismus« leuchtete mir ein. Und der Politiker Karl Arnold, ab 1947 Ministerpräsident des neugegründeten Bundeslandes Nordrhein-Westfalen, imponierte mir. Mit dem Publizisten Walter Dirks befreundete ich mich und galt dann für eine längere Zeit als »Linkskatholik«. Das Wort passt allerdings deshalb nicht, weil ich für eine modernistische Theologie so wenig übrig hatte wie für eine demokratisierte Kirche. Die Kirche ist eine Stiftung. Stiftungen sind nichts Demokratisches. Ein Orthodoxer kann links, aber kein »Linkskatholik« sein.

Was war denn zu dieser Zeit – Ende der vierziger Jahre – Ihre Hauptlektüre?
Kontinuierlich begleitete mich die Beschäftigung mit den Werken des Thomas von Aquin, mit der »Summa contra gentiles«, der »Summa theologica«, aber auch mit den »Quaestiones disputatae de veritate«, kleineren Schriften, die oft sehr interessant sind.

1948 studierte ich ein Jahr lang an der Universität Fribourg in der Schweiz. Dort war die Philosophie des Thomas von Aquin obligatorisch und wurde nicht nur aus philosophiehistorischem Interesse behandelt. Die Vorlesungen wurden auf Latein gehalten.

Die Systemtheorie des Wiener Biologen Ludwig von Bertalanffy lernte ich zunächst auf Lateinisch kennen. Daneben – und eigentlich war ich hauptsächlich deswegen nach Fribourg gegangen – befasste ich mich mit Logik, und zwar bei einem der damaligen weltbekannten Päpste der modernen Logik, Joseph Maria Bocheński, einem polnischen Dominikaner.

Was lasen Sie außerdem?

Bücher, die man als Philosophiestudent gelesen haben musste, die »Metaphysik«, die »Physik« und die »Nikomachische Ethik« des Aristoteles, die »Kritik der reinen Vernunft«, Hegels »Phänomenologie des Geistes«. Aber ich bin immer sehr selektiv vorgegangen bei meiner Lektüre. Nur das, was mich wirklich interessierte, nahm ich mir vor.

Rückblickend kann ich nur den Kopf darüber schütteln, dass ich ein Buch, das für mich später eines der wichtigsten wurde, nämlich Kants »Kritik der Urteilskraft«, in der das Problem der Teleologie diskutiert wird, in meiner ganzen Studienzeit schlicht übergangen habe.

Im Rigorosum wurde ich zum Glück darauf nicht angesprochen. Heute würde ich es einem Studenten übel ankreiden, wenn er dieses Werk nicht gelesen hätte, bevor er ins Rigorosum geht. Aber damals leistete ich es mir, davon keine Notiz zu nehmen. Es gibt noch viele Beispiele für das Übergehen von Büchern, die ich hätte lesen müssen.

Was las ich sonst? Die »Dialektik der Aufklärung« von Horkheimer und Adorno, von Karl Rahner »Geist in Welt«, »Der Römerbrief« von Karl Barth, von Gustav Siewerth »Thomismus als Identitätssystem«, Stifters »Nachsommer«, Ernst Jüngers »Marmorklippen« und »Das abenteuerliche Herz«, dann in den fünfziger Jahren Samuel Beckett, Raymond Radiguet »Le Bal du Comte d'Orgel« (worauf mich ein Briefwechsel von Maritain mit Cocteau aufmerksam gemacht hatte). Und dann – was sonst? – Shakespeare; Ilias und Odyssee, die Aeneis und die Divina Commedia.

Gab es für Sie in dieser Zeit Lehrer oder einflussreiche Personen, die Ihnen vorschrieben, dass man den einen Philosophen nicht mehr ernst nehmen oder hinter einen anderen Autor nicht mehr zurückgehen kann?

Dagegen – also gegen das Vorurteil, bestimmte Bücher brauche man nicht mehr zu lesen oder bestimmte Dinge könne man nicht mehr sagen – habe ich mich immer gewehrt. Diese Haltung lehne ich noch heute ab. Wenn mir jemand sagt, dies oder jenes könne man doch seit irgendeinem Epocheneinschnitt nicht mehr sagen, dann antworte ich: »Ich hab es doch gerade gesagt.«

Im Übrigen: Philosophie ist geradezu definiert dadurch, dass sie auf Fragen zurückkommt, die man für erledigt hielt.

Sie ließen sich also nicht einschüchtern, wenn Ihnen nachgesagt wurde, Sie hätten auf einen falschen Trend gesetzt?
Ich habe nie auf Trends gesetzt. Trends waren Gegenstand meiner Fragen. Im Übrigen fällt es mir schwer, genau Rechenschaft abzulegen über die Stadien meiner philosophischen Entwicklung. Und man ist – was Martin Mosebach sehr schön geschrieben hat – dort am meisten Kind seiner Zeit, wo man glaubt, ganz originell zu sein.

Meine intellektuelle Vita hatte immer etwas Traumwandlerisches. *Trahit sua quemque voluptas.* »Jeden reißt seine Leidenschaft fort.« – das gilt auf jeden Fall für mich. Die Entwicklung folgte – ebenso wie mein Leben – keinem Plan. Was ich tat und dachte, tat und dachte ich immer mit einem gewissen Gefühl der Sicherheit. Aber die Sicherheit war nicht begründet in einer methodischen Absicherung. Die Frage nach meiner philosophischen Methode hat mich immer in Verlegenheit gebracht.

Das dicke Buch von Hans-Georg Gadamer »Wahrheit und Methode« vertrat dann ja wohl auch eine These, der ich von jeher zuneigte: Methode ist keine Wahrheitsgarantie. Das Philosophische an der Philosophie sind nicht die methodisch gewonnenen Resultate, sondern die Gründe für die Wahl einer bestimmten Methode.

Mit meinen Lektüren ist es ähnlich. Ich folgte meinen Interessen, und ich war immer zum Schreiben angeregt, wenn ich glaubte, einem Trend widersprechen zu sollen. »Ich würde mir nicht anmaßen«, schreibt Rousseau, »Menschen belehren zu wollen, wenn ich nicht sähe, dass andere sie irreführen.« Das spiegelt auch meine etwas chaotische Bibliothek, die nicht die vorbildliche Bibliothek eines deutschen Gelehrten ist.

Gewiss, im Rückblick sehe ich sehr deutlich, dass ich bestimmte Leitideen hatte, die sich immer stärker herauskristallisierten und einen Zusammenhang meiner Schriften erkennen lassen, den ich erst nachträglich entdecke. Was sich aus zufälligen Konstellationen ergab, erweist sich im Rückblick als gar nicht zufällig. Insofern muss ich dankbar sein dafür, dass die vielfältigen Anregungen und Herausforderungen meines Denkens am Ende sich doch zu einem Ganzen fügen und einen Zusammenhang erkennen lassen, der mir erst ganz allmählich aufging.

Ich war ein Chaot, was die systematische Anlage meines Studiums angeht. Mein Dissertationsthema überraschte Joachim Ritter, der mit dem Namen de Bonald bisher so gut wie gar nichts verband. Er wäre wohl auch nicht auf die Idee gekommen, mir dieses Thema vorzuschlagen, denn meine – im Übrigen von tiefer Sympathie getragene – Kritik an dem funktionalistischen Traditionalismus de Bonalds war natürlich eine kritische Emanzipation von meinem Lehrer.

Der Name de Bonald wurde mir übrigens erstmals bekannt durch einen Text von Carl Schmitt. Aber eine Arbeit über den »Ursprung der Soziologie aus dem Geist der Restauration« zu schreiben, das war mein Gedanke, ein Gedanke, der mich für eine Weile wirklich beflügelte. Das Buch, das durch italienische und französische Übersetzungen 50 Jahre nach seinem Erscheinen ein Comeback erlebte, habe ich in

Paris ohne nach links und rechts zu schauen in drei Monaten geschrieben.

Carl Schmitt hat als Reaktion auf das Buch seine 1919 erworbene Erstausgabe der »Théorie du Pouvoir« von 1796 neu binden lassen und mir geschenkt. Sie war anonym erschienen in Konstanz – »par Mr. de ★★★, un Gentilhomme français«.

Wie sind Sie auf Carl Schmitt gestoßen?
Vor Ende des Krieges hatte mich Walter Warnach, der Anfang der fünfziger Jahre das Buch »Die Welt des Schmerzes« veröffentlicht hat, auf ihn aufmerksam gemacht. Er war ein Freund von Carl Schmitt und wollte mich mit ihm bekanntmachen. Ich lehnte das damals ab, weil ich wusste, dass Schmitt auf der anderen Seite stand.

Nach dem Krieg hatte ich weniger Probleme mit ehemaligen Nationalsozialisten. Die waren ja besiegt. Ich war von Jugend auf skeptisch gegen Ideologen im Dienst der Nationalsozialisten, die sich einem Machthaber verschrieben hatten, die mit ihm im Rücken meinten, auftrumpfen zu können. Ich dachte mir, dann rede ich schon lieber mit dem Machthaber selbst, und zwar über Politik, und nicht mit dem Ideologen über die Philosophie, mit der er seinen Machthaber rechtfertigen will.

Aber nach dem verlorenen Krieg war das anders. Jetzt begann mich jemand wie Carl Schmitt zu interessieren. Wohl im Jahr 1950 lud Joachim Ritter den akademisch suspendierten Juristen und politischen Denker zu einem Vortrag nach Münster ein. Später besuchte ich ihn einmal in Plettenberg und er mich in Münster. Er war immer an jungen Leuten interessiert und schrieb mir auch zu meinem »Fénelon« einen ausgiebigen Brief.

Wissen Sie noch, worüber er sprach?

Er sprach über Kapitalismus. Ich habe noch zwei Sätze im Gedächtnis: »Niemand kann geben, ohne zu nehmen« und »Kapitalismus ist der Versuch, zu geben, ohne zu nehmen«. Sie provozieren noch heute zum Nachdenken.

»Der Begriff des Politischen« beeindruckte mich bleibend. Ich glaube, dass die Schrift nach wie vor falsch gelesen wird. Der Aufsatz, der den späteren Auflagen dieser Schrift beigefügt ist – über »Das Zeitalter der Neutralisierungen« –, ist ein Schlüssel für das Verstehen unserer Epoche.

Bei all seiner intellektuellen Brillanz – musste einen die Person Carl Schmitt, seine Vita, nicht doch kritisch stimmen?

Ja, mir ging es da wie vielen. Es ist eine Sache des Charakters. Man kann keinen guten Charakter haben, wenn man Sachen tut oder sagt wie Carl Schmitt zeitweilig. Auch seine Art von fast hinterhältigem Antisemitismus bleibt unangenehm. Er war jemand, der sich dem NS-Regime zur Verfügung gestellt hat.

Als Denker aber hat er sich nicht als nationalsozialistischer Ideologe verstanden, sondern er sah sich wie viele Intellektuelle, die sich in den zwanziger Jahren einen Namen gemacht hatten, als einen selbständigen Denker und Kritiker der Folgen der »Französischen Revolution«. Insofern war er kein Nationalsozialist.

Und er hat bis 1933 versucht, die »Machtergreifung« Hitlers zu verhindern, so durch sein Plädoyer für eine Notstandsdiktatur des Reichspräsidenten als »Hüter der Verfassung«. In seiner Schrift »Politische Theologie« aus dem Jahr 1922 behandelt er in einem Kapitel die sogenannten Konterrevolutionäre de Maistre, de Bonald und Donoso Cortés. Als ich die wenigen Seiten über de Bonald las, hat mich das sofort neugierig gemacht.

KAPITEL 3

UM DAS JAHR 1950

Existenzialismus, das Interesse für Frankreich und
die Dissertation über de Bonald

**Was waren Ihre geistigen Interessen neben dem Studium?
Hat Sie der Existenzialismus beschäftigt?**

Der Existenzialismus hat damals jeden beschäftigt, der bewusst zu leben versuchte. Jean Paul Sartres »L'être et le néant« war das Kultbuch der Zeit, es brachte das Lebensgefühl einer Generation zum Ausdruck, obwohl die meisten dieses 1943 in Paris unter deutscher Besatzung erschienene schwierige Buch nie gelesen haben.

In seinem Vortrag »L'existentialisme est un humanisme« versuchte Sartre den Anschluss zu gewinnen an die Bewegung, die er selbst in Gang gebracht hatte mit seiner These von der radikalen, durch keine menschliche Natur und keinen objektiv geltenden Wert umgriffenen Existenz. Der Vortrag zeigte aber auch, wie Sartre seinen Radikalismus dem common sense anpasst und seine philosophischen Gedanken einem außerphilosophischen Maßstab unterwirft, dem, was er »Humanismus« nennt, also einerseits dadurch, dass er sich als Vater eines »Ismus« versteht, eben des Existenzialismus. Andererseits aber dadurch, dass er diesen Existenzialismus vor dem Maßstab eines Humanismus zu rechtfertigen sucht, statt diesen Maßstab selbst in Frage zu stellen, wie das Heidegger in seinem »Brief über den Humanismus« tut.

Sartre war Repräsentant eines tragizistischen Lebensgefühls, das bis in die Vorläufer unserer Diskotheken reichte und bis in die französischen Chansons, etwa von Juliette Gréco. Aber auch in die Welt des Theaters, und zwar nicht nur durch Sartres eigene Stücke. Ich erinnere mich an die Faszination durch Jean Anouilhs »Antigone«. Für Sartre bleibt zwar der Atheismus konstitutiv. Aber das Gefühl, in einer Situation der Entscheidung auf eigenes Risiko und ohne »objektive« Absicherung zu stehen, gab es auch in christlichen Kreisen.

So bei Gabriel Marcel, mit dem ich freundschaftlich verbunden war und der ja auch Stücke schrieb. So auch übrigens bei dem Münsteraner Philosophen Peter Wust, der sein Buch »Ungewissheit und Wagnis« dem später so berühmten Bischof Graf Galen überreichte und auf dessen Frage, wovon das Buch handle, zur Antwort gab: »Vom Glauben, hochwürdigster Herr.« Die Antwort des »Löwen von Münster«: »Herr Professor, für mich ist der Glaube keine Ungewissheit und kein Wagnis.«

Meine eigene Berührung mit dem Thema »Wagnis« wird ersichtlich aus dem ersten veröffentlichten Aufsatz meines Lebens, der 1946 in »Ende und Anfang« erschien mit dem Titel »Vertrauen – ein Wagnis«, den ich schon erwähnte. Die Wahl des Themas spiegelte natürlich die Zeit wider.

Wurde die Metapher oder der Begriff »Sprung« nicht von Sören Kierkegaard in die philosophische Sprache eingeführt?
Zumindest hat Kierkegaard sie häufig verwendet. Nicht nur mich beschäftigte Kierkegaard damals. Seine »existentielle« Philosophie lag in der Luft. Die dialektische Theologie, Karl Barths »Römerbrief«, gehört auch in diesen Kontext.

Für Kierkegaard ist der Glaube das absolute Paradox, eigentlich das extrem Unwahrscheinliche. Wer den Sprung macht, setzt auf das Unwahrscheinliche.

Daneben aber las ich auch John Henry Newmans »Grammar of Assent«, »Philosophie des Glaubens«. Hier tauchte dasselbe Thema auf, wird aber, so möchte ich sagen, in ruhigerer, in angelsächsischer Form behandelt. Bei Newman beruht der Glaube zuerst einmal auf einer Wahrscheinlichkeit. Man kann es hochwahrscheinlich machen, dass er wahr ist. Aber wie komme ich, fragt Newman, von der Wahrscheinlichkeit zur Gewissheit? Was bedeutet »assent«, Zustimmung? Auch hier geht es um einen »Sprung«. Solcher Art waren die existentiellen Fragen, die mich damals beschäftigten.

Wenn Sie sich mit solchen »existentiellen« Fragen befassten, warum sind Sie dann nicht auch für ein Semester nach Freiburg gegangen, um Martin Heidegger zu hören, wie so viele Ihrer Generation?
Sie könnten mich eher fragen, warum ich nicht zu Karl Jaspers ging. Jaspers thematisierte die »existentiellen« Fragen. Er war ein Moralist. Aber gerade als solchem begann ich ihm gegenüber kritisch zu werden, vor allem wegen seines Vorschlags, einem Erstarken des kommunistischen China durch einen Atomschlag »für die Freiheit« zuvorzukommen.

Heideggers ontologische Existenzialanalyse hatte mit dem Existenzialismus wenig zu tun. Sie schien mir aber zunehmend das philosophisch Interessantere zu sein. Den Heidegger-Kult habe ich allerdings nie mitmachen können. Joachim Ritter übrigens hielt auch eine Vorlesung über Heidegger. Er verstand ihn im anti-existenzialistischen Sinne, ja machte aus ihm beinahe einen Aristoteliker.

Aber Anti-Heideggerianer sind Sie auch nicht geworden?
Nein, weil ich, wie gesagt, Abstand hielt, das heißt, mich auch nicht darauf einließ, eine Gegenposition zu ihm einzunehmen.

Sehr viel später habe ich einmal einen kleinen Aufsatz über ihn geschrieben. Er diente als Einleitung zu einer Heidegger-Tagung, die zu dessen 100. Geburtstag im Jahr 1989 stattfand, und behandelte das Thema »Die Philosophiegeschichte nach Heidegger«. Ich regte an, »über die Weise, uns auf Heideggers Denken einzulassen, selbst noch einmal nachzudenken, und zwar mit Hilfe dessen, was wir von Heideggers Umgang mit Denkern der Vergangenheit gelernt haben«.

Auch in Aufsätzen der letzten Jahrzehnte komme ich immer wieder auf Heidegger zurück, weil man nicht umhin kann, sich auf seinen Gedanken einzulassen, wenn man auf hinreichend grundlegende Probleme der Philosophie stößt.

Sie sagten, Sie taten sich mit der Lektüre von Heidegger nicht leicht. Lag das an dessen besonderem Jargon?
Kann sein. Ich habe mich seit den Anfängen meiner philosophischen Versuche sehr ungern irgendwelchen sprachlichen Moden angepasst. Ich war immer der Meinung, dass man in der Philosophie mit der normalen Sprache weiterkommen muss. Die Umgangssprache ist die oberste Metasprache.

Auch als ich eine Zeit lang Karl Marx oder Georg Lukács las, habe ich mir nie deren Jargon angewöhnt, von dem der »Frankfurter« gar nicht zu reden.

Was bei Ihnen schon früh auffällt, ist die Hinwendung zu Frankreich. Wie kam es dazu?
In der Tat hat mich der französische Geist schon früh interessiert. In meiner Zeit als Verlagslektor folgte ich einmal einer Einladung des Cusanuswerks als Dozent an einer einwöchigen Tagung in Montpellier. Ich sprach eine Woche über die beiden Frankreichs und illustrierte meine These an den Beispielen Descartes und Pascal, Pascal und Montaigne, Fénelon

und Bossuet, Voltaire und Rousseau, Comte und Saint-Simon, Maurras und Péguy, Bergson und Valéry.

Dem Raunen in der deutschen Philosophie ausgesetzt, zog mich die Klarheit französischen Denkens an, die Präzisierung der Gegensätze. Allerdings ist das französische Denken unter dem Einfluss Heideggers bald darauf mehr und mehr dem deutschen Einfluss verfallen und hat zu raunen begonnen.

Hatten Sie Französischunterricht in der Schule?
Nicht einmal das. Aber ich hatte während meiner Gymnasialzeit bei einer Nonne Privatunterricht in Französisch. Es waren dann nach der Kriegszeit auch erste persönliche Beziehungen zu Franzosen, die mein Bild von Frankreich bestimmten. Es gab die Zeitschrift »Documents«, die Père de Rivier in Paris leitete und deren Intention es war, französischen und deutschen Intellektuellen ein Forum gegenseitigen Austauschs ihrer Gedanken zu bieten.

Ende der vierziger Jahre wurde mir überraschend die Chefredaktion für eine deutsche Ausgabe mit dem Titel »Dokumente« angeboten. »Documents« spielte damals eine gewisse Rolle beim gebildeten Publikum. Darum empfand ich das Angebot als eine große Ehre. Doch habe ich schließlich der Versuchung widerstanden.

Auch als mir die Chefredaktion der Zeitschrift »Hochland«, die auf eine illustre Tradition zurückblickte, angetragen wurde, lehnte ich ab und setzte mein Studium fort. Aber über die »Documents« kam ich bald in Kontakt mit französischen Intellektuellen und partizipierte an den Auseinandersetzungen im Nachbarland.

Beschäftigten Sie sich mit den französischen Theologen und Philosophen, die nach dem Krieg auch in Deutschland beachtet wurden?

Henri de Lubac und Jean Daniélou nahm ich erst in den fünfziger Jahren wahr. Aber die Philosophen Jacques Maritain und Étienne Gilson spielten für mich, den Thomas von Aquin-Leser, sehr bald nach dem Krieg eine wichtige Rolle.

Maritain war ein reiner Thomist, dessen Thomismus vor allem durch das Studium der spanischen Scholastiker des 17. Jahrhunderts geprägt war. Gilson war ein glänzender »philosophischer Philosophiehistoriker«, dessen Buch »L'être et l'essence« bzw. »Being and some philosophers« mit seiner These vom Primat des Seins vor dem Wesen, so etwas wie einen thomistischen Existenzialismus begründete.

Von Gabriel Marcel sprach ich schon. Auf langen Spaziergängen erzählte er meiner Frau und mir den Inhalt seiner eher an Ibsen erinnernden Theaterstücke, was uns auf die Lektüre gespannt machte, denn Marcel war ein guter Erzähler. Aber die Lektüre war dann enttäuschend, weil die Stücke eigentlich nichts über das hinaus enthielten, was er schon erzählt hatte.

Am katholischen Triumphalismus Paul Claudels rieb er sich. Dass Claudel der größere Dichter war, konnte er nicht ändern. Claudels Inspirator Rimbaud war eben einfach eine andere Kategorie als Ibsen. Viele haben sich an Claudel gerieben. So auch André Gide, der mit Claudel ausführlich korrespondierte und in einer Tagebuchnotiz schreibt: »Alles hat er mehr als ich: mehr Genie, mehr Talent, mehr Geld, mehr Kinder, mehr Glaube.«

Amüsant war der Klatsch über Claudel als Diplomaten. Marcel erzählte, dass bei jedem Regierungswechsel in Paris ein Schreiben Claudels an den jeweils neuen Außenminister einging, in dem Claudel seiner ganz besonderen Freude über die Ernennung gerade dieses Ministers Ausdruck gab.

Im Übrigen hatte ich längst verstanden, dass die Französische Revolution der Kristallisationspunkt des neuzeitlichen Denkens war. Hier folgte ich Joachim Ritter.

Sie sagten, dass Carl Schmitt Sie auf den Vicomte de Bonald aufmerksam machte. Warum wählten Sie gerade ihn als Thema für Ihre Doktorarbeit aus?

In seiner »Théorie du pouvoir« fand ich eine Revolutionskritik, die den Rousseau'schen Begriff der »volonté générale« gegen die Umwälzung von 1789 wendet. Das erschien mir eine ganz neue Sicht, die auch Carl Schmitt nicht aufgefallen war. Er war ja kein Anhänger von de Bonalds Theorie.

Anders als Joseph de Maistre lehnte de Bonald nicht nur die Idee der Volkssouveränität ab, sondern die Idee der Souveränität als solche. Souverän war für ihn die »volonté générale«, und diese nichts anderes als der Wille des Schöpfers, also das Naturrecht. Dagegen sah er im Absolutismus die eigentliche Revolution, den Triumph des Menschen.

Jede Revolution begann für ihn von oben, und zwar die Französische Revolution mit zwei ungesetzlichen Willkürakten des Königs, der Aufhebung des Jesuitenordens und dem Dekret, das die repräsentative Versammlung der Generalstände in drei Kammern zu einer »Nationalversammlung« verschmolz.

Die Tyrannei eines Einzelnen wurde durch die Tyrannei der Mehrheit ersetzt oder aber durch eine selbsternannte Minderheit, die sich zum Sachwalter des Volkes erklärte.

Carl Schmitt hatte mich wohl auf de Bonald aufmerksam gemacht, aber eine Arbeit über den »Ursprung der Soziologie aus dem Geist der Restauration« zu schreiben, das war mein Gedanke, ein Gedanke, der mich für eine Weile wirklich beflügelte.

Jedenfalls war mir sofort klar, hier habe ich mein Dissertationsthema, und ich ging damit zu Ritter.

War es damals nicht üblich, dass der Professor das Thema vorschlägt?

Nein, nicht bei Ritter. Ich überraschte ihn 1951 mit meiner Entdeckung und erklärte ihm, was mich da neugierig gemacht hatte. Der Name de Bonald war ihm vielleicht irgendwann untergekommen, ansonsten verband er damit aber so gut wie gar nichts. Joseph de Maistre sagte ihm mehr. Er wäre wohl auch nicht auf die Idee gekommen, mir de Bonald vorzuschlagen, denn meine – im Übrigen von tiefer Sympathie getragene – Kritik am funktionalistischen Traditionalismus de Bonalds bedeutete eine Emanzipation von meinem Lehrer.

Joachim Ritter wie auch Carl Schmitt sagte Joseph de Maistre mehr, der ein brillanter Schriftsteller, ein »bel esprit« war. Dagegen mutete de Bonalds Schreib- und Denkstil trocken, pedantisch und scholastisch an. Anfang der fünfziger Jahre kannte ihn in Deutschland so gut wie niemand.

Sie haben ein philosophiehistorisches, kein philosophisches Thema vorgeschlagen. Musste das nicht eigens begründet werden?

Ritter lehrte Philosophie, nicht Geschichte der Philosophie. Das stimmt. Aber er akzeptierte philosophiehistorische Arbeiten, wenn sie einen philosophischen Aspekt aufzeigten. Pure Historiographie interessierte ihn nicht. Er war da in Übereinstimmung mit Heidegger: Systematische Philosophie kann nicht mehr unhistorisch betrieben werden und Philosophiegeschichte nicht mehr unphilosophisch. Systematisches Denken darf nicht ungeschichtlich sein.

Mein Interesse an de Bonald war vor allem philosophisch. Ich war durch ihn auf eine neue Deutung und Kritik der Französischen Revolution sowie auf eine Begrifflichkeit gestoßen, die allgemein mit Rousseau in Verbindung gebracht wird. So machte er sich den von Malebranche stammenden

und durch Rousseau adaptierten Begriff der »volonté générale« zu eigen. Die Revolution war für ihn die Auflösung der
»volonté générale«, die in Frankreich mindestens seit dem
12. Jahrhundert geherrscht hatte. Schließlich entwickelte de
Bonald, wie mir klar wurde, eine Theorie der Gesellschaft,
die beanspruchte, als *prima philosophia* anerkannt zu werden.
Diese Gesichtspunkte genügten, um Ritter von meinem Vor-
haben zu überzeugen.

**Letzteres, die Anerkennung der Theorie der Gesellschaft
als *prima philosophia*, was hat das zu bedeuten?**
Diese seine spezifische Frage hat mir Ritter selbst nicht gestellt. Aber sie bewegte mich. Bei de Bonald wird der Metaphysik ein anderer Stellenwert eingeräumt als in der philosophischen Tradition – also bei Platon und Aristoteles, später
bei Thomas von Aquin und noch später bei Leibniz und
Malebranche. Überall galt sie als Erste Philosophie.

Für Bonald aber hatte die Metaphysik noch nicht ihre
angemessene Form. Sie tritt auf als subjektive Meinung, so
wie auch die christliche Religion. De Bonald entwirft eine
Theorie: In ihr begreift er Religion als Präsenz Gottes in der
Gesellschaft und Metaphysik als geistige Macht, in der sich
die Gesellschaft ihrer eigenen Wahrheit vergewissert. Papsttum und die konsekrierte Hostie im Tabernakel sowie die
Person des Königs bedeuten, dass die fundamentale Macht in
der Gesellschaft nie latent und virtuell, sondern immer real
und präsent ist. Die Erste Philosophie muss deshalb eine Art
Meta-Metaphysik sein, das heißt also eine Theorie, die die
gesellschaftliche Wirklichkeit der Metaphysik als Funktion
gesellschaftlicher Selbsterhaltung reflektiert.

Die Theorie der Gesellschaft rückt für de Bonald damit
an die Stelle der Metaphysik, wird *prima philosophia*. Der Gedanke, welche Funktion eine Theorie der Gesellschaft erfüllt,

erhält den Primat. Diese Umdeutung macht ihn zum Vater der Soziologie.

Es ist ja meistens so, dass neue Wissenschaften zunächst mit dem Anspruch auftreten, die Welt noch einmal von Grund auf zu erklären und Erste Philosophie zu sein. Das tut heute die Neurobiologie. Davor erhob eine Zeit lang die Psychologie diesen Anspruch. Diese Wissenschaften werden nach einer Phase der Besinnung wieder zurückgestuft und zu einer Disziplin unter anderen.

In den Lehrbüchern für Soziologie wird Auguste Comte gern als Begründer dieser Wissenschaft angeführt. Wie war dessen Beziehung zu de Bonald?

Auguste Comte sah sich in der Nachfolge de Bonalds. Dessen Bedeutung war ihm vollkommen bewusst, wie auch Joseph de Maistre, der einmal an de Bonald schrieb: »Ich habe nichts gedacht, was Sie nicht geschrieben, und nichts geschrieben, was Sie nicht gedacht hätten.«

Auguste Comte machte aus den Gedanken de Bonalds eine wissenschaftliche Disziplin, die er schon 1838 »Soziologie« nannte. Was die Wirkung de Bonalds nach seinem Tod 1840 in Frankreich anlangt, so charakterisiert ihn der Ausdruck »maître de la contrerévolution« vielleicht am besten und ordnet ihn und seine Philosophie der Zeit der Französischen Restauration der Jahre 1814 bis 1838 zu.

Noch Charles Maurras, Ende des 19. Jahrhunderts zur Zeit der Dreyfus-Affäre einer der Begründer und der intellektuelle Kopf der rechtsextremen Action Française, meinte sich auf de Bonald berufen zu können und nannte seine Bewegung »Le parti de Bonald«.

Im Jahr 1953 habe ich zwei Aufsätze in der Zeitschrift »Wort und Wahrheit« veröffentlicht, die sich kritisch mit den Adaptionen der Gedanken de Bonalds durch nach ihm lebende Geister befassen. Einer trug den Titel »Politik zuerst? Das Schicksal der Action Française«, der andere die Überschrift »Der Irrtum der Traditionalisten – Zur Soziologisierung der Gottesidee im 19. Jahrhundert«.

De Bonald gilt als Apologet des »Traditionalismus«. War er nur an der Wiederherstellung der Zustände vor der Revolution interessiert?

Nein. In meiner Dissertation versuche ich, eben herauszuarbeiten, dass Bonalds philosophische Position wesentlich komplexer ist.

Einerseits heißt es am Schluss seines ersten Werkes, der »Théorie du pouvoir«: »Gott wird der Gesellschaft zurückgegeben werden und der König Frankreich und der Friede dem Universum.« Andererseits macht er eine Voraussage über seine eigenen theoretischen Versuche: »Diese sublimen Betrachtungen über die Gesellschaftsordnung – Gegenstand einer entsprechenden Theorie der Macht – werden die Beschäftigung des Jahrhunderts sein, das anbricht.«

De Bonald ist kein Romantiker. Er weiß, dass sich die »alten« Zustände nicht mehr so wiederherstellen lassen, wie sie waren. Sie können nicht ideal gewesen sein, denn sonst hätte es die Revolution nicht gegeben. De Bonald war Katholik. Es gibt von ihm Gebete, die seinen Glauben bezeugen. Er wäre für seinen Glauben gestorben.

Aber philosophisch hätte er den Sinn seines Glaubens nur noch von der Idee der Erhaltung der Gesellschaft her bestimmen können. Insofern stand er an der Grenze zwischen Christentum und Positivismus. Obschon er persönlich ein gläubiger Katholik war, näherte sich seine philosophische Rechtfertigung des Christentums der Funktionalisierung des Glaubens und damit seiner Aufhebung.

Kein Wunder, dass er zum Vorreiter einer französischen

Bewegung gemacht wurde, die den Positivismus Comtes und den Katholizismus zusammenzubringen meinte, der Action Française.

Wenn er auch kein purer Traditionalist war, was war er dann?

De Bonald akzeptierte nicht die übliche Art, fortschrittliches und rückständiges Denken gegeneinander zu stellen, sondern er fühlte sich als Vertreter des Fortschritts. Für ihn war Fortschritt der kontinuierliche Prozess der Gesellschaft vom 12. Jahrhundert bis zur Französischen Revolution. Mit dem Jahr 1789 wurde dieser Fortschritt abgebrochen.

Nicht mehr die volonté générale regiert, sondern nur noch die volonté de tous, der partikuläre Wille der Individuen. Für de Bonald aber »lebt der Mensch auf Erden, um die Mittel seiner physischen und geistigen Existenz zu perfektionieren«. Das ist eigentlich Fortschritt – die Verbesserung der Bedingungen, die den Menschen am Leben erhalten.

Sie sprechen an anderer Stelle einmal von der »Unterwerfung des Lebens unter die Bedingungen seiner Erhaltung« und bezeichnen diese Haltung als das Hauptmerkmal der rechten politischen Weltanschauung innerhalb der europäischen Geschichte. Muss man de Bonald darunter zählen?

»Unterwerfung des Daseins unter die Bedingungen seiner Erhaltung« ist eine Formulierung, auf die ich stieß bei der Lektüre eines 1949 zufällig erworbenen, in einem kleinen Emigrantenverlag 1947 in Amsterdam erschienenen Buches, »Die Dialektik der Aufklärung« der mir damals unbekannten Autoren Theodor W. Adorno und Max Horkheimer.

Der Satz löste in mir eine Kette von Einsichten aus: Es gibt zwei anthropologisch fundamentale Interessen und Tendenzen, einmal das Interesse an Freiheit, Selbstverwirklichung und Triebbefriedigung; das andere Interesse ist das an der Selbsterhaltung. Diese Tendenzen sind antagonistisch.

Jedenfalls sind sie es in der Neuzeit, nachdem der klassische Begriff des »telos« aufgegeben wurde. Telos – das bedeutete zugleich Ziel und Grenze, »Ende«. Der Begriff zerfällt in der Neuzeit in seine *membra disiecta*. Der Zerfall bildet den ontologischen Hintergrund der politischen Begriffe Links und Rechts. Die klassische Position der Rechten kämpft für die Erhaltungsbedingungen, und zwar bis zu dem Punkt, an dem überhaupt keine Verwirklichung der Freiheit mehr möglich ist.

Das Schicksal des Sozialismus in den kommunistischen Ländern zeigt noch etwas anderes, nämlich den Umschlag der einen Tendenz in die andere. Die Linke, eigentlich die Partei der Befreiung, etabliert radikale Diktaturen, die ihre einstigen Versprechen nicht einlösen können und nur noch an ihrem eigenen Machterhalt interessiert sind. Das eine Extrem kippt über in das andere.

Bedeutet also Dialektik der Aufklärung das Manifestwerden zweier gegenläufiger Tendenzen, die entweder auf »Selbstverwirklichung« oder auf »Selbsterhaltung« aus sind und in ihr jeweiliges Gegenteil umschlagen, wenn sie zum Extrem gesteigert werden? Provoziert demnach zu viel Befreiung Erhaltung, zu viel Erhaltung Befreiung?
Ja, ich glaube, so ist es. 1979, in einer Festschrift für Golo Mann, schrieb ich einen Aufsatz über die »Ontologie der Begriffe rechts und links«, in dem ich diesen Gedanken wieder aufgegriffen habe. Die extreme Rechte und die extreme Linke – so meine These in diesem Text – sind beide nihilistisch.

Die extreme Linke will Freiheit verwirklichen, ohne auf die Erhaltungsbedingungen Rücksicht zu nehmen. Die extreme Rechte will die Erhaltungsbedingungen der Freiheit derart perfektionieren, dass von der Freiheit nichts mehr übrigbleibt.

Nehmen wir das Beispiel Sicherheit. Wenn der Staat alles dem Sicherheitskriterium unterordnen, also absolute Sicherheit schaffen will, dann zerstört er das bürgerliche, freie Leben. Wo die Gesellschaft glaubt, die Erfordernisse der Sicherheit zugunsten der Freiheit ignorieren zu können, da opfert sie das, worum es ihr doch geht.

Wie kritisch war Ihre Einstellung zu de Bonald?
Man merkt meiner Dissertation an, dass meine Kritik an de Bonald meine Sympathie nicht verdrängen konnte. Er war kein moderner Intellektueller wie Joseph de Maistre, der mit rein funktionalistischen Argumenten Monarchie und Papsttum, also die Tradition verteidigt.

Der Vicomte de Bonald ist ein Mann der *intentio recta*, ein Landedelmann, der unter normalen Umständen seine Güter bewirtschaftet hätte. Damit hätte es in seinem Fall sein Bewenden gehabt. Doch dann kommt die Revolution, und er wird in freier Wahl zum Bürgermeister seines Heimatortes gewählt. Er gibt sein Amt auf als Protest gegen die Einführung eines obligatorischen Eides aller Priester auf die neue Verfassung.

Und nun erst beginnt er, seine Haltung theoretisch zu begründen: mit einer Theorie, die später auch für atheistische Religionsverteidiger interessant wurde. De Bonald war kein Romantiker. Die sich auf ihn berufende Rechte in Frankreich ist im Unterschied zur deutschen rationalistisch. Die Französische Revolution ist in ihren Augen ein Triumph des Irrationalismus.

In Ihrem De Bonald-Buch spielt gegen Ende Charles Péguy eine wichtige Rolle. Es geht um das Thema »De Bonald und die Folgen« und die Rechte und die Linke – die *membra disiecta* der Aufklärung – im Jahrhundert nach der Französischen Revolution. Was hat Ihr Interesse an ihm geweckt?

Im Zusammenhang der Dreyfus-Affäre greift Charles Péguy die Verteidiger der Verurteilung des jüdischen Artillerie-Hauptmanns an und wirft ihnen vor, Verräter derjenigen Werte zu sein, die sie vorgeben zu verteidigen.

Frankreich ist damals seit Jahrzehnten gespalten zwischen einem kämpferischen Laizismus und einer Front von Apologeten der Kirche, des Militärs und des »Ancien Régime«. Die Letzteren bestehen darauf, dass Dreyfus, ein Jude, schuldig ist und lebenslänglich wegen Spionage für das Deutsche Reich gefangen gehalten wird.

Péguy steht in dieser Debatte für etwas, worum es mir eigentlich immer ging: Er verteidigt die Unmittelbarkeit, die *intentio recta*. Die Frage nach der Schuld Dreyfus' darf keine Sache der Parteirichtung oder der Weltanschauung sein. Sie ist allein das Problem eines juristisch einwandfreien Prozesses. Man dürfe nicht behaupten, Dreyfus sei schuldig, nur weil man für die Kirche und das Militär eintrete. Ebenso wenig sollen die Verteidiger von Dreyfus, im Gefolge von Emile Zola und seiner Schrift »J'accuse«, Dreyfus im Kampf für die Vernichtung der alten Mächte instrumentalisieren. »Verité d'abord« – das allein dürfe die Parole derer sein, die die Ehre des alten Frankreich verteidigen.

Charles Péguy, 1873 geboren, wird katholisch erzogen, tritt aber 1895 in die Sozialistische Partei ein, 1899 wieder aus, und wendet sich 1906, in dem Jahr, als Alfred Dreyfus vollständig rehabilitiert aus der Haft entlassen wird,

wieder der katholischen Kirche zu. War er nicht ein Grenzgänger?

Er stand mit seiner Haltung nicht allein: Genau dies war zum Beispiel auch die Haltung Marcel Prousts, der ebenfalls Dreyfus verteidigte, aber betonte, er müsse deshalb nicht zu den Antiklerikalen gehören, die die Kathedralen Frankreichs zweckentfremden wollen. Proust hielt das für ein schlimmeres Sakrileg als die Zerstörung der Kathedralen.

Dem Protagonisten der radikalen Rechten Charles Maurras sowie der Action Française hält Péguy vor, sie seien die eigentlichen Modernisten. Die von ihnen verdammte Französische Revolution sei von Leuten des alten Frankreichs gemacht worden. Diese seien vom alten Geist Frankreichs geprägt, hätten an Wahrheit geglaubt, an die Gerechtigkeit, an das »von Natur Rechte«. Ihr Ethos war der Geist, in dem die Kathedralen gebaut wurden, der gleiche Geist, aus dem heraus sein Großvater ein Stuhlbein gemacht hat. Für Péguy sind die Anti-Revolutionäre die eigentlichen Modernisten. Seine Kritik fasst er in den Satz: »Der Modernismus besteht darin, nicht zu glauben, was man glaubt.« In diesem Zustand darf der Mensch nicht mehr er selbst sein.

»Nicht glauben, was man glaubt« ist eine paradoxe Formulierung. Wie hat man sie zu verstehen?

Péguy meint Menschen, die sich zu etwas bekennen, das sie in Wirklichkeit nicht glauben. Ein Repräsentant dieser Einstellung ist der Begründer des Positivismus, Auguste Comte. Er schickte einen Abgesandten zum General des Jesuitenordens, um ihm ein Bündnis vorzuschlagen: Positivisten und Katholiken gegen den modernen Geist der Revolution, der Reformation und der Metaphysik, allen Formen individuellen Denkens, das sich nicht von den gesellschaftlichen Funktionen herleitet.

Comtes Abgesandter sagte sinngemäß: »Sie werden noch den Tag erleben, wo die jungen Positivisten bereit sind, für den Katholizismus zu sterben, so wie die Katholiken bereit sind, für Gott zu sterben.« Meine These vom »Ursprung der Soziologie aus dem Geist der Restauration«, konnte sich auch auf Péguys Kritik des Modernismus stützen. Dass die modernen Versuche, die Tradition wiederherzustellen, nihilistisch seien, hat er in die Worte gefasst: »… Man kann wörtlich sagen, dass diese Anhänger des Ancien Régime nur eine Idee haben, nämlich die, alles zu ruinieren, was wir an Schönem und Gesundem vom Ancien Régime behalten haben und was noch so beträchtlich ist.«

Ihre Dissertation erschien 1959. Hat Ihre These, die Soziologie entspringe dem Geist der Restauration, keine heftigen Abwehrreaktionen provoziert?
Nein, das Buch fand in Deutschland zunächst nur geringe Resonanz. Die These, nicht Karl Marx sei der eigentliche Theoretiker der modernen Gesellschaft, sondern Auguste Comte und indirekt de Bonald, regte damals niemanden auf. Dazu war de Bonald zu unbekannt.

Seit Franz von Baader, der im ersten Drittel des 19. Jahrhunderts dessen Werk »Recherches philosophiques« aus dem Jahr 1818 lobend rezensierte und immerhin für Leser empfahl, die »mit dem Standpunkt der neueren deutschen Philosophie vertraut sind«, das hieß damals mit Hegel, hatte sich in Deutschland niemand ernsthaft mit dem Urheber der »Theorie der Gesellschaft« befasst.

Das änderte sich, als sich in den neunziger Jahren des 20. Jahrhunderts politische Philosophen in Bologna und Turin für mein Buch interessierten und darüber diskutierten. Danach erweckte es Aufmerksamkeit in Italien, Spanien und Frankreich und wurde in diese drei Sprachen übersetzt.

Wie hat Ihr Doktorvater Joachim Ritter Ihre kritische Perspektive gegenüber der modernen Gesellschaft nach der Französischen Revolution aufgefasst?
Man kann es als ein Buch über mein Verhältnis zu Joachim Ritter lesen. Ob er es nicht gemerkt hat oder nicht bemerken wollte, kann ich nicht sagen. Das Thema kam nie zur Sprache. Eine Sachdiskussion fand nicht statt. Ritter – er hätte das Thema Funktionalismus aufnehmen und nach der Funktion des Funktionalismus fragen können – machte sein Gutachten und lobte die Arbeit. Im Februar 1952 bestand ich das Rigorosum.

Warum haben Sie nach diesem Abschluss die Universität verlassen und keine akademische Karriere angestrebt?
Mit 24 Jahren war ich der Ansicht, nicht mein ganzes Leben nur an der Universität zubringen zu sollen. Wenigstens für eine gewisse Zeit wollte ich »in die Welt hinaus«.

Sie haben sich in dieser Zeit mit Cordelia Steiner verheiratet. Wann haben Sie sie kennengelernt?
Im Jahr 1944. Sie war von Berlin nach Westfalen gekommen. Ihre Mutter, eine Jüdin, starb kurz zuvor. Die Situation in Berlin hatte sich für Cordelia gefährlich geändert. Darum suchte sie ihre Tante in Westfalen auf, die konvertiert und dem Orden der Ursulinen beigetreten war. Dort fand sie Unterschlupf. Zufällig war das Haus der Ursulinen, in dem beide lebten, in unserer Nachbarschaft, wodurch wir uns kennenlernten.

Unser Verhältnis hat sich ganz allmählich entwickelt. Es begann mit gemeinsamem Musizieren und Gesprächen über Bücher, die uns beschäftigten. Wir fingen an, den kurzen Roman des 20-jährigen Radiguet zu übersetzen: »Le Bal du Comte d'Orgel«. Sie schrieb Rundfunk-Features, Essays, volkskundliche und liedgeschichtliche Aufsätze, Liedertexte und Gedichte. Erst sehr viel später kamen wir auf die Idee, zu heiraten. Die Hochzeit fand dann nach Abgabe meiner Doktorarbeit und vor dem Rigorosum statt. Wir haben drei Kinder. Cordelia starb am 24. April 2003.

Sie haben schon vor Ihrer Promotion Aufsätze in unterschiedlichen Zeitschriften veröffentlicht. Wollten Sie Publizist werden?

Meine Abneigung gegen Reflexionen über meine Person erstreckte sich auch darauf, dass ich mir eigentlich nie überlegt habe, was für ein »Jemand« ich sein will. Ich liebe das Wort von Karl Kraus: »Ich interessiere mich nicht für meine Privatangelegenheiten.«

Als ich 1953 zwei Aufsätze über die »Action Française« schrieb, hat mich dieses politische Phänomen in Frankreich interessiert, und ich wollte meine Gedanken mitteilen. Dass man sich durch kontinuierliches Schreiben schließlich zu einem bestimmten Typus, etwa dem des Publizisten, fortentwickelt, das ist wohl so. Nur, wie ich später in der Philosophie nie sehr gründliche methodische Überlegungen angestellt habe, so habe ich auch damals keine Gedanken darauf verschwendet, ob ich jetzt anstreben sollte, Publizist zu werden.

Wofür ich mich aber entschlossen habe, war, einen Brotberuf zu ergreifen. Man kann ja nicht gleich vom Schreiben leben. Außerdem wollte ich das auch nicht, weil ich es hasste, schreiben zu müssen. Wer vom Journalismus leben will, ist gezwungen, etwas in einem Augenblick zu Papier zu bringen, wo er eigentlich noch ein bisschen nachdenken müsste. Ich habe es immer vorgezogen, mir beim Schreiben Zeit zu lassen. Als Redakteur oder freier Journalist hätte ich mir diese Freiheit nicht leisten können. Darum entschied ich mich, Verlagslektor zu werden.

Wie kamen Sie zum Stuttgarter Verlag Kohlhammer?

Das war reiner Zufall. Ein Mitstudent kannte den Verlagsleiter des Kohlhammer-Verlags aus gemeinsamer Wehrmachtszeit. Er erzählte mir, dass bei Kohlhammer ein Lektor gesucht werde, und fragte mich, ob ich daran Interesse haben könnte. Da ich noch gar nicht wusste, wovon ich nach der Promotion leben sollte, aber entschlossen war, an der Universität nicht weiter zu bleiben, antwortete ich geradeheraus: »Ja, gut, ich mache das.«

Die Stelle war schlecht bezahlt, gewährte aber viel Freiheit. Ich hatte mir ausbedungen, zu Hause zu arbeiten. Dem Verleger gegenüber argumentierte ich: »Schauen Sie, wenn ich als Lektor acht Stunden am Tag im Verlag am Schreibtisch sitzen soll, dann habe ich ein Problem. Wenn ich zu Hause oder in der Landesbibliothek arbeite und mir die Zeit frei einteile, haben Sie mehr davon, als wenn ich hier im Büro meine Zeit absitze.« Den Verleger überzeugte das.

Wie muss man sich Ihre Lektoratsarbeit vorstellen?

Vor allem eingehende Manuskripte hatte ich zu lesen. Ich war als Sachbuchlektor für die Bereiche Philosophie, Geschichte und Archäologie zuständig. Die angenommenen Manuskripte mussten korrigiert, Übersetzungen überprüft, dann aber auch Autoren angegangen und für Projekte gewonnen werden. Ich erinnere mich noch an die Kontrolle der Übersetzung von »A Study of History« (»Der Gang der Weltgeschichte«) von Arnold J. Toynbee.

Für ein philosophisches Buch habe ich mich besonders eingesetzt: »The Meaning in History« von Karl Löwith, das 1949 in den USA erschienen war. In Deutsch wurde es 1953 bei Kohlhammer in der Übersetzung von Hermann Kesting unter dem Titel »Weltgeschichte und Heilsgeschehen« publiziert. Löwith war kurz zuvor nach Deutschland zurückgekehrt und hatte auf Betreiben Hans-Georg Gadamers eine Philosophieprofessur in Heidelberg angetreten.

Haben Sie sich auch um das wichtige Buch eines anderen deutschen Emigranten, Leo Strauss, mit dem Titel »Natural Right and History« bemüht?
Das wurde an den Verlag Koehler in Stuttgart vermittelt. Leider. Ich hätte es sicher sehr gern betreut. Als das Buch 1956 erschien, las ich es wie eine Bibel. Wonach ich suchte, schien mir hier erfüllt zu sein. Von da an wurde für mich der normative Begriff der Natur und des Natürlichen bedeutsam. Die Entdeckung von Leo Strauss war für mich schicksalhaft.

Haben Sie sich neben Ihrer Tätigkeit als Lektor überhaupt weiter mit Philosophie beschäftigt?
Gewiss, zum Beispiel habe ich nach der Promotion, also im Jahr 1952, begonnen, alle Platon-Dialoge und -Briefe systematisch zu lesen. Viele Dialoge kannte ich, aber ich hatte mir nie ausführliche Exzerpte angelegt. Das konnte ich jetzt nachholen. Daraus entstanden Aufzeichnungen – mit genauer Notiz der Seitenzahlen und Textstellen, mit Stichworten, Inhaltsangaben und Kurzfassungen –, von denen ich noch heute profitiere. Mein Gedächtnis in Bezug auf Textstellen ist leider schlecht. Bei Platon bin ich aber auf der sicheren Seite. Hier habe ich meine Aufzeichnungen und brauche nur nachzublättern, um ein Zitat zu finden.

Und im Übrigen: In diese Zeit fielen meine Studien über das politische Denken in Frankreich, das durch die Bonald-Arbeit für mich von wachsendem Interesse war. Ein Vortrag vor der Groupe d'études allemandes in Paris über die deutsche Philosophie der Gegenwart gab mir den Anlass, meine Vorstellungen von der philosophischen Situation Deutschlands zu einem plausiblen Bild zu ordnen. Der Vortrag ist wieder erschienen im ersten Band von »Schritte über uns hinaus«. Auch erinnere ich mich an ein Podiumsgespräch mit Alfred Grosser an der Sorbonne über die geistige Situation Deutschlands.

Sie haben vier Jahre lang als Lektor gearbeitet. Im Jahr 1956 zieht es Sie aber wieder nach Münster an die Universität. Was war geschehen?

Auf Dauer war mir doch bewusst geworden, dass ich zurück zur Universität strebte. Ich besuchte den Philosophen Max Müller in Freiburg, bei dem ich hoffte, Fuß fassen zu können, musste aber schnell einsehen, dass die Assistentenstellen lieber mit eigenen Promovenden des Professors besetzt werden.

Aber dann geschah eines Tages etwas Überraschendes. Ich erhielt einen Brief aus Münster von dem neu berufenen Lehrstuhlinhaber für Pädagogik Ernst Lichtenstein. Darin fragte er mich, ob ich Interesse daran hätte, Assistent am Pädagogischen Seminar zu werden und mich zu habilitieren. Ich antwortete prompt, machte aber zwei Bedenken geltend. Erstens: Ich hätte nie Pädagogik studiert. Zweitens, wenn ich mich habilitiere, dann müsste das in beiden Fächern sein, Pädagogik und Philosophie.

Lichtenstein suchte einen Assistenten, der in der Philosophie bewandert war. Einen Praktiker der Pädagogik hatte er bereits. So war er mit meinen Vorstellungen ohne Vorbehalt einverstanden. Der Vorschlag, sich an mich zu wenden, war von Joachim Ritter gekommen.

Übrigens war damals Rita Kickuth, später Rita Süssmuth, studentische Hilfskraft dieses Instituts, an dem auch Ulrike Meinhof studierte.

Wieder so ein Zufall!

Ja, wie so oft in meinem Leben. Ich kam 1956 zurück nach Münster, musste mich im Fach Pädagogik einarbeiten und viel lesen. Prüfungen für Lehramtskandidaten – das sogenannte Pädagogikum – hatte ich abzunehmen und Proseminare abzuhalten.

In diesen für Sie beruflich bewegten Zeiten, zwischen 1949 bis 1956, etablierte sich die westdeutsche Bundesrepublik. Wie stark war damals Ihr Interesse an Politik?
Nach meinen publizistischen Exkursen in der Zeitschrift »Ende und Anfang« und dem Studienaufenthalt an der Schweizer Universität 1948 trat eine Zäsur ein. Ich brach nach einem Jahr Fribourg meine dortigen Studien ab, weil mein Vater krank wurde. Politische Themen, die mich unmittelbar berührten, wie vorher die Frage einer liberalen oder sozialistischen Orienierung der Bundesrepublik, traten für mich zurück.

Die überragende Figur der deutschen Politik dieser Jahre war Konrad Adenauer. Die meisten Philosophen Ihrer Generation lehnten den katholischen, nach Westen orientierten Politiker ab und optierten für Kurt Schumacher, den Vorsitzenden der SPD. Wie war Ihre Haltung zum ersten Bundeskanzler?
Offen gestanden: Ich habe Konrad Adenauer eigentlich immer bewundert. Das war einer der ganz wenigen Punkte, in denen ich mit meiner Frau nicht übereinstimmte. Ihr lag viel an der Wiedervereinigung und wenig an der Westbindung. Sie meinte auch, dass die Westbindung die Wiedervereinigung verhindere. Wenn Adenauer überall herumziehe, »Wiedervereinigung in Frieden und Freiheit« predige und die Wiedervereinigung als oberstes Ziel deutscher Politik an-

preise, dann – das war ihre feste Überzeugung – sei das eine Lüge. Er könne das doch selbst nicht glauben. Als sie dann sehr viel später, im Jahr 1990, die Wiedervereinigung erlebte, gestand sie: »Ja, ich habe mich damals geirrt.«

~

DIE BOMBE

Präsident Barack Obama hat ernsthafte Schritte zur Rückgewinnung einer atomwaffenfreien Welt vorgeschlagen und will, so heißt es, damit beginnen, die amerikanische Kapazität zur hundertmaligen gänzlichen Vernichtung der Menschheit auf die Kapazität zur einmaligen gänzlichen Vernichtung der Menschheit zu reduzieren.

Ich habe den größten Teil meines Lebens im Schatten der Bombe verbracht, und das heißt auch, in einem durch die Existenz der Bombe auf beiden Seiten des Eisernen Vorhangs gesicherten Frieden. Mit dieser Paradoxie mussten wir auf irgendeine Weise umgehen. Am Anfang waren Hiroshima und Nagasaki, vor allem Nagasaki, weil die Bombe auf diese Stadt fiel, als das Kriegsende infolge der Bombe auf Hiroshima schon besiegelt war. Nagasaki war die pure Machtdemonstration gegenüber Sowjetrussland.

Auf den ersten Blick lag ein Paradox darin, dass die beiden Bomben von »den Guten« geworfen wurden. Aber das war kein Zufall. Die Bomben waren die entsetzliche Demonstration der Überzeugung, dass den Guten »alles erlaubt« sei (wie es Lenin für die Kommunisten proklamierte), dass der gute Zweck die Mittel heilige und dass der gerechte Krieg, der Krieg zwischen Gut und Böse, alles rechtfertige. In ihm ist alles erlaubt, im Gegensatz zur traditionellen Lehre vom gerechten Krieg, nach welcher die Weise der Kriegführung einen gerechten Krieg zum ungerechten machen kann. Totale Kriege werden immer in der Erwartung geführt, dass es in ihnen ums Ganze geht, dass es sich deshalb jeweils um den letzten Krieg handelt, dessen Führung keine Präzedenzwirkung mehr hat.

Dass die Ideologen sich damit in die eigene Tasche lügen, wurde mir bald nach dem Zweiten Weltkrieg klar. Ein Krieg mit der Sowjetunion war in den Bereich des Denkbaren gerückt. Die Atombombe war geeignet, für den Fall eines solchen Krieges die konventionelle Überlegenheit der Russen zu kompensieren. Ihr eventueller Einsatz war deshalb Bestandteil der NATO-Planung. Die Flächenbombardements der deutschen Städte im Zweiten Weltkrieg hatten einen solchen Einsatz schon psychologisch vorbereitet. Sie machten mit vielen Bomben das, was in Hiroshima und Nagasaki mit zwei Bomben geschah.

Konrad Adenauer spielte damals die Gefahr herunter, indem er die Atombombe als »erweiterte Artillerie« bezeichnete, was wiederum den Protest einiger prominenter Physiker, darunter Carl Friedrich von Weizsäcker, provozierte. Innerhalb der katholischen Kirche entbrannte eine heftige Diskussion um die Frage, ob ein atomar geführter Krieg nicht nach der traditionellen Lehre vom gerechten Krieg unvermeidlich ein ungerechter Krieg werde, denn zum gerechten Krieg gehört die Respektierung des *Ius in bello*, das die massenweise Tötung unbewaffneter Bürger ausschließt. Die Atombombe erlaubt eine solche Unterscheidung nicht, jedenfalls tat sie es damals nicht.

Die Toten in Hiroshima und Nagasaki als »Kollateralschäden« zu bezeichnen wäre ja wohl blutiger Hohn. Aber eben dies taten damals sieben führende deutsche Moraltheologen in einer öffentlichen Erklärung, in der der Atomkrieg verteidigt wurde. Von den deutschsprachigen Bischöfen war es meiner Erinnerung nach nur der damalige Bischof von Innsbruck Paulus Rusch, der die Gegenposition vertrat.

Die Rechtfertigungsfront wurde unter anderem verstärkt durch einen Aufsatz des deutschen Jesuiten Gustav Gundlach, den engsten Berater Papst Pius' XII. in sozialpolitischen Fragen. Er trat damals in einem Hochland-Aufsatz hervor, in welchem er einschlägige Äußerungen des Papstes entsprechend interpretierte. Nach dieser Interpretation sollte es sich um eine Frage der Güterabwägung handeln. In der Reihe der Güter bzw. Werte stehe aber die Freiheit oben an, und ihre Verteidigung rechtfertige daher auch den Einsatz dieser Waffe.

Mein Freund Ernst-Wolfgang Böckenförde und ich traten Gundlach damals entgegen und zeigten die Unhaltbarkeit seiner Papst-Exegese. Auch die Stellung eines Papstvertrauten dispensiert nicht von den Regeln einer korrekten und logisch konsistenten Interpretation päpstlicher Dokumente.

Die Liaison von Kirche und CDU war damals noch eng. Ich hatte diese Liaison auf dem Kölner Katholikentag von 1956 in einer Rede über die Kirche als Zeichen des Widerspruchs kritisiert, obwohl ich in den meisten damals aktuellen Fragen, so beispielsweise, ob die Abtreibung legalisiert oder Konfessionsschulen eingerichtet werden sollen, die Position der CDU teilte.

Ich war allerdings stets der Auffassung, dass die Kirche zwar von ihren Gläubigen die Zustimmung zu zentralen moralischen Positionen der Kirche und das öffentliche Bekenntnis zu ihnen verlangen kann, nicht jedoch den Gläubigen ihre Präferenzen in Bezug auf die zur Wahl stehenden parteispezifischen Programmpakete vorschreiben darf.

Was nun die atomare Bewaffnung betrifft, so wurde uns – meinen Freunden Heinrich Böll, dem Dissidenten-Bundestagsabgeordneten Peter Nellen, Ernst-Wolfgang Böcken-förde, Martin Kriele usw. – vorgehalten, diese Waffe sei ja nicht zur Anwendung, sondern zur Abschreckung bestimmt. (Wir sprachen, wenn wir von der Bombe redeten, übrigens nie von einer Waffe, da der Begriff der Waffe zwei gleichwertige Gegner voraussetzt, während der Einsatz der Bombe flächendeckend Menschen wie Ungeziefer vernichtet.) Gegen das Abschreckungsargument sprach erstens, dass die Bombe ja bereits zwei Mal angewendet worden war und die USA sich von dieser Anwendung niemals distanziert hatten. Zweitens aber: Die Abschreckung kann nur funktionieren, wenn die Soldaten, die den Einsatz auszulösen haben, dazu wirklich bereit sind. Genau das aber würde ihre moralische Korruption bedeuten. Außerdem kann, wenn sie dazu nicht bereit sind, dem Feind dies nicht verborgen bleiben, und die Abschreckung wäre dahin. Nur der Oberbefehlshaber könnte sich den geheimen Vorbehalt leisten.

So erklärte Franz Josef Strauß als Verteidigungsminister in einem privaten Gespräch Carl Friedrich von Weizsäcker – letzterer erzählte es mir selbst – auf dessen Frage, was er täte, wenn tatsächlich ein atomarer Angriff von der anderen Seite unmittelbar bevorstünde: »Sofort kapitulieren.«

Die damalige Kontroverse war hoch emotionalisiert. Ruhiger und sachlicher spielte sich eine Debatte ab in der Zeitschrift der katholischen Militärseelsorge, die damals einen ausführlichen Aufsatz von Böckenförde und mir über das moralische Problem der Atombombe veröffentlichte. Ein hoher Offizier antwortete uns, und wir erhielten die Möglichkeit einer Replik. Alles fand in gegenseitigem Respekt statt.

Erwähnen muss ich in diesem Zusammenhang noch, dass der damalige praeceptor Germaniae Karl Jaspers sich in einem überflüssig umfänglichen Buch ebenfalls für die Bereitstellung der Atombombe, ja sogar für ihren eventuellen Einsatz, und außerdem für einen Präventivschlag gegen die Volksrepublik China aussprach.

Freiheit, so war sein Argument, sei der höchste Wert, und wo deren Untergang drohe, da könne auch der Schutz des Lebens keinen Vorrang besitzen. Damals begann ich zu verstehen, was Carl Schmitt mit der »Tyrannei der Werte« meinte.

Außerdem war bei Jaspers auch die verhängnisvolle Idee, dass es in diesem Fall »ums Ganze« gehe, leitend. Es ist gerade diese Idee, die den Totalitarismus kennzeichnet. Ihm ist, nach dem Wort Lenins, »alles erlaubt«. Wo es um den höchsten Wert geht, da können alle moralischen Maßstäbe suspendiert werden.

In dem Artikel für die Zeitschrift »Militärseelsorge« wiesen wir darauf hin, dass die atomare Rüstung auch den Zweck verfolge, die Kosten für eine Armee einzusparen, die erforderlich wäre, in einer konventionellen Auseinandersetzung die Oberhand zu gewinnen.

Manche Leute haben sich gewundert, als ich Jahrzehnte später für die Nachrüstung eingetreten bin, an der Helmut Schmidt scheiterte und wodurch Helmut Kohl damals Bundeskanzler wurde.

Unter den prominenten Gegnern der Nachrüstung war auch Heinrich Böll. Ich schrieb ihm damals einen Brief, der in meinem Sammelband »Grenzen« später veröffentlicht wurde und in dem ich Bölls moralisches Verdikt gegen alle Nachrüstungsbefürworter zurückwies. Nicht ich habe meine Überzeugungen geändert, sondern die Wirklichkeit, um die es bei der Nachrüstung ging, war einfach eine andere als in der Zeit, als es um die atomare Bewaffnung selbst ging.

Der Unterschied lag darin, dass inzwischen die Sowjetunion längst selbst Atomwaffen besaß. Es ging nun nicht mehr um die Frage: Einsatz von Atomwaffen – ja oder nein?, sondern um die Frage, wie wir verhindern können, dass die inzwischen etablierte Atombombe zum Einsatz kommen würde.

Hiroshima und Nagasaki geschahen zu einer Zeit, als die Amerikaner das Monopol auf die Bombe besaßen. Der amerikanische Physiker Oppenheimer, der »Vater der Atombombe«, war überzeugt, das Monopol auf die Bombe sei das eigentlich Gefährliche.

Bei der Nachrüstung ging es darum, ob man eine strategische Überlegenheit der Sowjetunion auf dem Gebiet dieser Waffe akzeptieren sollte oder nicht. Mich hatte damals die Argumentation von Sacharow sehr beeindruckt. Sacharow schrieb – und dies unter Gefahr für Leib und Leben –, dass derjenige, der aus der Rüstungsspirale einfach aussteige, dadurch den Weltfrieden unmittelbar gefährde. Man dürfe keine Monopolstellung akzeptieren, schon gar keine der Sowjetunion.

Mir schienen damals die friedensbewegten Händchenhalter und Kerzenträger gefährlich zu sein, weil sie im Erfolgsfall eine friedensgefährdende Situation herbeiführen würden. Das gegenseitige Sich-Anwärmen im Gefühl der gleichen guten Gesinnung schien mir angesichts der realen Situation unverantwortlich zu sein.

Böll antwortete mir damals in einem sehr freundlichen Brief, in dem er zunächst mich von seinem moralischen Verdikt ausnahm. Der Logik der Überlegungen Sacharows und meiner Logik wusste er freilich nichts anderes entgegenzusetzen als: »Lieber Spaemann, ich glaube nicht mehr an die Logik.«

Auf den von mir selbst in den fünfziger Jahren erhobenen Einwand, die Abschreckung setze doch die Bereitschaft von Soldaten zur tatsächlichen Anwendung voraus, kann ich, wenn ich ehrlich sein soll, auch heute nicht antworten. Ich muss mit meinem alten Trostwort leben: »Le pire n'est pas toujours sûr.«

KAPITEL 4

RÜCKKEHR AN DIE UNIVERSITÄT MÜNSTER

Fénelon, der Freund der Mystik

Wie haben Sie sich auf die für Sie neue berufliche Situation an der Universität Münster eingestellt?
Ich stand vor einer besonderen Herausforderung. In meinem Leben hatte ich noch nie auch nur ein Semester Pädagogik studiert. Und jetzt sollte ich im Handumdrehen Proseminare in diesem Fach bestreiten. Die Proseminare waren überfüllt. Mit bis zu 100 Teilnehmern musste man rechnen. Unter diesen Bedingungen konnte man eigentlich nur Vorlesungen halten. Für Diskussionen blieb wenig Zeit.

In diesem Zusammenhang habe ich mich auch mit Rousseau befasst. Schon bei meiner Arbeit über de Bonald stieß ich auf Rousseau, ebenso bei der Lektüre von Leo Strauss. Aber als ich dann Seminare über den »Émile« abhalten musste, hatte ich mich noch viel gründlicher in das Studium der Rousseau'schen Schriften zu vertiefen. Daraus gingen später meine Rousseau-Aufsätze hervor, die ich unter dem Titel »Rousseau – Bürger ohne Vaterland« veröffentlicht habe (2008 wieder erschienen als »Rousseau – Mensch oder Bürger. Das Dilemma der Moderne«).

Natürlich musste ich mich auch mit der deutschen pädagogischen Tradition beschäftigen, die immer eng mit der Philosophie verbunden war. Theodor Litt und Eduard Spranger zum Beispiel waren sowohl Pädagogen als auch Philosophen.

Die enge Verbindung von Philosophie und Pädagogik wurde erst in den siebziger Jahren aufgelöst. Die Pädagogik verwandelte sich in eine empirische Wissenschaft mit quantifizierenden Methoden. Die Geschichte der deutschen Bildungsidee war seit diesem Einschnitt eine Zeit lang nur noch von historischem Interesse.

Wie war Ihr Verhältnis zu Ihrem Professor?
Ernst Lichtenstein zählte zu den traditionellen deutschen Bildungstheoretikern. Als Halbjude war es ihm gelungen, den Nationalsozialismus an der deutschen Schule in Athen zu überstehen. Er hat wenig hinterlassen, außer einer recht interessanten kleinen Geschichte des Bildungsbegriffs. Im Historisch-Philosophischen Wörterbuch hat er den Artikel über »Bildung« verfasst.

Er war liberal im Umgang. Ich hatte in den sechs Jahre bei ihm den Eindruck, dass er mich »machen ließ«, also mich bei meiner Arbeit nicht einschränkte und nichts dagegen hatte, dass ich dem Ritter-Kreis mehr als irgendeinem anderen zugehörte.

Was beschäftigte Sie damals in den philosophischen Debatten?
Sehr vieles. Und doch zunächst im Wesentlichen an Ritters Vorgaben Orientiertes. Es gab damals ein witziges Gedicht von Carl Schmitt – anonym erschienen – »Die Substanz und das Subjekt«. Das könnte auch als Titel für diese Debatten herhalten. Es ging um Entzweiung, Substantialität und Emanzipation, schließlich auch um »Herkunft und Zukunft«, was später für Odo Marquard der rote Faden seines skeptischen Traditionalismus wurde. Dabei spielten in wachsendem Maß die »Frankfurter«, also Horkheimer und Adorno, eine Rolle im Hintergrund.

Odo Marquard dichtete später anlässlich eines Jubiläums des Collegium Philosophicum eine Ballade vom richtigen Leben, die ich damals nach der Melodie des Haifisch-Songs aus der Dreigroschenoper vortrug und in der Ritters Philosophie parodiert wurde, beispielsweise mit dem Vers: »Und dem Menschen fehlt fast gar nichts, nur die Einsicht, dass nichts fehlt.«

Das war Marquards Version von Ritters Version des Hegel'schen Satzes von der Vernünftigkeit des Wirklichen, der wiederum eine Version der christlichen Lehre war, dass wir niemals aus der Hand Gottes fallen. Aber diese Version trifft, so fand ich, nicht ganz den Kern jener Lehre.

Ritter hat denn auch am Ende einer Semestervorlesung über Existenzphilosophie das Gleichnis Jesu vom Verlorenen Sohn in bezeichnender Weise abgeändert, und zwar so: Der heimkehrende Sohn entdeckt, dass er in Wirklichkeit das Vaterhaus gar nie verlassen hatte. Mir hat das nicht eingeleuchtet. Das Elend der Elenden und die Niedertracht der Niederträchtigen finden nicht nur in der Einbildung statt, und Erlösung bedeutet – außer für Buddhisten – nicht nur Heilung von einer Einbildung.

Odo Marquard hielt einerseits fest an der Utopie von der »Majestät des Tages, der die Erde bescheint, ohne sie zu verbrennen«, wie es in der »Dialektik der Aufklärung« heißt. Aber in dem Maß, wie die Utopie sich in Europa politisierte, hörte die Revolution für ihn auf, die Verwirklichung dieser Utopie zu sein. Ihr Ort wird die Kunst. »Wenn die Vernunft auf der Strecke bleibt, schmückt sie diese Strecke«, war eines der Dicta von Odo Marquard. Später hätte er wohl auch den Verzicht auf die Revolution nicht mehr als »Auf der Strecke-Bleiben der Vernunft« bezeichnet, sondern als »Zur-Vernunft-Kommen«.

Zur-Vernunft-Kommen heißt: bürgerlich werden. Man

kann das als Resignation beschreiben. Hier kommt allerdings die Religion ins Spiel. Wenn Augustinus den philosophischen Ideen der Glückseligkeit entsagt, dann nicht im Sinne skeptischer Resignation, sondern der uneingeschränkten Erfüllung unserer höchsten Vorstellungen von *Eudaimonia*, nämlich in der Weise der christlichen Hoffnung, deren Erfüllung jenseits der Todesgrenze erwartet wird. »Was schreibst du einem guten Freund, der seinen liebsten Menschen verloren hat?«, so habe ich einmal Odo Marquard gefragt, und er antwortete: »Den Brief schreibt meine Frau.« Es ist wahrscheinlich die schönste Antwort, die jemand geben kann, der darauf beharrt, Skeptiker zu sein.

Das Thema »Herkunft und Zukunft« trat nach Ritters Türkeiaufenthalt in den Vordergrund. Vorher war Ritter vor allen Dingen Kritiker der Moderne. Jetzt wurde für ihn »Entzweiung« ein Schlüsselbegriff zu ihrem affirmativen Verständnis. Marquard als ihr Apologet fand nun einen privilegierten Platz.

Bei mir dagegen hielt sich das Aufklärungskritische, das heißt der Gedanke der Aufklärung, die sich auch über sich selbst »aufklären« muss, wenn sie sich nicht selbst abschaffen will. Aufklärung der Aufklärung über sich selbst, das heißt, sie in Kategorien begreifen, die fundamentaler sind als ihre eigenen.

Wie war Ihre Beziehung zu Hermann Lübbe, einer anderen philosophischen Begabung im Collegium Philosophicum?

Seit unserer Studentenzeit in Münster hatte ich mit ihm immer engen Kontakt. Gern erinnere ich mich eines gemeinsamen Ausflugs durch seine ostfriesische Heimat. Aber in seiner philosophischen Entwicklung hat jeder von uns beiden seinen eigenen Weg eingeschlagen.

Was man heute kaum vermutet: Lübbe hat mit der spekulativen deutschen Philosophietradition, besonders mit Fichte, begonnen, wendete sich danach vor allen Dingen Arthur Schopenhauer zu, mit dessen misogynen Aphorismen er Grete Grothues, seine spätere Frau, gern zur Entrüstung brachte. Erst später wurde er zu einem Sozial- und Kulturphilosophen und in den 68er Jahren zu einer der wichtigsten Gestalten des Widerstands, dem wir das Wort für eine Tugend verdanken, die er selbst in hohem Maße besitzt: »Verblüffungsresistenz«.

Seine Tochter, Weyma Lübbe, hat bei mir eine Magisterarbeit geschrieben über meine Kritik an Hermann Lübbes funktionalistische Theorie der Religion. Darin ergreift sie Partei für ihren Vater. Heute ist sie Lehrstuhlinhaberin für Praktische Philosophie in Regensburg und seit 2008 Mitglied im Deutschen Ethikrat.

Welche Bedeutung hatte für Sie damals Immanuel Kant?
An Kant führt kein Weg vorbei. Die beiden ersten Kritiken waren Pflichtlektüre für einen Philosophiestudenten. Später erst las ich das Buch, das für mich bei Weitem das interessanteste werden sollte: »Die Kritik der Urteilskraft«. Hier wird das Teleologieproblem wirklich tiefgründig durchgearbeitet.

Der Neukantianismus, dem erst Kant als eigentlicher Anfang der Philosophie galt, war zu »unserer Zeit« nur noch Historie: Heinz Heimsoeth, Gerhard Krüger und Martin Heidegger lasen Kant nicht mehr mit einer neukantianischen Brille.

Und auch für Ritter war die »rationale Metaphysik«, die Kant destruiert hatte, nur noch der Wolff'sche Rationalismus. Aus dessen Überwindung ging eigentlich die Wiederherstellung der aristotelischen, bis zu Leibniz reichenden Metaphysiktradition hervor, einer Tradition, die mit Hegel zu ihrer Vollendung kommt.

Zu meiner Studienzeit hieß eine Parole: Man kann nicht hinter Kant zurück. Wie war es bei Ihnen in den fünfziger Jahren?

Der Slogan, man könne hinter irgendetwas nicht zurückgehen, ist eine Mode-Vokabel, die mich immer zum Widerspruch reizt. In der katholischen Kirche wird oft gesagt: »Hinter das Zweite Vatikanische Konzil kann man nicht zurück!« Dabei wollte ja dieses Konzil gerade hinter einige neuere Traditionen zu einer älteren zurückgehen. Danach wird dekretiert, das sei nun definitiv, habe als Wahrheit zu gelten und diene als Basis für alle weiteren Schritte.

Aber tatsächlich verhält es sich so, dass der Fortschritt in der Philosophie wie in der Theologie immer in einem Zurückkommen auf Früheres besteht. Dem liegt die Einsicht zugrunde, dass der jeweils nächste Schritt nie restlos integriert, was vorher gedacht wurde.

Fortschritt in der Philosophie stellt man sich ja an sich so vor, dass eine neue Erkenntnis die vorherigen alle in sich enthalten muss. Sie verhält sich nicht einfach kritisch negativ zu ihnen, sondern sie macht den Anspruch geltend, die vorherigen zu integrieren.

Der Streit der Philosophen ist oft ein Streit darüber, wer wen integriert. Sind Vorläufer nicht noch etwas mehr als Vorläufer? Diese Integrationsversuche gehen nie restlos auf. Es bleibt immer ein Rest von dem, was angeblich überwunden ist, der aber irgendwann plötzlich eine Eigendynamik entfaltet, die die frühere Rezeption desavouiert.

Hegel hat in seiner Philosophie versucht, die Systeme Kants, Fichtes und Schellings zu integrieren, und seinen eigenen Versuch als Schlusspunkt einer gedanklichen Entwicklung gesetzt. Wäre das ein Beispiel für einen übermäßigen Anspruch?

Ja, der Versuch, die drei Vorgänger vollständig zu integrieren, ist nicht aufgegangen, wie wir heute sehen. Philosophischer Fortschritt ereignet sich ja nicht wie der Fortschritt in den empirischen Wissenschaften in linearen Schüben. Er besteht vielmehr in einem immer neuen Zurückkommen auf den Rest, der eben nicht gänzlich integriert, dessen Potential nicht gänzlich ausgeschöpft wurde. Eine Bewegung, die sowohl ein Vorwärtsgehen als auch zugleich ein Rückkehren bedeutet, charakterisiert das Philosophieren.

In Martin Heideggers Denken lässt sich dieser Vorgang deutlich zeigen. So hat für ihn Platon die ältere griechische Philosophie nicht einfach »aufgehoben« – im Hegel'schen Sinn des Wortes. Die Schritte, die Platon weitergeht, lassen etwas zurück, das ungedacht bleibt.

Ähnlich verhält es sich in der Religion. Die Reformation verstand sich ja nicht als Neuerung, sondern als ein Zurückkehren zu den Quellen, den Schriften des Evangeliums. Alle bisherige Geschichte erscheint ihr als eine Geschichte der Verfälschung des Ursprungs. Darum will sie auf den Ursprung selbst zurückgehen. Was sie dann dabei in Wirklichkeit hervorholt, ist allerdings nicht der Ursprung selbst, das Evangelium selbst, sondern nur eine neue Auslegung des Ursprungs, der zugleich auch eine weitere Entfernung von ihm ist.

In meiner Vorlesung über die Einführung in die Philosophie – ich habe sie mehrfach gehalten und immer wieder überarbeitet – habe ich dieses Thema des »Aufhebens« behandelt. Der Grundgedanke ist folgender: Es gibt drei Ursprünge in der Philosophie, von denen jeder als Ausgangspunkt einer Integration des Ganzen der Realität aufgefasst wird. Es ergeben sich drei Weisen der Integration, drei Formen der »Ersten Philosophie«, drei Weisen des »Umgreifenden«, wie Jaspers sie nennt. Es gibt den Anfang mit dem Sein, den Anfang mit dem Bewusstsein und den Anfang mit der Sprache. Sie folgen in der Geschichte zeitlich aufeinander.

Nun kann man aber zeigen, dass etwa der Schritt von der klassischen Ontologie zur Bewusstseinsphilosophie nicht das, was im Gedanken des Seins gedacht wurde, wirklich aufhebt. Bewusstsein ist einerseits das Ganze, Sein ist ein Gedanke. Andererseits aber ist Bewusstsein ein Vorkommnis in der Welt, ein Seiendes, das zu einer bestimmten Zeit der Geschichte unseres Planeten auftaucht. »Sein« ist einerseits ein Gedanke, andererseits aber meint es: ein Jenseits des Gedachten.

Mit dem Umgreifenden der Sprache verhält es sich genauso. Man kann sagen, die Sprachphilosophie habe die Bewusstseinsphilosophie aufgehoben. Aber kann es Sprache ohne Bewusstsein geben? Ist nicht vielmehr Sprache ohne Bewusstsein ein *flatus vocis*? Den Gang der Philosophie sollte man, so glaube ich, nicht als lineare Vorwärtsbewegung verstehen.

Es gibt drei Ursprünge der Philosophie, drei Weisen von *prima philosophia*: Sein – Bewusstsein – Sprache. Auf der Höhe befindet sich eine Philosophie erst, wenn sie diese drei Weisen des »Umgreifenden« denkt.

Kurz, man kann hinter Kant zurückgehen. Sie haben es jedenfalls getan, als Sie sich als Thema Ihrer Habilitationsschrift die Kontroverse zwischen den beiden französischen Bischöfen François de Salignac de la Mothe-Fénelon, kurz Fénelon genannt, und Jacques Bénigne Bossuet gegen Ende des 17. Jahrhunderts auswählten. Wie kamen Sie dazu?

Wann mir die symptomatische Bedeutung dieser Kontroverse deutlich wurde, weiß ich nicht mehr genau. Der Name Fénelon begegnete mir schon bei de Bonald. Und schon bei de Bonald taucht er auf im Zusammenhang mit dem Problem des teleologischen Naturbegriffs.

Bonald versucht der Zweideutigkeit des neuzeitlichen Naturbegriffs zu entgehen, indem er den »homme natif« vom »homme naturel» unterscheidet: Der Irokese ist ein »homme natif«, Leibniz, Fénelon und Bossuet sind »hommes naturels«.

Der amour-pur-Streit zwischen den beiden Bischöfen erschien mir als ein Dilemma, das unvermeidlich wird, wenn der teleologische Gedanke verlorengegangen ist, dass es allem Lebendigen um etwas geht, dass alles Lebendige auf etwas aus ist, auf etwas anderes aus ist als auf seine bloße Erhaltung. Es ging um die Frage, ob der Mensch Gott als Garanten seiner Erhaltung lieben soll oder um seiner selbst willen.

Es war der letzte theologische Streit, der nicht nur eine Haupt- und Staatsaffäre in Frankreich war, sondern das ganze gebildete Europa beschäftigte und auch Leibniz zu einem Lösungsvorschlag veranlasste. Was mich interessierte, war: Warum berufen sich beide Kontrahenten unter anderem auf Thomas von Aquin, und warum verstehen ihn beide nicht?

Meine Antwort war: Weil sie beide Cartesianer sind und von einem nicht-teleologischen Naturbegriff ausgehen, einem Naturbegriff, für den alles Lebendige nur um seine Selbsterhaltung kreist, auch der Mensch. Gottesliebe kann dann nur verstanden werden entweder im Rahmen dieser Natur – als Diener meines Interesses – oder als »Sterben der Natur«. Die Bücher über de Bonald und Fénelon waren für mich wichtige Schritte auf dem Weg der Entdeckung des Teleologieproblems. Ich habe ihm zweimal eine Vorlesung gewidmet und schließlich das Buch »Die Frage Wozu?«, vor wenigen Jahren erneut erschienen unter dem Titel »Natürliche Ziele«.

Was war überhaupt der Anlass für die Kontroverse?

In Frankreich unter Ludwig XIV. war eine neue mystische Bewegung aufgekommen. Eine gewisse Mode gefiel sich in extremen mystischen Redewendungen. Es gab Ratgeber mit dem Titel »Moyen court« oder »Pratique facile«, die den Menschen kurze, einfache Wege zur Erlangung der höchsten Stufen mystischer Erfahrung versprachen. Man nannte die Bewegung abschätzig »Quietismus«.

Im Mittelpunkt stand eine Dame, Madame Guyon. Sie sollte auch eine Rolle im deutschen Pietismus spielen. Sie wurde wegen ihrer mystischen Reden und Schriften in adeligen Kreisen und selbst am Hofe Ludwigs XIV. – dessen Mätresse Madame de Maintenon gehörte eine Zeit lang zu ihren Bewunderinnen – geschätzt, aber auch mit Argwohn betrachtet. Als man Madame Guyon schließlich für zu gefährlich hielt, wurde sie eingesperrt, mundtot gemacht.

Vor allem der Bischof von Meaux, Bossuet, Hofbischof des Königs, Erzieher des Dauphin, ein großer Schriftsteller und Redner, griff Madame Guyon in aller Schärfe an. Als überzeugter Verteidiger der Mystikerin trat Fénelon, der nachmalige Erzbischof von Cambrai, auf.

Die Auseinandersetzung um Madame Guyon vertiefte sich schnell in eine grundsätzlich theologische und philosophische Kontroverse. Was eigentlich ist Gottesliebe? Ist sie eine Liebe Gottes um Gottes willen? Verliert der Mensch dabei ganz sein Eigeninteresse aus dem Auge? Und bleibt nur noch das übrig, was Karl Jaspers einmal so formulierte: »Dass Gott ist, ist genug«?

Oder hat zu gelten, was Bossuet energisch vertrat: Das Glücksverlangen des Menschen ist der Kern jeder Gottesliebe? Dabei berief er sich auf einen bekannten Gedanken des heiligen Augustinus: Jeder Mensch will glücklich werden. Und wenn er erkennt, dass Gott die einzige Quelle des

Glücks ist, dann wird er Gott lieben, weil Gott die letzte Befriedigung des Menschen ist und alle Sehnsucht des Menschen unerfüllt bleibt, wenn sie nicht in Gott mündet.

Beide Positionen gaben sich unversöhnlich. Fénelon bestand darauf: »Die wahre Gottesliebe liebt Gott um Gottes willen.« Und Bossuet entgegnete: »Fénelon will das Band zerschneiden, das den Menschen mit Gott verbindet, nämlich das Glücksverlangen des Menschen. Und wenn er das durchschnitten hat, dann gibt es für den Menschen keinen Grund mehr, Gott zu lieben. Damit tötet er die Liebe. Kein Mensch kann selbstlos sein.«

Darauf wieder Fénelon: »Wenn der Bischof von Meaux recht hätte, dann wäre es geschehen um das Feuer, das Jesus auf der Erde entzünden wollte und das der Bischof von Meaux auslöschen möchte.« Der Streit wurde zu einem Politikum, in das sich selbst der König einmischte. Er äußerte: »Fénelon ist der chimärischste Geist in meinem Königreich.« Heute stehen die Denkmäler beider Antipoden nebeneinander vor der Kirche Saint-Sulpice in Paris.

Im 19. Jahrhundert betrachteten die rechten Traditionalisten Bossuet als ihren großen Helden und Fénelon als Schwärmer; weil Fénelon Kritiker des Absolutismus war, wurde er zum Heros der Aufklärung. Friedrich der Große besaß gleich drei Exemplare von Fénelons Erziehungsroman »Télémaque«.

Wie kam es zu dieser Etikettierung Fénelons?
Im 18. Jahrhundert hielt man ihn für einen Freigeist und Schöngeist. Er selbst bezeichnete sich als Freund der Mystiker. Die neuen Mystiker, die Quietisten, lehrten, dass im Zustand der mystischen Selbstvergessenheit alle moralische Anstrengung ihr Ende habe und auch das mündliche Gebet – bis hin zum Vaterunser – nur noch ein Hindernis sein könne für die reine Versenkung in die Gottheit – eine gefährliche Phan-

tasterei in den Augen der Verteidiger der normalen Frömmigkeit.

In Wirklichkeit aber war Fénelon viel tiefer in der christlichen Tradition verwurzelt als Bossuet. Das erschließt sich einem jedoch erst, wenn man der Sache des Streites zwischen beiden tiefer auf den Grund geht, denn auf den ersten Blick erscheint der bürgerliche Hofbischof Bossuet als der Konservativere.

In Ihrer Studie »Fénelon – Reflexion und Spontaneität«, mit der Sie sich 1962 habilitierten, wird der wohl letzte Theologenstreit, der ganz Europa in seinen Bann zog, zum Anlass genommen, die geistige Situation der Zeit um 1700 zu analysieren. Dabei spielt die Mystik eine nicht geringe Rolle. Wie hat man nun Fénelons Verhältnis zur Mystik zu verstehen?

Er war selbst kein Mystiker. Er hatte nicht das, was man mystische Erfahrung nennt, aber er bezeichnete sich wie gesagt als Freund der Mystik. Die Mystik findet zu seiner Zeit bei den Anhängern der Aufklärung Aufmerksamkeit, weil man meint, in einem Punkt eine Verwandtschaft mit ihr konstatieren zu können: Beide gehen auf Distanz zu den historischen, den »positiven« Inhalten der Religion.

Die Mystik scheint hierin eine Vorreiterrolle einzunehmen: Menschen, die sich in mystische Zustände erheben, erleben sich in einer Vereinigung mit dem Einen, die nicht durch Begriffe ausgedrückt werden kann. Der griechische Philosoph Plotin, Vorläufer aller späteren Mystiker, hat bereits im 3. Jahrhundert darauf bestanden, dass das Eine vor allem sprachlichen Ausdruck und ganz ohne Eigenschaften zu denken sei. Die französischen Mystiker des 17. Jahrhunderts gingen dann so weit, zu behaupten, selbst ein Vaterunser zu beten könne schon falsch sein, weil die mystische Versenkung wortlos bleiben muss. Und auch einzelne Ereignisse im Leben Jesu könnten einen vom Weg zur mystischen Erfahrung nur ablenken.

Alle Glaubensinhalte des Christentums zugunsten einer begrifflosen Idee, eines ursprünglichen Einen, hinter sich zu lassen, das kam nun jenen Aufklärern entgegen, die sich von der »positiven« Religion emanzipieren wollten. Für Fénelon hingegen kam eine Loslösung vom Christentum nicht in Frage.

Seit dem Mittelalter unterscheidet man zwei Formen der Theologie: eine *theologia mystica* oder *negativa*, die sich auf Dionysios Areopagita beruft, und eine *theologia dogmatica*, welche die christliche *doctrina* der Kirchenväter tradiert und ausbaut. Zwischen beiden Strängen hat es seit dem Mittelalter Spannungen gegeben. Noch die Auseinandersetzung zwischen Fénelon und Bossuet scheint ein später Nachhall davon zu sein. Konnte sich Fénelon in seiner Präferenz für die Mystik nicht auf die Tradition berufen? Doch. Sein wichtigster Gewährsmann unter den Kirchenvätern war Clemens von Alexandrien. In der Kirche galt die mystische Theologie gewissermaßen als Spitze der dogmatischen.

Dahinter steht folgender Gedanke: Es gibt einen Stufenweg des Menschen bis zur Vereinigung mit der Gottheit. *Itinerarium mentis ad Deum* lautet der Titel einer Schrift von Bonaventura. Auf diesem Stufenweg spielt zunächst die so genannte »Meditation« eine große Rolle, im Unterschied zur Kontemplation.

Meditation bedeutet das Durchdenken, Durchfühlen, Durchleben bestimmter begrifflicher oder anschaulicher Inhalte, so werden etwa die einzelnen Stadien des Lebens Jesu oder seine Worte meditiert. Wenn jemand diese Praxis der

Meditation über lange Zeit hinweg durchhält, fließen allmählich diese einzelnen Inhalte immer mehr zusammen. Es kommt dann nur noch auf das eine Resultat an: die Vereinigung mit der Gottheit. Die Meditation mündet in die Kontemplation.

Also »negative Theologie«?
Ja, alles Bestimmte, was man von Gott sagen kann, lässt sich auch negieren. Zum Beispiel kann man sagen, Gott ist Licht, oder auch, er ist Dunkel. Allerdings sagt Thomas von Aquin, dass die Prädikate, die man auf Gott bezieht, zwar alle nur metaphorisch zu verstehen sind, dass es aber dennoch Metaphern gibt, welche die Sache selbst besser treffen als andere.

Nehmen wir die Metaphern »Licht« und »Dunkel«. Thomas sagt dazu, beide sind nicht symmetrisch. Man kann zwar sagen, »Gott ist Licht«, und danach die Aussage negieren. Was wir als Licht wahrnehmen, sind ja nur beleuchtete Gegenstände, nicht das reine Licht. Zugunsten des reinen Lichts werden nun die einzelnen Inhalte negiert. Was aber bleibt dann übrig? Es stellt sich zunächst das Gefühl der reinen Dunkelheit ein. Wer aber den Schritt tut und alle Dinge der Anschauung wirklich hinter sich lässt, um den wird es plötzlich helles Licht.

Thomas sagt nun, die Metapher der Dunkelheit kann man zwar für Gott verwenden, aber man muss sie sogleich wieder negieren, denn Gott ist natürlich nicht in Wirklichkeit dunkel. Dagegen muss man die Licht-Metapher nicht negieren. An ihr kann man festhalten und sagen, Gott ist nicht Nicht-Licht. Die Lichtmetapher ist eigentlich gar keine Metapher. In den Worten »Klarheit« oder »klarwerden«, »einleuchten«, »einsehen« usw. wird das Helle genauso ursprünglich bezeichnet wie in dem optischen Phänomen. »Es werde Licht« spricht Gott bekanntlich, ehe er die physischen Lichter erschafft.

Bei Thomas von Aquin gibt es den Begriff der *cognitio experimentalis Dei*. Kann derjenige, der die »erkennende Erfahrung Gottes« macht, sich darauf berufen, Gott direkt oder unmittelbar erfahren zu haben und damit der Last eines Gottesbeweises enthoben zu sein?

Alle großen Mystiker schildern ihre Erfahrung, ihren mystischen Zustand als etwas Vorübergehendes, über das sie eigentlich nicht sprechen können. Der Apostel Paulus, der ja ein Mystiker war, spricht einmal davon, dass er in den dritten Himmel versetzt worden sei. Er sagte: »Ich weiß nicht, ob im Leib oder außerhalb des Leibes. Ich kann es nicht sagen. Und ich hörte Worte, die niemand aussprechen darf.«

Das heißt doch, der Mystiker, der seine Erfahrung gar nicht ausdrücken kann, negiert eigentlich nicht das, was der begrifflich argumentierende Theologe behauptet. Er widerspricht ihm nicht. Aber es spielt keine Rolle mehr.

Plotin erläutert in seinen »Enneaden« immer wieder, dass der Aufstieg der Seele zum Einen noch in diskursiver Sprache mitgeteilt werden kann, nicht aber der kurze Moment der Vereinigung mit dem Einen. Gilt dasselbe auch für christliche Mystiker?

Ja, so kann man sagen. Aber es bleibt natürlich auch die Frage, wie weit der Mensch der mystischen Erfahrung nicht doch in einer Illusion gefangen ist und wiem weit eben doch sein eigenes Ich eine Rolle spielt, wenn er sagt: »Ich habe eine Erfahrung Gottes, ich habe einen unmittelbaren Zugang zu Gott, den andere nicht haben.«

Wenn er so weit geht, dann ist alles schon verdorben. Der wirkliche Mystiker beruft sich ja nicht auf seine Erfahrung, sie ist für ihn keine Berufungsinstanz. Er kann sie nicht in einen Diskurs einbringen. Vielmehr erlebt er seinen Zustand als eine Phase des Verschwindens des eigenen Ichs im Einen und nicht als Behauptung des eigenen Ichs.

Die heilige Teresa von Avila hat sich diesem Problem der mystischen Erfahrung gestellt und gefragt: »Ist das vielleicht alles eine Illusion?« Sie hatte ja konkrete Erscheinungen. Sie war keine Mystikerin vom Typus Meister Eckhart, der nur den Aufstieg zum Einen kennt. Sie hatte zum Beispiel Erscheinungen Jesu, und sie stellte die Frage: »Wie kann ich wissen, ob das nicht Vorspiegelungen des Teufels sind, der mich auf einen Irrweg führen will?«

Diesen Gedanken hat übrigens Descartes von Teresa von Avila übernommen. Den möglichen Täuschegeist nennt er *genius malignus*, und er drückt seine Sorge in der Frage aus: »Könnten nicht auch meine evidenten Erkenntnisse nur Vorspiegelungen eines bösen Geistes sein?« Seine Antwort darauf war von großer Tragweite für die Philosophie der Neuzeit: Es gibt etwas, da kann mich auch der Teufel nicht täuschen, nämlich, dass ich denke.

Die Antwort der heiligen Teresa auf den Zweifel war eine andere: Die Vision muss mit dem Evangelium und der Lehre der Kirche übereinstimmen. Und darum muss ich sie meinem Beichtvater mitteilen. Das letzte Urteil darüber, ob meine Erfahrung authentisch ist oder nicht, muss ich abtreten. Sie kann nicht solipsistisch sein. Das Wahrheitskriterium kann nicht in mir selbst liegen.

Wenn Jesus mir in einer meiner Erscheinungen etwas sagen würde, was dem Evangelium widerspricht, dann wüsste ich, es ist eine Täuschung. Beide finden zur Gewissheit: Descartes in der Reflexion, im *cogito ergo sum*, im Faktum, dass »ich denke«; und Teresa von Avila in einem Gehorsam, der die mystische Erfahrung zurückbindet an eine Intersubjektivität, die den Solipsismus ausschließt. Beide sehen sich in je verschiedener Weise auf der sicheren Seite.

Geht die Auseinandersetzung zwischen Fénelon und Bossuet nicht um das Thema der Teresa von Avila? Wirft Bossuet seinem Widerpart nicht vor, durch dessen Verteidigung der Mystikerin Madame Guyon gegen die Lehre der Kirche zu verstoßen? Und hält Fénelon seinerseits nicht daran fest, nicht mit der Kirche zu brechen, sondern in Einklang mit ihrer Tradition zu argumentieren?

In der Tat hat Papst Innozenz XII. − aufgrund eines Mehrheitsbeschlusses einer Kardinalskommission − das Büchlein von Fénelon »Die Maximen der Heiligen« und die darin enthaltene Argumentation für den »amour pur«, die gänzliche Uneigennützigkeit der Gottesliebe, verurteilt, nicht ohne Bossuets Betreiben.

Klassisch ist der Kommentar, den der Papst gesprächsweise zu der Angelegenheit gab: *Erravit Cameracensis excessu amoris dei. Peccavit Meldensis defectu amoris proximi.* »Der Bischof von Cambrai hat geirrt durch Übertreibung der Gottesliebe. Der Bischof von Meaux hat gesündigt durch Mangel an Nächstenliebe.«

Aber wie ist Fénelon mit dieser Verurteilung umgegangen? Er zieht sich auf die Feststellung zurück, dass die Schriften, die er zur Verteidigung seiner »Maximen« geschrieben hat, nicht verurteilt wurden. Hier konnte Fénelon auf eine Theorie zurückgreifen, die er in der Auseinandersetzung mit seinen Hauptgegnern, den Jansenisten, entwickelt hatte. Die Jansenisten, Arnauld und Pascal, beklagten sich, dass Rom sie zur Verurteilung von fünf Sätzen des längst verstorbenen Jansenius nötigen wolle, die sich aber in dessen Werk gar nicht finden. Fénelon schrieb damals: Wenn die Kirche nicht beanspruchen könne, ein Buch richtig zu interpretieren, könne sie gar keine Häresie mehr beurteilen. Der Verurteilte könne immer sagen, er sei falsch verstanden worden.

Was die Kirche tatsächlich nicht beurteilen könne, sei, so schrieb Fénelon, die Überzeugung und die Absicht eines Autors, der *sensus auctoris*. Wohl aber müsse sie ein Buch beurteilen können, und der Autor müsse es hinnehmen, wenn die Kirche den »offenkundigen Sinn«, den *sensus obvius*, beurteilt und in einzelnen Sätzen resümiert.

Diese Theorie wandte er nun auf sich selbst an: Die »Maximes des Saints« sind offenbar missverständlich. Ihr *sensus obvius* gibt aber den *sensus auctoris* nicht wieder, diesen *sensus auctoris* hat Fénelon in seinen Verteidigungsschriften unmissverständlich dargelegt, während er die restlichen Exemplare der Maximen unverzüglich einziehen und einstampfen ließ. Er werde sich, so verkündete er am Sonntag von der Kanzel seiner Kathedrale, von keinem seiner Schafe übertreffen lassen im Gehorsam gegen den Heiligen Stuhl.

Was hatte Fénelon gegen die Jansenisten?
Es war die Lehre von der »délectation supérieure«, also die Lehre, dass die Gnade, durch die der Mensch gerettet wird, sich daran zeigt, dass der Mensch an Gott und den göttlichen Dingen mehr Freude und Befriedigung findet als an der »Welt« und allem Weltlichen. Diese Lehre verkennt nach Fénelons Auffassung, dass Glaube und Gottesliebe das Gegenteil von Gefühlsfrömmigkeit ist. Er erweist sich gerade im Durchhalten bei Dunkelheit und Trockenheit des Gefühls.

Übrigens beschuldigte Fénelon den französischen Episkopat, jansenistenfreundlich zu sein. Er betonte, dass er als Erzbischof von Cambrai, das kirchenrechtlich zum Reich gehörte, der französischen Bischofskonferenz nicht angehöre. Seine Favoriten sind die Jesuiten und die Sulpicianer. Fénelon geht also politisch als Verlierer aus dem Streit hervor, aber moralisch als unbestrittener Sieger. Leibniz nennt ihn »den unvergleichlichen Fénelon«.

Im Streit um den »amour pur« geht es immer auch um dessen Gegenüber, den »amour de soi« und den »amour propre«. Worin unterscheiden sich die beiden Letzteren?
Rousseau, der einmal schreibt, er wünschte sich, Fénelons Lakai zu sein, um sich zu seinem Kammerdiener heraufzudienen, grenzt den »amour propre« und den »amour de soi« gegeneinander ab. Das eine könnte man mit Eigenliebe übersetzen, das andere mit Selbstliebe. »Amour de soi« ist unschuldiger Teil der Natur des Menschen. Er kann seinen Nächsten nicht »wie sich selbst« lieben, wenn er sich nicht zunächst selbst liebt. »Amour propre« aber bezeichnet die Verfassung des Menschen, der sich selbst als Mittelpunkt des Universums versteht, der also sich selbst »über alles« liebt.

Gehört der »amour propre«, die Eigenliebe, die sich bis zur Idolatrie des Selbst und zur Verachtung Gottes steigert, nicht zur Signatur der Moderne?
Das Problem ist nicht neu. Schon Augustinus teilt die Menschheit in zwei Gruppen. Die eine ist durch die Liebe Gottes motiviert bis zur Geringschätzung des eigenen Ich und die andere durch die Selbstliebe bis zur Geringschätzung Gottes.

Fénelon, das hat Bossuet richtig gesehen, neigt in seiner Lehre vom »amour pur« zum Extrem, so dass man den Eindruck hat, es solle der »amour de soi«, nicht nur der »amour propre« überwunden werden. Das aber wäre gegen die Natur des Menschen.

Für Thomas von Aquin ist das aufgrund seiner teleologischen Interpretation der Natur eigentlich kein Problem. Bossuet und Fénelon sind aber eben Cartesianer, Anti-Teleologen, beide mit einer mechanistische Auffassung von der Natur. Die Natur des Menschen ist einfach egoistisch, und weil sie egoistisch ist, muss sie sterben.

Bei Thomas hingegen ist die Natur des Menschen schon auf etwas hin geordnet, geht schon über sich hinaus. »Ein jedes natürliche Ding, welches in dem, was es selbst ist, einem anderen zugehört, neigt sich fundamentaler und intensiver zu dem hin, welchem es zugehört, als zu sich selbst.« (Sum. theol. I. qu 60, art. 5) Als Beispiel nennt er die Lunge des Menschen. Ihr geht es nicht um sich, um die Lunge selbst, sondern um den Menschen, der durch Atmung am Leben erhalten wird. Dem Teil geht es um das Ganze. Darum liebt der Mensch von Natur Gott mehr als sich selbst. Beiden, sowohl Fénelon als auch Bossuet, ist dieser Satz des Thomas unbekannt.

Ihre Habilitationsschrift enthält ein Kapitel über »Bürgerliche Ethik und nichtteleologische Ontologie«. Bei Letzterem handelt es sich um das, was Sie eine Inversion, eine Umkehrung der Teleologie nennen. Danach ist jedes Seiende, auch jeder Mensch, »durch die Tendenz zur eigenen Erhaltung definiert«. Diese neue, bürgerliche Ontologie bildet für Sie den Hintergrund der Bossuet-Fénelon-Debatte. Schlagen die Gegner der Lehre Fénelons von der reinen Gottesliebe, indem sie vom »Glücksverlangen des Menschen« ausgehen, den Weg dieser invertierten Teleologie ein?

Ich habe damals den Begriff »bürgerliche Ontologie« gewählt, die den Gedanken einer Selbsttranszendenz natürlicher Prozesse verwirft zugunsten einer Teleologie bloßer Selbsterhaltung. Spinoza hatte das auf die einfache Formel gebracht: »Das Wesen der Dinge besteht im Streben, sich zu erhalten.«

Heute ist Funktionalismus Standard in der Biologie, aber dieser Funktionalismus bezieht sich nur auf Selbsterhaltung. Im klassischen Verständnis ist das bloße Dasein der Dinge nur die Voraussetzung für das, was Aristoteles »zweite Wirklichkeit« nennt, das heißt »Selbstverwirklichung«. Selbstverwirklichung ist mehr als bloße Erhaltung dessen, was ohnehin schon ist. Aristoteles unterscheidet *zēn* und *eu-zēn,* bloßes Leben und gutes Leben.

Für die invertierte Teleologie ist gutes Leben nichts anderes als Perfektionierung der Erhaltungsbedingungen bloßen Lebens. Auch Aristoteles kennt natürlich die Tendenz der Selbsterhaltung, aber bezeichnenderweise interpretiert er diese als Tendenz aller endlichen Wesen, sich dem Göttlichen anzunähern. Schopenhauer hat dann später den nihilistischen Charakter dieser Tendenz behauptet, einer Tendenz ohne Transzendenz. Nietzsche kritisiert seinerseits die Schrumpfform der Teleologie bei Spinoza, und da er kein sinnstiftendes Telos mehr kennt, bleibt ihm das bloße »Kraftauslassen« als einziger Sinnersatz. Von der »Unterordnung des Daseins unter die Bedingungen seiner Erhaltung« spricht die »Dialektik der Aufklärung«. Dieser Halbsatz hat mir damals die Einsicht in jene Zusammenhänge erschlossen, die ich mit dem Begriff der »invertierten Teleologie« charakterisieren wollte.

Ich habe damals den Begriff der bürgerlichen Ontologie verwendet, weil mir schien, dass diese Selbsterhaltungsteleologie, die auch im Mittelpunkt des Denkens von Thomas Hobbes und Spinoza steht, die Interessenslage des aufkommenden Bürgertums widerspiegelt. Die Kreise um Fénelon stammten vorwiegend aus der Hocharistokratie. Hier stieß die Absolutismuskritik des »Télémaque« auf Resonanz. Hier wurde ein Ethos der Hingabe und des Opfers hochgehalten.

Der rechnende Sinn des Bürgertums hingegen drehte sich vor allem um die eigene Erhaltung. Bossuet war ein Bourgeois. Zu diesen Überlegungen hat mich unter anderem ein Buch von Lucien Goldmann »Le Dieu caché« angeregt. Der marxistische Historiker hatte ein Buch über Pascal und den Jansenismus geschrieben und versucht, soziologisch die Position der Jansenisten einer bestimmten Klasse zuzuordnen, der »noblesse de robe«, dem Amtsadel.

Goldmanns Buch gehört zu den wenigen marxistischen, die ich wirklich eindrucksvoll fand, wenn ich auch nie auf den Gedanken kam, den Inhalt eines Gedankens durch die Interessenlage dessen zu definieren, der ihn fasst und ausspricht. Aber *dass* ein Gedanke zu einem bestimmten Zeitpunkt von bestimmten Menschen gedacht wird, folgt Dispositionen, die sich nicht allein aus dem Inhalt des Gedachten ergeben.

Diese schon lange zuvor von Max Scheler ausgearbeitete wissenssoziologische Perspektive ging in mein Fénelon-Buch ein und brachte mich auf den Begriff »bürgerliche Ontologie«. Die Haltung der Aristokratie und des Bürgertums erschließt sich einem auch durch das Motto, das ich an den Anfang meiner Untersuchung gestellt habe. Es ist dem »Don Quixote« entnommen: »›Was für ein dummer Wicht du bist, Sancho!‹, versetzte Don Quixote. ›Weißt du nicht, dass es nach Ritterbrauch einer Dame große Ehre bringt, wenn ihr viele fahrende Ritter dienen, die sonst keinen Wunsch haben, als ihr um ihrer selbst willen zu dienen, und keinen anderen Lohn für ihr ausdauerndes Streben fordern als die Erlaubnis, ihr Ritter zu sein?‹ ›Das ist ja genauso, wie ich es habe predigen hören‹, sprach Sancho Pansa, ›unsern Herrgott soll man auch um seiner selbst willen lieb haben, ohne an Himmel und Hölle zu denken; und dabei möchte ich ihn doch viel lieber um dessen willen lieben und ihm dienen, was er zu tun vermag.‹«

Wie kann man heute den »amour pur« verteidigen?
Dort, wo überhaupt etwas ernst genommen wird, hat sich die Meinung Fénelons durchgesetzt. Das ist erstaunlich. Die Perspektive der ewigen Seligkeit und ewigen Verdammnis entfal-

tet unter jüngeren Menschen wenig motivierende Kraft. Wer an das ewige Leben glaubt, der muss es erstaunlich finden, wenn jemanden die Frage gleichgültig lässt, was denn sein Schicksal in alle Ewigkeit sein wird. Fénelon missbilligt diese Gleichgültigkeit übrigens. Die ersten Stufen des spirituellen Weges sind für ihn dieselben wie für Bossuet, also eudämonistisch.

»Amour pur« ist etwas für »Fortgeschrittene«. Aber es scheint doch bei vielen Menschen eine Suche zu geben nach etwas, dem man sich ganz und gar hingeben kann, ohne auf das eigene Interesse zu reflektieren. Wenn jemand einem anderen Menschen etwas bewundernswert Gutes tut, vielleicht unter Aufwendung großer Mühen und Opfer, dann ist es doch eine Minderung der Bewunderung für diesen Menschen, wenn man sagt: »Er hatte sowieso nur sein Eigeninteresse im Auge.« Das sagen eigentlich nur Wissenschaftler, Psychologen zum Beispiel. Sie kennen nur Eigeninteresse. Auch dem Altruismus geht es nur um die Befriedigung eines eigenen Bedürfnisses. Normale Menschen denken eigentlich nicht so. Und wenn sie sagen, der ewige Lohn motiviere sie wenig, dann liegt die Vermutung nahe, dass sie an den ewigen Lohn gar nicht glauben. Oder sie haben eine »konsumistische« Vorstellung vom ewigen Lohn. Aber schon im Alten Testament sagt Gott zu Moses: »Ich selbst werde dein Lohn sein.« Das heißt also, der Gedanke des Lohns, auch im Neuen Testament, meint nicht ein vom Geber ablösbares Konsumgut, sondern Gott selbst ist der Lohn. Für denjenigen, dem es gar nicht um Gott geht, mag das Wort »Ich werde dein Lohn sein« wie bloßes Gerede erscheinen.

Aber jemand, der wirklich an Gott glaubt, für den gibt es nichts Größeres, als an der Seligkeit Gottes teilzunehmen. Nur, ich denke, heute motiviert die Menschen stärker der Gedanke einer präsentischen Eschatologie, wie er vor allen

Dingen im Johannes-Evangelium ausgeführt wird, der Gedanke, dass dieser Lohn schon unmittelbar mit einer guten Handlung verbunden ist.

Sie haben Ihrer Habilitationsschrift den Titel »Reflexion und Spontaneität« gegeben. An einer Stelle führen Sie aus: Die Freisetzung menschlicher Spontaneität, um die es Fénelon geht, ist kein einfacher »Retour à la nature«, sondern ein Prozess, der durch die Reflexion notwendig hindurchgehen muss und in dem die pädagogische und geschichtsphilosophische Dialektik des Deutschen Idealismus strukturell und inhaltlich vorgebildet ist.

Heinrich von Kleist hat in der kleinen Schrift »Über das Marionettentheater« die Beziehung zwischen Reflexion und Spontaneität sehr schön beschrieben. Ein Knabe zieht sich – in naiver Anmut – einen Dorn aus dem Fuß. Der Anblick erinnert an den berühmten Dorn-Auszieher. Der junge Mann sieht sich im Spiegel, bemerkt die Ähnlichkeit und versucht, die Geste zu wiederholen, was ihm aber nicht gelingt. Die Unmittelbarkeit geht durch die Reflexion verloren. Und Kleist sagt dann, die Reflexion, das Bewusstsein muss »durch ein Unendliches gegangen sein«, um die Anmut zurückzugewinnen. Dem liegt die Vorstellung zugrunde, dass die ursprüngliche Spontaneität nicht erhalten werden kann, denn in dem Moment, da man an ihr festzuhalten versucht, ist sie schon nicht mehr Spontaneität. Es gibt kein Zurück zur Naivität.

Diese Einsicht gilt für Fénelon, aber auch für Rousseau, der ja selbst nie von einem »Retour à la nature« geschrieben hat. In Hegels Deutung des Sündenfalls findet sich dieselbe Einsicht.

Lässt sich diese Einsicht auch auf das Problem der mystischen Erfahrung beziehen?

Ja, für den Mystiker gibt es in der kurzen Zeit seiner mystischen Erfahrung keine Reflexion. Hier ist reine Spontaneität. Aber sie kann man nicht festhalten.

Kommt der Mystiker je zu dem Moment zurück, den er nicht festhalten konnte, wenn er über seine Erfahrung reflektiert?

Das ist die Frage. Wir kennen doch das Bild des Stieres von Picasso, das durch eine Folge von immer radikaleren Abstraktionen geht, bis nur noch ganz elementare Umrisse übrigbleiben. Man könnte sich jetzt vorstellen, Picasso ginge noch einen Schritt weiter und die weiße Leinwand sei wieder da, alle Umrisse getilgt.

Stellen wir uns nun einen Künstler vor, der in seinem Zimmer eine große Leinwand hängen hat, auf der nichts zu sehen ist. Für ihn aber enthält die Leinwand eine ganze Geschichte, an die er sich erinnern kann. Wenn wir diese seine Geschichte nicht kennen, nicht ahnen, was den Künstler dahin geführt hat, eine weiße Leinwand übrigzulassen, dann sehen wir nichts als die weiße Leinwand.

Von Wittgenstein stammt der Satz, man müsse, einmal angekommen, die Leiter wegwerfen, mit der man an die Grenzen des sprachlich Ausdrückbaren gelangt sei. Mein Einwand ist: Wenn ich die Leiter wegwerfe, mit der ich hinaufgestiegen bin, und nicht in Erinnerung behalte, wie ich hinaufkam, dann bin ich wieder da, wo ich vorher war.

Diese Leinwand ist also so lange wichtig und bedeutungsvoll, wie jemand da ist, der die Geschichte der Leinwand kennt. Erinnert sich niemand mehr sich daran, dann gilt die wieder hergestellte weiße Leinwand so viel wie eine nie bemalte. Alles hängt daran, ob die Erinnerung festgehalten wird.

Das ist übrigens auch bei der christlichen Meditation nicht anders. Die einzelnen meditierten Gehalte lösen sich am Ende in der Kontemplation, der reinen Betrachtung der einen Gottheit, auf. Wodurch unterscheidet sich dieser Zustand, in dem alles wegfällt, von demjenigen der Verblödung, in dem man gar nichts mehr wahrnimmt? Doch nur durch die Erinnerung. Die Leiter kann man nicht wegwerfen.

Drückt sich in der Betonung der Erinnerung eine gewisse Reserve des Philosophen gegenüber dem Mystiker aus?
Ja, der Philosoph ist derjenige, der die Erinnerung kultiviert. Wer bei der Philosophie nur auf das Resultat sieht, sagt Hegel, der hat gar nichts verstanden. Das Resultat ist nur im Zusammenhang mit dem Weg, auf dem man zu ihm gelangt ist, von Bedeutung.

Wie sieht Fénelon den Zusammenhang von Spontaneität und Reflexion?
Die Antwort findet sich, wenn man ihn in Relation zu den französischen Moralisten, La Rochefoucauld beispielsweise, sieht. Diese machen ja überall nur »Amour propre« aus. Sie meinen, dem Menschen gehe es eigentlich immer nur um sich selbst. Ihre Psychologie besteht in Entlarvung.

Fénelon steht für das, was Hegel »sich vollbringenden Skeptizismus« nennt. Seine Entdeckung ist: Die entlarvende Reflexion ist selbst noch Ausdruck des amour propre. Der Wunsch, mich der Selbstlosigkeit meiner Motive zu vergewissern, ist selbst Ausdruck des amour propre, der diesen entlarvt. Erst der Verzicht auf die reflexive Vergewisserung stellt die Reinheit wieder her.

Aufgrund des Erziehungsromans »Émile« gilt Jean-Jacques Rousseau gemeinhin als der Entdecker der Kindheit in der Neuzeit. In Ihrem Buch »Spontaneität und Reflexion« widmen Sie ein Kapitel dem Thema »Der ›Geist der Kindheit‹ und die Entdeckung des Kindes«. War schon Fénelon der eigentliche Entdecker?

Die Spiritualität, die Fénelon lebte und lehrte, war vor allem eine Spiritualität der Kindlichkeit. Keine Aufforderung kehrt in seiner geistlichen Korrespondenz so oft wieder wie die, zum Kind zu werden – in Anknüpfung an den Satz aus dem Evangelium (Matth.18,3): »Wenn ihr nicht umkehrt und werdet wie Kinder, so werdet ihr nicht in das Himmelreich eingehen.« Er war immer auf der Suche nach Unmittelbarkeit, und das Kind verkörpert für ihn den Zustand jenseits der Reflexion, es ist noch nicht in die Reflexion eingetreten. Es geht darum, den Geist der Kindheit wiederzugewinnen, der verlorengegangen ist.

Das erinnert nicht nur an Kleists Essay »Über das Marionettentheater«, sondern auch an Hegel, der in der »Enzyklopädie der philosophischen Wissenschaften« schreibt: »Das geistige Leben in seiner Unmittelbarkeit erscheint zunächst als Unschuld und unbefangenes Zutrauen; nun aber liegt es im Wesen des Geistes, dass dieser unmittelbare Zustand aufgehoben wird, denn das geistige Leben unterscheidet sich dadurch vom natürlichen und näher vom tierischen Leben, dass es nicht in seinem Ansichsein verbleibt, sondern für sich ist. Dieser Standpunkt der Entzweiung ist demnächst gleichfalls aufzuheben, und der Geist soll durch sich zur Einigkeit zurückkehren.« Weiter unten im selben Text findet sich der Satz: »Jene Einigkeit, die wir in den Kindern anschauen als eine natürliche, soll das Resultat der Arbeit und der Bildung des Geistes sein.«

Fénelon als Entdecker des Geistes der Kindheit und in diesem Punkt ein Vorläufer von Rousseau, Kleist und Hegel – war es diese seine Wirkung auf die Nachwelt, auf die Sie gestoßen waren und auf die Sie eine neue Aufmerksamkeit richten wollten?

Meine Fragen richteten sich primär darauf, wie man Ende des 17. Jahrhunderts plötzlich auf den »Geist der Kindheit« kommt. Warum spielt das eine so große Rolle in der mystischen Bewegung dieser Zeit? Ich bemerkte, es gibt einen Zusammenhang mit der Kind-Jesu-Verehrung im 16. Jahrhundert, die in Spanien begann. Zum Beispiel trug Teresa von Avila immer eine kleine Statue des Jesuskindes bei sich. Das Prager Jesulein in der dortigen Karmeliterkirche stammt aus diesem Kontext und wurde Mitte des 17. Jahrhunderts das Zentrum einer in Mitteleuropa weitverbreiteten Kindheit-Jesu-Verehrung.

Man muss diese Bewegung im Zusammenhang mit dem Rationalismus sehen. Für Descartes war Kindsein eigentlich ein defizienter Modus des Menschseins, denn der Mensch ist wesentlich ein *animal rationale*, ein vernünftiges Tier. Descartes betrachtete es als Unglück, dass Menschen immer wieder als Kinder beginnen, statt dass jeder Mensch genau dort anfängt, wo die anderen aufgehört haben.

Die Jansenisten waren Cartesianer. Für sie war es die tiefste Erniedrigung Gottes, dass er ein Kind wurde. Dieses Opfer übertrifft noch das Kreuz. Nachfolge Christi heißt daher nicht nur, das Kreuz auf sich nehmen, sondern Kind werden, den Geist der Kindheit pflegen, und das heißt auch, wie Madame Guyon lehrte, »vor Gott spielen«. Das war mit dem düsteren Ernst der Jansenisten kaum vereinbar. Die »neuen Mystiker« waren gewissermaßen umgekehrte Cartesianer. Kindheit war für sie nun ein Zustand, der seinen Wert nicht nur als Vorstadium erwachsenen Menschseins, sondern in sich selbst hat. Rousseaus sogenannte »Entdeckung des Kindes« muss in diesem Kontext gesehen werden. Die Resonanz, die Rousseau in Europa fand, war ungeheuer.

Spielt die Bedeutung des Kindseins nicht eine große Rolle in der Geschichte philosophischer Pädagogik?
Doch, gewiss. Seit Rousseau sieht die Pädagogik das Kind nicht bloß als Vorstufe des Erwachsenseins, sondern als eine Lebensform und Lebensphase, die ihre eigene Dignität besitzt. Übrigens muss man in diesem Zusammenhang Fénelons Schrift über Mädchenerziehung und die »Abenteuer des Telemach«, den meistgelesenen Roman seiner Zeit, erwähnen. Fénelon schrieb das Buch für den Enkel Ludwigs XIV., dessen Erzieher er war. Er flocht hier seinen antiabsolutistischen Fürstenspiegel in einen der Odyssee nachgebildeten Abenteuerroman, während Bossuet für seinen Zögling, den Dauphin, eine Geschichte Frankreichs im »hohen Stil« verfasste.

In Port Royal, dem Zentrum der Jansenisten, regierten Erziehungsprinzipien, die durch Unterdrückung weltlicher Vergnügungen himmlische Freuden erwecken sollten. Fénelon definierte das Reich der Gnade nicht durch »délectations supérieures«, die auf der Unterdrückung natürlicher Vergnügen beruhen. Um die Natur sterben zu lassen, muss sich die Natur erst einmal entfalten. In einem Erziehungsroman hat der mystische Weg noch gar keinen Platz.

Meine These über den Ursprung der Entdeckung des Kindes ist übrigens kaum rezipiert worden, wohl dagegen die ontologische These einer »Inversion der Teleologie«, die vor allem von Dieter Henrich und Hans Blumenberg diskutiert wurde.

Der Erzbischof von Cambrai, Fénelon, hat er bei Ihnen – über die Tatsache hinaus, dass er Gegenstand Ihrer langjährigen Forschungsarbeit war – einen persönlichen Eindruck hinterlassen?

Als ich im Archiv von Saint Sulpice in Paris arbeitete und seine Briefe las, faszinierte mich seine Handschrift. Ich kannte seine Briefe natürlich auch gedruckt, aber die Lektüre der Handschrift war für mich eine Art von persönlicher Begegnung. Es war wie das Gesicht eines Menschen, von dem man sich nicht gern wieder verabschiedet.

Dabei führte mich ursprünglich nicht die Figur Fénelon zu meinem Thema, sondern seine Kontroverse mit Bossuet. Meine Frage war: Wie kommt es, dass zwei bedeutende Geister der Zeit, die beide in derselben Tradition stehen – in der christlichen Überlieferung der Form richtigen Lebens –, sich in einen so existentiellen Streit verwickeln? Was ist geschehen, dass diese Tradition zweideutig wird und aus ihr entgegengesetzte Konsequenzen gezogen werden können?

Die Antwort ergab sich für mich aus den Überlegungen zum Problem der Teleologie, die mich bereits bei der Arbeit über de Bonald leiteten. Im späten Mittelalter und in der frühen Neuzeit verschwindet die teleologische Naturinterpretation. Damit entfällt die Voraussetzung der Tradition, die menschliche Natur strebe nach etwas, ziele über sich hinaus. Was Natur sei, wird zweideutig.

Thomas von Aquin sagt, dass der Mensch von Natur Gott mehr liebt als sich selbst. Bei Fénelon aber heißt es, die menschliche Natur muss sterben, weil sie wesentlich egoistisch sei, nur auf Selbsterhaltung und Selbstbehauptung gerichtet. Dieser Gedanke findet sich schon bei Telesio, den Francis Bacon den *hominum novorum primus* nennt, und bei Campanella, wie dann später bei Bacon, Hobbes, Spinoza, aber auch bei Bossuet, für den die Gottesliebe eine Funktion der menschlichen Selbsterhaltung und des menschlichen Glücksstrebens ist.

Was sich mir dann zeigte, möchte ich so beschreiben: Unter der Voraussetzung einer nichtteleologischen Betrachtung der Natur ist Fénelon derjenige, der fester in der Tradition steht und sie besser verstanden hat als Bossuet. Paradoxerweise gilt in der Rezeptionsgeschichte Frankreichs Fénelon als Held der Aufklärung, während die Traditionalisten Bossuet verehren. Bossuet hat aber die Tradition, die er verteidigen will, weniger verstanden als Fénelon. Sein Eudämonismus fügt sich in das »selfish system« der Moderne besser als Fénelons Position.

War Fénelon also im Vergleich zu Bossuet der bessere Christ?

Sagen wir so: Der zuverlässigere Interpret der christlichen Überlieferung, wozu auch seine Kritik am Absolutismus gehörte, die in der Gestalt seines Romans »Telemach« in ganz Europa gelesen wurde.

Hinter der Geringschätzung Fénelons durch seine Gegner steht eine gewisse Dumpfheit, aber bei den Aufklärern, die ihn hochhalten, herrscht ein großes Missverständnis. Fénelon lehrte, dass der Mensch den »amour propre« überwinden kann, was die Aufklärer ja gerade nicht glauben. Für sie bleibt der Mensch durch den »amour propre« bestimmt. »We never advance one step beyond ourselves« – wie es bei David Hume heißt.

Woher kommt die Sympathie der Aufklärer für einen Aristokraten, der sich als Freund der Mystik versteht?

Er ist erstens der Absolutismuskritiker. Es ist zweitens die Tatsache, dass seine Schrift »Les maximes des saints« von Rom verurteilt wurde. Und es ist drittens der Umstand, dass in der Mystik die konkreten, narrativen und dogmatischen Elemente des christlichen Glaubens in den Hintergrund treten. Das gefiel den Aufklärern, aber auch dem Grafen Zinzendorf und den Pietisten, die sich als Gegenbewegung zum orthodoxen Luthertum verstanden.

Matthias Claudius hat Fénelons Briefe ins Deutsche übersetzt, was dessen Wirkung in Deutschland erheblich steigerte, bei christlichen Aufklärern und in der Romantik. Aber man darf einen Punkt bei Fénelon nicht übersehen. Er hält an den tradierten Inhalten des Glaubens und der Dogmatik fest, ja er sieht in diesem Festhalten die extreme Form der Selbstentäußerung. Der Gehorsam, mit dem die tradierten Glaubensgehalte angenommen werden, die »Dunkelheit des reinen Glaubens«, stellt für ihn den tiefsten Akt der Mystik dar.

Sie haben mit einer Arbeit habilitiert, die eher als geisteswissenschaftliche oder philosophiehistorische Untersuchung bezeichnet werden kann denn als systematisch-philosophische Abhandlung. War das einer – Anfang der sechziger Jahre – neuen Tendenz geschuldet, welche die Aufgabe akademischer Philosophie anders bestimmen sollte?

Ich glaube, dass die Trennung von Philosophiegeschichte und systematischer Philosophie etwas Unphilosophisches ist. Es gibt im 20. Jahrhundert einige Philosophen, die das klar gesehen haben, zum Beispiel Martin Heidegger.

Dabei sollte man natürlich das Problem des Historismus nicht übersehen. Vor allen Dingen in der radikalen Form des Marxismus hat er eine Schwäche. Er glaubt, die Thematisierung der Entstehungsbedingungen eines Textes sei der Schlüssel zum Verständnis des Textes selbst, und von den Wahrheitsansprüchen, die dieser Text einmal erhoben hat, könne man sich verabschieden. Wer so vorgeht, verhält sich selbst ungeschichtlich, weil er nämlich annimmt, seinerseits im Besitz eines Maßstabes zu sein, mit dem er alle zurückliegenden Wahrheitsansprüche interpretieren und bewerten kann.

Nehmen Sie ein Beispiel: Rudolf Eislers »Wörterbuch der philosophischen Begriffe« aus dem Jahr 1904. Es war der Vorläufer des »Historischen Wörterbuchs der Philosophie«, das von Joachim Ritter bis zu seinem Tod 1974 herausgegeben wurde und einem ganz anderen Konzept folgt. Im »Eisler« wurde einfach so dahererzählt, was man in den verschiedenen Epochen der Philosophie zum Beispiel unter dem Wort »Freiheit« verstanden hat – bis in die Gegenwart des frühen 20. Jahrhunderts hinein.

Was aber Freiheit wirklich bedeutet, meint »Der Eisler« zu wissen. Er urteilt von einer höheren Warte, in diesem Fall der Warte des Neukantianismus. Dieser Standpunkt, von dem aus die Geschichte der Begriffe betrachtet wird, ist selbst ungeschichtlich. Er reflektiert nicht, dass er selbst in der Geschichte der von ihm betrachteten Begriffe steht und dass es für Freiheit nicht gleichgültig ist, was für einen Begriff wir von ihr haben.

Aber gibt es nicht viele Philosophen, vor allem in der Neuzeit, welche die Geschichte des Denkens als auf sie selbst zulaufend darstellen und sich selbst als Kulminationspunkt einer Geschichte der Wahrheit verstehen? In der nächsten Generation tritt dann ein neuer Philosoph auf und relativiert seinen Vorgänger.

»Die Füße derer, die dich hinaustragen werden, stehen schon vor der Tür«, kann man sagen. Nun gehört zur tragischen Situation des Philosophen, dass er einerseits nicht umhin kann, so zu denken. Denn jeder, der selbst denkt, kann sich ja nur als eine Art Abschluss denken. Sonst müsste er das, was er jetzt denkt, aufgeben zugunsten dessen, was kommt. Was aber kommt, weiß er ja noch gar nicht. Also wie kann er dann sich selbst schon relativieren mit Bezug auf einen Abschluss, auf einen reiferen Gedanken, den er noch gar nicht hat?

Um sich selbst ernst nehmen zu können, bleibt dem Philosophen nichts anderes übrig, als die Dinge aus seiner Perspektive zu sehen, und zwar so, als ob sie auf ihn hinausliefen, und gleichzeitig zu wissen, dass es sich dabei um eine Art optische Täuschung handelt. Denken unterscheidet sich jedoch von sinnlichem Wahrnehmen dadurch, dass es sich selbst relativiert und die Möglichkeit eines großen blinden Flecks unterstellt.

Aber das heißt nicht, dass Erkenntnis nur aus blinden Flecken besteht. Wir können Sätze formulieren, deren Wahrheitsanspruch nicht berührt wird durch die Kontexte, in denen sie gesprochen werden. Die Integration eines Abschlussgedankens in einen neuen Kontext mit neuem Abschluss macht den Gedanken nicht unwahr. Die Geschichte des Denkens ist voll blinder Flecken. Aber sie ist nicht die Geschichte blinder Flecken.

Kurt Flasch hat vor Jahren eine interessante Rezension meines Fénelon-Buchs geschrieben. Er fand, dass ich mir im Grunde das Urteil schon zu Beginn des Vorworts gesprochen habe, wo ich schreibe, man könne von großen Geistern der Vergangenheit wie Fénelon über die Sache selbst, zum Beispiel über Liebe, etwas lernen. Flasch hielt das für abwegig. Frühere Denker gehören der Vergangenheit an. Man kann sie zum Gegenstand interessanter Bücher machen, so wie Flasch es selbst als Spezialist für die Philosophen des Mittelalters tut. Aber was diese Philosophen gedacht haben, ist für uns nur ein kurioses Gedankenspiel. Man kann durch Studium etwas *über* Augustinus lernen, nicht aber *von* ihm.

Was wäre der Gegenentwurf zur Auffassung von Kurt Flasch?

Da denke ich an einen Text, den ich vorbildlich finde: Hegels Kapitel über Aristoteles in den »Vorlesungen zur Geschichte der Philosophie«. Ich kenne nichts Besseres über Aristoteles. Natürlich ist auch Hegel der Meinung, wirklich verstehen könne man das, was Aristoteles denkt, eigentlich erst, wenn man sich Hegels Philosophie angeeignet hat. Aber das ändert nichts daran, dass er etwas entdeckt hat und dass seine Interpretation der philosophischen Intention des Aristoteles eine Tiefe des Verständnisses offenbart, die weit über der seiner Zeitgenossen steht. Noch heute kann man davon lernen.

Und so habe ich auch meine Arbeit über Fénelon verstanden. Auch er hat seinen eigenen blinden Fleck nicht gesehen, wie seine extreme Interpretation der Selbstverleugnung und der Metapher der Dunkelheit nahelegt. Aber das bedeutet nicht, dass er nichts sieht. Er sieht etwas, und davon kann man lernen, es auch zu sehen. Die These, heute habe das, was jemanden wie Fénelon, der vor 300 Jahren lebte, bewegte, keine Bedeutung mehr, kann ich nicht verstehen.

Gibt es nicht noch eine problematische Form, mit Denkern der Vergangenheit umzugehen? Ein Beispiel: Man versucht zu verstehen, was Verstand, was Vernunft bedeutet und worin sich beide unterscheiden. Da stellt sich der mit stupendem Wissen beschlagene Philosophiehistoriker ein, der einen über die Bedeutung dieser Begriffe bei Platon und Aristoteles, bei Kant und Hegel belehrt. Man fühlt sich in der Sache ausreichend informiert und zerbricht sich nicht weiter den Kopf, was Verstand, was Vernunft sei. Ist eine solche Einstellung nicht doch ein Ausweichen vor der gedanklichen Anstrengung? Wird da die Mühe des Denkens nicht

suspendiert durch gelehrtes Wissen über die Verwendung dieser Begriffe bei Philosophen der Vergangenheit?

»Verstand – Vernunft« – das ist ein gutes Beispiel. Das Historische Wörterbuch widmet dem Begriffspaar ganze 230 Spalten. Es musste ausnahmsweise das Paar sein, weil die Begriffe oft nur im Zusammenhang definiert werden. Wenn wir sie nicht im Bezug zueinander definieren, sind sie in der Regel austauschbare Synonyme. Die Geschichte der Begriffe ist die Geschichte des Gedachtwerdens der Welt. Eindeutig definiert werden sie eigentlich erst bei Kant und im Deutschen Idealismus. Das ganze Drama menschlichen Selbstverhältnisses spiegelt sich in dieser Geschichte. Und ohne Kenntnis dieses Dramas bleibt das Begriffspaar ein *caput mortuum*.

In der Analytischen Philosophie herrschte lange Zeit eine große Unkenntnis der Geschichte von Theoremen und Begriffen, mit der Folge, dass Probleme erörtert werden weit unter dem Niveau von Diskussionen, die schon vor anderthalb Jahrtausenden über das Thema stattgefunden haben. Wenn Philosophiegeschichte eine Leiter ist, auf der wir hinaufsteigen zu einem adäquaten Verständnis eines Problems, dann kann man Wittgenstein kaum folgen, wenn er schreibt, man müsse die Leiter wegwerfen, wenn man hinaufgestiegen ist.

Dieser Satz verkennt, dass dort, wo es um nicht-räumliches Oben und Unten geht, die Differenz zwischen Oben und Unten verschwindet, wenn die Leiter verschwindet – die Erinnerung. Philosophiegeschichte hat für mich die Bedeutung dieser Erinnerung. Sie ist nicht Historismus, sondern das Erfassen des Gewordenseins von philosophischen Gedanken. Wer sich davon freimacht, kann die Sache selbst nicht mehr verstehen, um die es ihm geht. Er ist dazu verurteilt, immer wieder von vorn beginnen zu müssen.

Ihre Habilitationsschrift beeindruckt durch ihren Materialreichtum, die philosophiehistorischen Kenntnisse und die gedankliche Durchdringung einer komplizierten geistigen Situation um 1700. Gab es in der philosophischen Fakultät der Universität Münster denn auch Einwände gegen Ihre Arbeit?

Nein, Widerstand gab es eigentlich nicht. Höchstens Detailkritik.

KAPITEL 5

PROFESSUREN IN STUTTGART UND HEIDELBERG

Selbstbehauptung in den unruhigen sechziger Jahren

Wir verlassen jetzt die Zeit, in der Sie sich habilitiert und Ihren wissenschaftlichen Weg zur Professur zurückgelegt haben. Im Herbstsemester 1962, wenige Monate nach Ihrer Habilitation, beginnen Sie Ihren Lehrunterricht als Ordinarius für Philosophie und Pädagogik an der Technischen Hochschule Stuttgart. Ihre Antrittsvorlesung trägt den Titel »Die zwei Grundbegriffe der Moral«. Wie kam es, dass Sie sich der praktischen Philosophie zuwandten?

Da sind verschiedenen Motive zusammengekommen. Joachim Ritter hatte den aristotelischen Begriff der praktischen Philosophie erneuert, den Begriff einer Ethik, die die kantische Engführung auf Gesinnungsmoral überwindet. Er sah den Zusammenhang der ethischen und politischen Schriften des Aristoteles, dessen *philosophia peri ta anthropina*, was später praktische Philosophie genannt wurde, und führte sie wieder in den philosophischen Diskurs ein. Sitte, Sittlichkeit wurde wieder ein zentraler Begriff, und Hegels Rechtsphilosophie kam gleich nach der Ethik des Aristoteles.

Meine eigenen Überlegungen zur Ethik stehen in diesem Kontext. Aber auch die Beschäftigung mit de Bonald und Fénelon brachte mich auf die Spur der praktischen Vernunft. Beide waren philosophierende Praktiker. Der eine entwickelte eine politische Theorie, der andere eine Theorie der geistigen Lebensführung. Sie ist vor allem in Fénelons Briefen greifbar.

Mir stellte sich je länger, desto mehr eine andere Frage. Die Ethik des Aristoteles ist ja nicht nur Hermeneutik des griechischen way of life. Sie verfügt darüber hinaus über einen Maßstab, an dem verschiedene Kulturen und Sitten noch einmal gemessen werden, den Maßstab des »Natürlichen«, der *physis*. Das stärkste Argument zugunsten der athenischen Lebensform ist, dass in diesem Staat die menschliche Natur am vollständigsten zur Entfaltung kommt. Dies wiederum setzt einen teleologischen Begriff von *physis* voraus.

Physis ist nicht einfach alles, was irgendwo vorkommt und was »von selbst« geschieht. *Physis* im klassischen Sinne des Wortes ist auf *etwas* aus, und zwar nicht auf Beliebiges. Wenn ein Hase mit drei Beinen geboren wird, dann ist das für Aristoteles eine *hamartia tes physeos*, eine Sünde der Natur, denn eigentlich ist es die Natur des Hasen, vier Beine zu haben, weil er mit drei Beinen nicht überleben kann.

Der moderne Begriff der Natur hat keine solchen normativen Implikationen, sondern nimmt einfach alles Gegebene für Natur. Was bedeutet das? Die Natur besteht nur aus »matters of fact«. Sie hat keine normativen Implikationen. Für die Ethik ist sie ohne Bedeutung. – Man kann übrigens in diesem Zusammenhang das kleine Buch »Natural Goodness« von Philippa Foot gar nicht hoch genug schätzen.

Sie machten sich also auf den Weg, diesen Versuchen eine teleologische Ethik entgegenzusetzen?
Das ist zwar richtig, aber missverständlich, weil man heute unter »teleologischer Ethik« nicht eine in der Natur verankerte Ethik versteht, sondern eine funktionalistische oder utilitaristische Moral: Für sie besteht die Sittlichkeit einer Handlung darin, dass die Gesamtheit der mutmaßlichen Folgen

dieser Handlung besser ist als die Gesamtheit der Folgen jeder alternativen Handlung. Und die Bewertung dieser Folgengesamtheit kann auf verschiedene Weise geschehen.

Der klassische Utilitarismus setzt als höchstes Ziel den größtmöglichen Lustgewinn für die größtmögliche Zahl. Der sogenannte »ideal utilitarianism« setzt das höchste Ziel in die Steigerung des Wertgehaltes der Welt. Ich habe jahrzehntelang diese Ethik kritisiert, beginnend mit meiner und Ernst-Wolfgang Böckenfördes Kritik der Rechtfertigung der atomaren Bewaffnung durch führende deutsche Moraltheologen.

In dieser Ethik verschwindet der Gedanke der Naturgemäßheit des menschlichen Handelns zugunsten eines unerreichbaren Ziels, das alle möglichen Handlungsweisen als Mittel akzeptiert.

Spielte nicht auch Ihre publizistische Tätigkeit mit, bei der es um die Ablehnung der atomaren Bewaffnung der neugeschaffenen Bundeswehr ging? Da wurden doch auch ethische Fragen aufgeworfen.
Ja, aber diese publizistischen Ausflüge waren weniger von den Aufgaben meiner Lehre oder von meinen philosophischen Versuchen bestimmt als von einem Engagement, zu dem ich mich provoziert fühlte. Rousseau schreibt einmal: »Ich würde mir nicht anmaßen, Menschen belehren zu wollen, wenn ich nicht beobachtete, wie andere sie irreführen.« Das gilt auch für mich. Am Beginn eines Textes steht für mich fast immer irgendeine Irritation. Wenn alles in Ordnung wäre und wenn ich dem meisten, was ich lese, zustimmen könnte, dann wäre ich zufrieden. Ich würde gerne schöne Dinge tun und nicht die Last des Schreibens auf mich nehmen. Aber wenn die Provokation stark genug ist, dann meldet sich bei mir unwillkürlich Widerspruch.

Die Debatte um die atomare Bewaffnung der Bundeswehr ab 1957, vor allem die Einlassungen der Befürworter waren so eine Provokation, die für mich Entgegnung verlangte. Eine Reihe meiner Freunde war daran beteiligt, darunter Martin Kriele. Mit Ernst-Wolfgang Böckenförde zusammen habe ich zwei Artikel geschrieben. Mit Heinrich Böll freundete ich mich in dieser Zeit näher an. Es waren besonders deutsche Moraltheologen, die meinen Widerspruch herausforderten.

Merkwürdigerweise bin ich in meinem Leben immer wieder mit katholischen Moraltheologen aneinandergeraten. Im Mittelpunkt stand die einfache Frage: Gibt es, wie es die gesamte philosophische und theologische Tradition annimmt, Handlungen, die ihrer Natur nach böse sind, oder heiligt der Zweck, wenn er nur edel genug ist, jedes Mittel? Den Begriff »Wert« habe ich immer kritisch betrachtet. Man redet ständig von Werten, ja von »unseren« Werten, ohne genau zu wissen, was man damit meint – Sache einer Option oder etwas unserer »Wertung« Vorgegebenes. Carl Schmitts kleine Schrift »Die Tyrannei der Werte« (1967) setzte sich eindrucksvoll mit dem das Recht ruinierenden Wertbegriff auseinander.

Ich selbst habe 2001 einen Aufsatz veröffentlicht – »Europa – Wertegemeinschaft oder Rechtsordnung«. Das »Dritte Reich« verstand sich als Wertegemeinschaft. Die kommunistischen Länder ebenfalls. Es ist auch bedenklich, Bürgern das Bekenntnis zu »unserer Werteordnung« abzuverlangen. Abverlangen kann und muss man ihnen den Gehorsam gegenüber unseren Gesetzen. Was »unsere Werte« sind, ist ja selbst umstritten, obwohl der Druck der political correctness immer bedrohlicher wird.

Sie lehrten über fünf Jahre lang an der Technischen Hochschule in Stuttgart. Welche Erinnerungen verbinden Sie mit dieser Zeit?

Erfreuliche. Diese Jahre waren für mich eine gute Schulung.
Ich hatte es mit Studenten zu tun, die nicht im Hauptfach
Philosophie studierten, sondern technische und naturwissenschaftliche Fächer. Ich musste mich also darauf einstellen, so
zu lehren, dass auch diese Studenten verstanden, worum es
ging. Ein heilsamer Zwang zur Verständlichkeit. Und wenn
man mir nachsagt, verständlich zu schreiben, dann habe ich
das wohl auch den damaligen Lehrbedingungen zu verdanken. Allerdings stellte sich – je länger desto mehr – das Bedürfnis nach Philosophiestudenten im Hauptfach ein, nach
wirklichen Schülern.

～

STUTTGART

Ich bin kein Stuttgarter, aber die Zufälle des Lebens haben
mich immer wieder nach Stuttgart verschlagen. Erst unmittelbar nach dem Studium, als Verlagslektor bei Kohlhammer.
Ein aus dem Krieg heimgekehrter Kommilitone hatte mich
dem Verlagsleiter empfohlen, der ein Kriegskamerad von ihm
war und mir daraufhin die Stelle anbot. Das Angebot entsprach meinem Wunsch, nicht ständig an der Universität zu
bleiben, sondern mich vor dem Wiedereintritt in die akademische Welt in der »wirklichen Welt« umzutun. Ich nahm
also an. Als Student hatte ich meinen Lebensunterhalt durch
journalistische Tätigkeit finanziert. Nun kam ich sogleich
wieder für eine Weile ins Brot.

Geheiratet hatte ich schon ein halbes Jahr zuvor. Dass ich
seither im Stande war, eine Familie zu ernähren, und zwar
mit Tätigkeiten, die mir Freude machten, hat mich immer
neu erstaunt. Ich konnte es nie in Beziehung bringen zu der

Vorstellung, irgendwelche besonderen Kompetenzen von allgemeinem Nutzen zu besitzen. Und übrigens drückte meine Frau auch öfter bei einem Großeinkauf von Lebensmitteln ihr dankbares Erstaunen darüber aus, dass wir nicht nur ein eigenes Dach über dem Kopf hatten, sondern auch kaufen konnten, was immer wir zum Leben brauchten. Ein Fernseher gehörte übrigens nie dazu. Auch mussten wir oft gegen Ende des Monats beim Lebensmittelhändler anschreiben lassen. Aber was macht das, wenn man doch eine Woche später wieder quitt ist? Mein Gehalt war knapp, aber meine Arbeitsbedingungen so, dass sie mir philosophische Arbeit daneben ermöglichten.

Was den Dank betrifft, so mag sich der Verlagsleiter gewundert haben, wenn ich zu Beginn des neuen Jahres bei ihm vorstellig wurde, um mich für das Weihnachtsgeld zu bedanken. Mir machte es Vergnügen – wie es mir schon beim Reichsarbeitsdienst Vergnügen gemacht hatte –, »danke« zu sagen, wenn man mir einen dienstlichen Gegenstand, einen Spaten oder ein Gewehr aushändigte, entgegen allem militärischen Comment. Mir trug das öfter den Anraunzer »Spaemann, der Halbzivilist« ein. Aber ich leistete mir gern diese kleine Provokation, die ja nun wirklich nicht strafbar gemacht werden konnte.

Nachdem der Verlagsleiter den Kohlhammer-Verlag verlassen hatte, suchte ich nach einer Möglichkeit, zur Universität zurückzukehren und mich zu habilitieren, als mich das Angebot einer Assistentenstelle beim neu berufenen damaligen Professor für Pädagogik in Münster, Ernst Lichtenstein, erreichte. Joachim Ritter hatte mich ihm empfohlen. Unter der Bedingung, dass ich mich in Pädagogik und Philosophie habilitieren könne, nahm ich die Stelle an, und wir übersiedelten wieder nach Münster.

Pädagogik hatte ich bisher niemals studiert. Aber Lichtenstein, wie er mir bekannte, auch nicht. Ich musste es nun nachholen. Zwei Jahre später allerdings hielt ich dann schon zeitweise pädagogische Proseminare für mehrere hundert Studenten. Eine Absurdität, aber anders ließ sich das obligatorische Pädagogicum von Lehramtskandidaten nicht bewältigen. Zwischen 1956 und 1962 absolvierte ich dieses nachgeholte Studium, hielt Lehrveranstaltungen, assistierte meinem Professor und schrieb meine Habilitationsarbeit über Fénelon.

Wenige Monate nach der Habilitation erreichte mich die Einladung des damaligen Leiters der geisteswissenschaftlichen Abteilung der Technischen Hochschule Stuttgart, Golo Mann, zu einem Vortrag, und wenige Wochen später der Ruf auf einen neu gegründeten Lehrstuhl für Philosophie und Pädagogik dieser Hochschule. Die TH Stuttgart hatte damals eine zwischenzeitlich so genannte C3-Professur für Philosophie. Ihr Inhaber war Max Bense. Bense nannte sich selbst einen existentiellen Rationalisten. Das intellektuelle und künstlerische Leben im Stuttgart der fünfziger und sechziger Jahre war von Bense stark geprägt. Im Rahmen des Studium Generale der TH, das er leitete, gab es eine bemerkenswerte Kunstgalerie, einen wichtigen Spiegel der damaligen avantgardistischen Bestrebungen.

Rationale Philosophie, das war für Bense vor allem Logik, Wissenschaftstheorie und eine Ästhetik, die versuchte, das, was Kant »begriffloses Wohlgefallen« nennt, auf den Begriff zu bringen, anknüpfend an Birkhoffs Versuch in den zwanziger Jahren, ein exaktes informationstheoretisches Maß für ästhetische Qualität zu entwickeln. Empirische Untersuchungen haben zwar ergeben, dass dieses Maß keineswegs den ästhetischen Urteilen der meisten Menschen zugrunde liegt. Aber die ästhetischen Urteile der meisten Menschen gehören eben noch zu der nicht rational durchgearbeiteten Welt. Ihnen gegenüber hat die Theorie eher postulatorischen Charakter. Die nach ihrer Anweisung hergestellte Kunst gehört zum Postulat einer humanen Welt, die nach Benses Ausspruch »erst eine vollständig mathematisierte und asphaltierte Welt« sein wird.

Die einer solchen durchrationalisierten Welt entgegenstehenden Mächte sind Natur und Geschichte. Rationalismus war für Bense eine nicht weiter begründbare, insofern also irrationale Lebenshaltung. Kants Postulat der Verallgemeinerungsfähigkeit von Handlungsmaximen, der sogenannte Kategorische Imperativ, war für Bense ohne Bedeutung. In der Welt, wie sie ist, muss jeder sehen, wo er bleibt. Die vollendete wissenschaftliche Zivilisation dagegen erübrigt, wenn sie einmal existiert, moralische Anstrengungen. Und wer für diese Vision arbeitet, der kann, wie es Bense tat, die Institutsbibliothek als seine Privatbibliothek in seinem eigenen Arbeitszimmer aufstellen.

Die Studentenbewegung ignorierte Bense auf erstaunliche Weise. Ihm, dem Anhänger der Revolution von 1792 – also nicht nur 1789 –, konnte niemand nachsagen, er sei ein Reaktionär. Bense war »links« und fortschrittlich. Aber er war es, der mich über die KZs von Ho Chi Minh aufklärte.

Zu Benses Rationalismus gehörte der Atheismus. Als bekannt wurde, dass er die Theorie von der Sinnlosigkeit des Wortes »Gott« in seinen Vorlesungen vortrug, gab es im baden-württembergischen Landtag eine Debatte. Bense Lehrverbot zu erteilen, diese Vorstellung war zwar rasch vom Tisch, aber es tauchte der Wunsch nach einem Parallel-Lehrstuhl auf. Dieser wiederum war leichter aus der Taufe zu heben, wenn er in Verbindung mit Pädagogik gebracht wurde. Denn einen Pädagogik-Lehrstuhl gab es in Stuttgart noch nicht, obgleich es dort Lehramtskandidaten gab. Es wurde also ein solcher Parallel-Lehrstuhl errichtet, und zwar ein ordentlicher Lehrstuhl im Unterschied zu der Professur von Bense. Auf Vorschlag der Fakultät berief mich das Kultusministerium auf diesen Lehrstuhl. Natürlich war mein Start in Stuttgart durch diese Umstände zunächst schwer belastet.

Bense musste die Errichtung des Lehrstuhls angesichts der Begleitumstände als Affront empfinden, und so war es auch. Was meine Annahme des Rufs betrifft, so war für mich entscheidend, dass der Lehrstuhl keinerlei weltanschauliche Bindung implizierte und dass meine Berufung kein Oktroi war, sondern dem Vorschlag der Fakultät entsprach, die mich an erster Stelle der Liste nominiert hatte.

Bei meinem Antrittsbesuch eröffnete mir der Dekan, dass Bense mich nicht zu sehen wünsche. Zu meiner Antrittsvorlesung vor überfülltem Auditorium Maximum über die zwei Grundbegriffe der Moral kam nicht nur er nicht, sondern er hatte auch all seinen Mitarbeitern untersagt, dorthin zu gehen. Ich begann meine Vorlesung mit einer kurzen Bemerkung, in der ich erklärte, alle Befürchtungen zerstreuen und alle Erwartungen enttäuschen zu müssen, ich würde hier künftig die Rolle eines »Anti-Bense« oder überhaupt des Propagators irgendeiner Weltanschauung spielen.

Um die Beziehung zu Bense aber zu normalisieren, tat ich Folgendes: Ich suchte ihn in seinem Institut auf. Um ihm keinen Gesichtsverlust gegenüber Mitarbeitern und Studenten zuzumuten, tat ich es abends nach seiner Vorlesung, wo ich vor der Tür des bereits geschlossenen Instituts auf ihn wartete. Er erschien dann auch nach einer Weile, sah mich und fuhr mich an:

»Was machen Sie denn hier?«

Ich antwortete: »Herr Bense, man sagt mir, Sie wollten mich nicht sprechen, aber ich möchte das doch gern von Ihnen selbst hören.«

Damit war das Eis gebrochen. Er nahm mich mit hinein ins Institut und in sein Zimmer, und wir unterhielten uns eine Weile über die Situation. Wir kannten uns ja aus meiner früheren Stuttgarter Zeit. Bense zeigte sich vor allem beleidigt durch die Tatsache, dass es sich hier um einen ordentlichen Lehrstuhl handle, während er nur eine AO-Professur habe. Ich sagte ihm, dass ich sofort versuchen würde, diese Situation zu ändern, was ich dann auch mit Erfolg tat. Benses Professur wurde ebenfalls in einen ordentlichen Lehrstuhl umgewandelt. Insofern profitierte also Bense indirekt von der Errichtung des neuen Lehrstuhls und von meiner Berufung.

Am Ende des abendlichen Gesprächs war Normalität im Verhältnis zwischen Bense und mir hergestellt, wenn es auch noch nicht das Ende jeder Animosität war, vor allem bei Benses Mitarbeitern und Schülern, die immer etwas von einer konspirativen Gruppe an sich hatten, denen aber, wie ich erfuhr, Bense später über den Mund fuhr, wenn sie glaubten, durch abfällige Bemerkungen über mich bei ihm zu punkten.

Streit gab es eigentlich nur noch einmal. Bense war Leiter des Studium Generale, das an einer Technischen Hochschule von besonderer Bedeutung ist. Ich hatte als Veranstaltung im Rahmen des Studium Generale ein Seminar über den jungen Marx angekündigt. Als ich das Semesterprogramm erhielt, stellte ich fest, dass dieses Seminar darin nicht erschien. Bense selbst war zu jener Zeit in Japan.

Ich wandte mich deshalb an den Rektor als Vorsitzenden des Studium Generale mit der Bitte, dies sofort zu ändern. Nach Einberufung der Kommission veranlasste der Rektor diese Änderung. Als ich dann später Bense bei einem Spaziergang traf, erklärte er mir ärgerlich, er sei nicht der Briefträger der Kommission. Er sei der Meinung, wenn hier jemand über den jungen Marx ein Seminar hielte, dann könne nur er das sein. Ich antwortete ihm in der Sprache, von der ich wusste, dass er nur diese versteht. Ich sagte, dass ich nicht daran dächte, mich in seine Gestaltung des Studium Generale einzumischen, vorausgesetzt allerdings, dass meine Tätigkeit in diesem Rahmen nicht in Frage gestellt würde. Wenn meine Lehrveranstaltung aufgenommen würde, wollte ich mich um den Rest nicht kümmern. Die Lehrveranstaltung fand statt. Bense allerdings legte die Leitung des Studium Generale nieder, mit der daraufhin ich beauftragt wurde. Ich habe diese Aufgabe lange Zeit mit großem Engagement wahrgenommen.

Allerdings war ich mit Bense darüber einig, dass er die Kunstgalerie des Studium Generale weiterhin leiten und betreuen müsse. Und so geschah es dann auch, wobei Bense mehrmals auch Vorschläge von mir für seine Ausstellungen aufgriff. Als ich dann später sondierte, ob die Technische Hochschule bereit sei, mich auf den seit meinem Weggang nach Heidelberg immer noch vakanten Lehrstuhl zurückzuberufen, war es zunächst Bense, an den ich mich wandte und der sich dann vehement dafür einsetzte, mich wieder nach Stuttgart zu berufen.

Natürlich waren Bense und ich Antipoden. Bense verstand Geist als Anti-Natur, ähnlich wie Gottfried Benn zu seiner Zeit. Seine Vision war die einer Computerwelt, die Digitalisierung aller Formen der Erscheinung sollte aus der Ästhetik die semantische Dimension eliminieren. Sein himmlisches Jerusalem war Brasilia. Dass sich auch in Brasilia inzwischen wieder die Favela-Welt etabliert hat, musste er nicht mehr mit ansehen. Als ich nach Stuttgart kam, war sein Ansehen auf dem Höhepunkt. Mich bewegte von früh an die Frage nach der Natur, dem Natürlichen und der natürlichen Teleologie. Ich kritisierte in der Nacht der ersten Mondlandung im Fernsehen dieses Unternehmen angesichts der Nöte in der Welt, denen man mit den Mitteln für die Mondlandung hätte beikommen können.

Mich bewegte das Ende einer 300-jährigen Ideologie des unaufhaltsamen Fortschritts im Augenblick der ersten Ölkrise Anfang der siebziger Jahre. So hörte es auf, ganz unschick zu sein, mir zuzuhören. Als »Ökophilosophen« hat man mich apostrophiert. Aber auch der Begriff »Umwelt«, der, von Uexküll inspiriert, damals in Mode kam, hat mir nicht unbedingt gefallen, weil er mir auch noch anthropozentrisch zu sein schien. Ich verteidigte gegen die Anthropozentrik, die alles auf den Menschen bezieht, den Anthropomorphismus, der alles Lebendige als dem Menschen ähnlich betrachtet, also beispielsweise Tieren Schmerzfähigkeit zuerkennt. Kurz, der Zeitgeist begann für eine Weile mir entgegenzukommen.

Das alles sind unphilosophische Betrachtungsweisen der Philosophie. Aber insofern Philosophie zum Geistesleben einer Zivilisation gehört, ist eine solche für die Öffentlichkeit bestimmte Betrachtung unerlässlich. Philosophie hat ihre exoterische Außenseite nicht vollständig in der Hand, muss sich aber von ihr Rechenschaft ablegen, um ihre Legitimität zu behalten.

Die Tatsache, dass philosophische Positionen und Bewegungen als »-ismen« präsentiert werden, ist allerdings immer ein Signal für deren Scheitern. Als Bürger müssen wir dann und wann Partei ergreifen. In Athen wurde jemand zum Tode verurteilt, wenn er in einem Bürgerkrieg nicht Partei ergriffen hatte.

Der Philosoph qua Philosoph aber soll nicht Partei ergreifen, sondern er soll verstehen, worum es sich bei den Gegensätzen philosophischer Positionen handelt. Der Philosoph will nicht in einem Konflikt Partei sein, sondern er will den Konflikt verstehen. Aufgrund der unüberwindlichen Endlichkeit seiner Perspektive gelingt ihm das nie abschließend. Insofern übernimmt sich die Philosophie ständig, und wenn sie es nicht tut, hört sie auf, Philosophie zu sein. »Nicht ungedacht lassen, was gegen deinen Gedanken gedacht werden kann« – dieses Wort Nietzsches muss für jeden Philosophen als Maxime gelten.

In diesem Sinn war Bense einfach kein Philosoph, denn Widerspruch gegen seinen weltanschaulichen Szientismus nahm er nicht zur Kenntnis. Seine öffentliche Wirksamkeit diente der Ausarbeitung einer bestimmten Position, nicht der Begründung dieser Position selbst. Als Reinhart Maurer, damals Assistent an meinem Lehrstuhl, der den kontroversen Charakter meiner Seminare kannte, einmal zu Bense ging und um die Aufnahme in ein Seminar bat, stellte er die Frage: »Herr Professor, sind Sie auch an Widerspruch interessiert?« Benses Antwort war: »Wir treiben hier Wissenschaft. Und wer sich auf unsere Voraussetzungen nicht einlässt, braucht nicht dazuzukommen.«

Mein letztes Gespräch mit Max Bense drehte sich seltsamerweise um dasselbe wie unser erstes. Bense rief mich eines Tages an, weil der Landtag sich erneut mit ihm befasst hatte. Bense hatte ein gescheitertes Attentat auf Papst Paul VI. in seiner Vorlesung verteidigt. Der Papst sei ein geistiger Tyrann, und Tyrannenmord sei zu rechtfertigen. Der Landtag befasste sich mit seiner Billigung des Attentats, und es tauchte die Forderung nach Benses Entlassung auf. Bense sagte mir am Telefon:

»Spaemann, wat soll ich denn machen? Ich brauch doch dat Geld.«

Meine Antwort war: »Bense, schreiben Sie in einer Stuttgarter Zeitung oder auch in einem Schreiben an den Landtag, Sie hätten den Tyrannenmord verteidigen wollen und sich leider im Beispiel vergriffen. Ich glaube, das genügt, damit die Leute sich wieder beruhigen.«

Bense sagte, er wolle das tun. Soviel ich mich erinnere, hat er es auch getan.

~

In den Jahren, als Sie an der Technischen Hochschule in Stuttgart lehrten, nahmen Sie die Gelegenheit wahr, nach Brasilien zugehen. Was hat Sie daran gereizt?

Es war die Einladung der Katholischen Universität in Rio de Janeiro zu einer dortigen Gastprofessur. Es handelte sich um kein Sabbatical, sondern ich wurde im Jahr 1965 von der Hochschule in Stuttgart freigestellt und ohne Bezüge beurlaubt, um die brasilianische Einladung wahrzunehmen. Die Universität zahlte mir das Gehalt.

In welcher Sprache haben Sie unterrichtet?

Damals war es noch möglich, auf Französisch Seminare zu halten. Die Studenten der PUC beherrschten die Sprache. Viele Jahre später, als ich nach Brasilien zurückkam, verstanden die Zuhörer nur noch Portugiesisch und Englisch. In meiner Zeit in Rio lernte ich langsam auch ein wenig die Landessprache, so dass ich am Schluss meines Aufenthalts meinen Unterricht auch in Portugiesisch abhalten konnte.

Brasilien zählt heute zu den wirtschaftlichen Schwellen-ländern. Aber damals war es doch mehr ein Entwicklungsland. Wie waren Ihre Eindrücke?

Die sozialen Spannungen in diesem Land konnte man nicht übersehen, ja, ich habe mich in sie hineinziehen lassen. Mich beeindruckte der große Pädagoge und Autor Brasiliens, Paulo Freire (1921–1991). Er hatte Mitte der sechziger Jahre ein Alphabetisierungsprogramm entwickelt, das nicht nur den raschen Erwerb von Lesen und Schreiben ermöglichen, sondern auch ein Bewusstsein über die sozialen, wirtschaftlichen und politischen Verhältnisse schaffen sollte.

Damals wurden in Brasilien Analphabeten nicht zur Wahl zugelassen. Alphabetisierung bedeutete demnach Demokratisierung. Freire und seine Leute, mit denen ich zusammengetroffen bin, hatten eine genial gemachte, reich bebilderte Fibel, das Herzstück des Alphabetisierungsprogramms »Viver é lutar«, unter die Menschen gebracht.

Zurück in Deutschland habe ich zusammen mit meiner Frau darüber ein Feature im Rundfunk gemacht. Die Fibel war natürlich latent revolutionär. Sie politisierte. Freires Kampf für die Alphabetisierung war zugleich eine Befreiungsbewegung. Über den engen Kontakt zu dessen Leuten habe ich viel über diese Befreiungsbewegung gelernt.

Hat Sie dieser enge Kontakt nicht in Schwierigkeiten mit Brasilianern der etablierten Schichten gebracht?
Ja, ich bewohnte mit meiner Familie ein wunderbares Landhaus in den Bergen nahe Petropolis, 60 Kilometer nördlich von Rio. Plötzlich war der Traum vorbei, wir mussten Knall auf Fall das Haus verlassen. Uns wurde vorgeworfen, wir hätten die Angestellten gegen ihre Patrone aufgewiegelt.

Das war zwar unwahr, aber nicht ohne fundamentum in re. Das Haus lag in einer Siedlung von Landhäusern reicher Bürger aus Rio. Außerhalb der Urlaubszeit lebten in dem Dorf nur die kinderreichen teils weißen, teils schwarzen Angestellten – meist auf sehr engem Raum. Ich will hier nicht auf die soziologisch interessanten Details eingehen.

Tatsache ist, dass wir und unsere Kindern mit den Angestellten und ihren Kindern recht familiären Kontakt pflegten, ohne übrigens auf die soziale Situation zu sprechen zu kommen. Andererseits hatte ich mich immer bemüht, möglichst loyal zu unseren Vermietern zu sein. Aber das reichte nicht. Unsere Lebensgewohnheiten, auch unser Umgang mit einfachen Leuten waren anders als die ihren. Das allein schon sorgte für sozialen Sprengstoff. Die Hausbesitzer hatten die anderen Grundbesitzer des Tales vor uns gewarnt.

Die Angestellten, die den Grund unseres plötzlichen Weg-

gangs sofort ahnten, kamen wenige Tage später triumphie-
rend mit einer neuen Bleibe: Ein Brigadegeneral mit großer
Familie, der nicht zu der Society gehörte, vermietete uns für
den Rest der Zeit sein uriges Landhaus.

**Wie kam es, dass Sie 1969 auf den Lehrstuhl von Hans-
Georg Gadamer, damals wohl die herausragende Figur des
deutschen Philosophie, in Heidelberg berufen wurden?**
Es war eine große Überraschung für mich. Zur Vorgeschichte
gehört, dass ich meine Professur in Stuttgart zwar zu schätzen
wusste, aber doch auch nach etwas anderem Ausschau hielt.
An der Hochschule, wie gesagt, fehlten mir echte Philosophiestudenten und Schüler.

Nun hatte ich aus Brasilien die Psittakose, die Papageien-
krankheit, mitgebracht und war ein halbes Jahr außer Gefecht
gesetzt. Deswegen konnte ich zwei Rufe nicht annehmen,
die mich in dieser Zeit erreicht hatten. Bei dem einen handelte es sich um die ordentliche Professur für Philosophie und
politische Theorie an der Universität Zürich, die dann mein
Freund Hermann Lübbe annahm.

Bei dem anderen Ruf ging es um einen Lehrstuhl der
Universität Hamburg, den Carl Friedrich von Weizsäcker mit
mir besetzen wollte. Beide Aussichten hatten sich wegen
meines schlechten Gesundheitszustands zerschlagen.

Da kam eines Tages im Jahr 1968 Dieter Henrich zu mir
nach Stuttgart, machte mit mir einen Spaziergang und fragte
mich, ob ich daran interessiert wäre, an einen Lehrstuhl der
Universität Heidelberg zu wechseln. Es handele sich um die
Nachfolge Hans-Georg Gadamers, der 1968 emeritiert werde.
Dieter Henrich war damals die für die Berufungen im Fach
Philosophie wichtigste Figur der Heidelberger Universität.

Den Lehrstuhl, den immerhin Karl Jaspers und Hans-Georg Gadamer innehatten, mit einem jungen Professor, der noch nicht viel publiziert hatte, zu besetzen, war das nicht ungewöhnlich? Was bewog Ihrer Meinung nach Dieter Henrich zu dem Schritt?

Ich vermute, es waren bestimmte Dinge, die seine Aufmerksamkeit auf mich lenkten und die in sein eigenes Interessenfeld passten. Vor allem mein Fénelon-Buch hatte es ihm angetan, meine Art der Interpretation. Die ihn sehr beschäftigende Selbstbewusstseinsproblematik hatte ich um eine wichtige Dimension ausgebreitet.

Zum Teil stieß er auch auf Gebiete, in denen er sich nicht so auskannte, die aber für ihn von hohem Interesse waren. Dann waren es einige Aufsätze, die ihm aufgefallen waren, darunter »Genetisches zum Naturbegriff des 18. Jahrhundert«, zuerst veröffentlicht im Archiv für Begriffsgeschichte und später in »Rousseau – Bürger ohne Vaterland« wiederabgedruckt. Die ganze von mir aufgeworfene Teleologie-Problematik berührte ihn stark. Er und Hans Blumenberg waren eigentlich die Einzigen, die sich mit dem Thema »Inversion der Teleologie«, wie ich es im Fénelon-Buch genannt habe, auseinandergesetzt hatten. Also Henrich, glaube ich, fand einfach, das, was ich machte, füge sich in das Spektrum der Philosophie in Heidelberg. Es sei hinreichend verschieden, um einen wünschenswerten Pluralismus zu garantieren, und hinreichend verwandt, um den Pluralismus fruchtbar werden zu lassen.

Mir wiederum hatte Henrich seit Langem durch seine philosophische Resistenz imponiert, durch den Mut und die geistige Kraft, mit der er eine vom Deutschen Idealismus inspirierte Position entwickelte, und dies auf der Höhe der ganz anders orientierten Bestrebungen der Gegenwart, vor allem auch der Analytischen Philosophie. Henrich hat wirklich im

Laufe von Jahren »die schwächere Sache wieder einmal zur stärkeren gemacht«. Das gelang umso besser, als es unterstützt wurde durch die Gelehrsamkeit seiner historischen Rekonstruktion der Genese des Deutschen Idealismus, insbesondere der Stellung Hölderlins in diesem Kontext. So war ich froh, Henrich später, als ich in München war, zum Wechsel nach München bewegen zu können.

~

DIE 68ER JAHRE

Das Jahr 1968 erlebte ich in Stuttgart, also nicht im Zentrum revolutionärer Umtriebe wie Frankfurt oder Heidelberg. Nach Heidelberg ging ich erst 1969. Was heute Universität Stuttgart heißt, nannte sich damals selbstbewusst »Technische Hochschule«. Für Naturwissenschaftler und Techniker sind Utopien in der Regel suspekt, nicht inspirierend.

Aber der Slogan »Muff von tausend Jahren unter den Talaren« entwickelte natürlich auch hier seinen tristen Charme. Indessen proklamierte der damalige Rektor Fritz Leonhardt – Erbauer des Stuttgarter Fernsehturms, der für alle Fernsehtürme der Welt als Vorbild diente –, anscheinend ganz naiver Gutmensch, die »freundliche Hochschule«.

An Talaren lag vielen Kollegen nicht viel. Ihre Abschaffung wurde im Senat beschlossen gegen eine Minderheit von Konservativen und gegen meine Stimme, die, ihrer Begründung wegen, den konservativen Professoren nicht so ganz gefiel. Ich appellierte nämlich an die studentischen Senatsvertreter und bat sie um Großherzigkeit. »Ihr nehmt euch« – sagte ich – »seit der Hippie-Bewegung die Freiheit, euch bunt und unkonventionell anzuziehen. Warum wollt ihr es uns missgönnen, auch dann und wann einen Mummenschanz zu machen und unsere bürgerlich-steifen Anzüge unter pittoresken Gewändern zu verbergen? Lasst uns doch alles nicht so bierernst nehmen.« Die Studenten, mindestens so humorlos wie die Verteidiger des Status quo, ließen sich den grämlichen Ernst nicht ausreden. Und die Talare wurden abgeschafft. Den meinen habe ich bald darauf noch einmal benutzt, um meinen Anzug zu schonen beim Kistenpacken im Zusammenhang mit dem Umzug meines Instituts.

Härteren Widerstand leisteten die Professoren, als es um Zwischenprüfungen ging, deren Einführung die Studenten forderten. Mit Recht, wie mir schien. Sie fanden, dass Zwischenprüfungen den Studenten während des Studiums mehr Sicherheit gäben als eine einzige Prüfung am Ende.

Als freilich einige Jahre später der Staat solche Prüfungen einführte, gab es wieder große Proteste von Studenten, die sich in der freien Entfaltung ihrer Persönlichkeit eingeschränkt sahen. Eines der Beispiele übrigens, die zeigen, dass man pädagogisch langfristig wichtige Entscheidungen nicht jungen Menschen in die Hand geben darf; denn für sie bedeutet die Universität nur eine kurze Lebensphase und sie weisen jede Verantwortung von sich für Entscheidungen, die ihre Vorgänger ein paar Jahre früher gefordert haben.

Darum sind Studentenschaften nicht mit Gewerkschaften vergleichbar, wie ja auch Studenten durch Streiks niemandem Schaden zufügen außer sich selbst. Ich war deshalb immer dafür, in den akademischen Gremien auf jeder Ebene eine studentische Repräsentation und deren ausgiebige Anhörung obligatorisch zu machen, nicht aber die Verwischung der Verantwortlichkeit durch ein Mitentscheidungsrecht derer, die nur vorübergehend der Universität angehören.

In diesem Sinne war ich ein Anhänger der »Ordinarien-Universität«, ohne mir allerdings darüber Illusionen zu machen, dass die Entscheidungsträger natürlich auch ständig versucht sind, bewusst oder unbewusst ihre Partikularinteressen bei diesen Entscheidungen mitspielen zu lassen. So schon bei dem Widerstand gegen die Zwischenprüfungen, die natürlich bedeutende Mehrarbeit für die Professoren mit sich brachten.

Aber schon früher hatte ich solche Beobachtungen gemacht. So beispielsweise, als es darum ging, angesichts der zunehmenden Zahl der Studenten für jedes Fach Parallel-Lehrstühle zusätzlich zu dem einen Ordinariat zu schaffen. Die Ordinarien leisteten damals zum großen Teil Widerstand dagegen. Das Argument war, es sei für eine harmonische Koordinierung der Lehre in einer Disziplin wichtig, dass die Leitung und Letztverantwortung in einer Hand liege.

Merkwürdigerweise fiel dieser Widerstand mit der ihn tragenden Argumentation ganz rasch in sich zusammen, als durch Gesetz die Hörgelder pauschaliert wurden. Bis dahin mussten die Studenten für jede belegte Lehrveranstaltung Hörgeld zahlen, und der Professor, der die obligatorische Hauptvorlesung hielt, zu deren Besuch alle Studenten angehalten waren, konnte sich ein schönes Zubrot verdienen, das die Ordinarien – verständlicherweise – nicht gern halbiert sahen. Mit der Pauschalierung des Hörgeldes hatte sich die ganze Sache erledigt.

Ein anderes Beispiel für solche Interessen-Ideologie war zu beobachten im Zusammenhang mit dem Kampf der Pädagogischen Hochschulen um Universitätsstatus oder Anschluss an eine Universität mitsamt der Habilitationsberechtigung. Viel wurde geschrieben über die Notwendigkeit einer voll akademischen Pädagogik-Ausbildung für Grund- und Hauptschullehrer. Tatsächlich waren die deutschen Pädagogischen Hochschulen, wie sie nach dem Krieg in Deutschland eingerichtet wurden, eine optimale Antwort auf die

Anforderungen an künftige Lehrer. Das heißt, der Praxisbezug ist hier für das Fach selbst konstitutiv und nicht irgendeine Zusatzforderung.

Es hätte meines Erachtens eine sehr einfache Lösung des Problems gegeben, die lediglich den Staat vielleicht etwas mehr Geld gekostet hätte, nämlich die Gleichheit der Gehälter für Gymnasial- und Hauptschullehrer. Hinter der Forderung nach voll akademischer Ausbildung der Grund- und Hauptschullehrer stand die Ungleichheit der Bezahlung für beide Berufsgruppen. Die gleiche wissenschaftliche Ausbildung für beide sollte natürlich der Egalisierung der Gehälter dienen. Die einfachste Lösung wäre gewesen: Man hätte die Gehälter egalisiert, ohne die gleiche Ausbildungsdauer für beide Gruppen festzuschreiben. Damit wäre der Tatsache Rechnung getragen, dass die Lehrer beider Schularten über eine hohe Kompetenz verfügen müssen und dass ihre Verantwortlichkeit die gleiche ist. Die Belastung der Lehrer ist oft sogar in der Hauptschule größer als im Gymnasium. Mit dieser Lösung wäre mit einem Schlage eine halbe Bibliothek an erziehungspolitischer Literatur Makulatur geworden.

Was die Universität betrifft, so sind die Interessen von Professoren und die von Studenten im Prinzip nicht antagonistisch, sondern konvergieren mit einigen Einschränkungen: Die einen wollen lehren, die anderen wollen lernen. Das höchste Ansehen genossen deutsche Universitäten in einer Zeit, als es sich noch um reine Ordinarienuniversitäten handelte. Die Wissenschaft, die hier gelehrt wurde, haben Studenten in schlagenden Verbindungen ebenso studiert wie die jungen Revolutionäre.

Es lag keine Borniertheit in der universitätspolitischen Abstinenz der jungen linken Studenten nach dem Krieg. Wir betrachteten die Universität nicht unter dem Gesichtspunkt der Revolutionierung und Instrumentalisierung für den Sozialismus. Wir lernten von unseren Professoren, was von ihnen zu lernen war, nämlich die »bürgerliche Wissenschaft« – in dem klaren Bewusstsein, dass es eine andere gar nicht gibt.

Eine Episode allerdings muss ich hier erwähnen, die mir nicht zur Ehre gereicht, weil es sich hier um einen öffentlichen Akt handelte und ich nicht möchte, dass er einfach unkommentiert in die Geschichte eingeht. Es war die Zeit der Notstandsgesetze. Diese Gesetze wurden nötig im Zusammenhang der Ablösung der alliierten Machtbefugnisse auf deutschem Territorium und der wieder zu gewinnenden vollständigen Souveränität. Zur notwendigen Ausrüstung eines souveränen Staates gehören Regelungen für den Notstand. Die Notstandsgesetze sollten die Bedingungen für die Ausrufung des Notstands und die limitativen und exekutiven Kompetenzen für diesen Fall regeln. Sie enthielten auch Bestimmungen für die innere Sicherheit, zum Beispiel für Telefonüberwachung, Postüberwachung und so weiter.

Es gelang den »Linken«, eine allgemeine Bedrohung der Bürgerfreiheit und die Gefahr des Faschismus an die Wand zu malen. Im ganzen Land fanden Demonstrationen statt. Die Stuttgarter beteiligten sich an der Kampagne. Da sie mir generell wohlwollten und meine Empfindlichkeit gegen Bedrohungen der Bürgerfreiheit kannten, wandten sie sich an mich mit der Bitte, bei einer Demonstration auf dem Marktplatz vor dem Stuttgarter Rathaus eine Rede zu halten.

Mein politologischer Kollege, Martin Greifenhagen, der mein Hausnachbar war und mit den Demonstrationen sympathisierte, bat mich dringend, die Einladung anzunehmen. Ich nahm sie an, und ich hielt die Rede – aus Eitelkeit.

Allerdings sagte ich nichts, was nicht meiner Überzeugung entsprach. Ich begründete in dieser kurzen Rede die

Auffassung, dass es in der Geschichte Unplanbares gibt, dass man für die Ausnahme nicht noch einmal wieder ausnahmslose Regeln statuieren kann. Natürlich muss eine Regierung Notstandspläne in der Schublade haben. Aber wenn der Notstand eingetreten ist, muss sich das zu Geschehende aus den Notwendigkeiten der Situation ergeben. Es handelt sich um die Stunde der Exekutive. Alles hängt davon ab, dass diejenigen, die in dieser Situation Autorität ausüben, dafür die sachliche Kompetenz und die moralische Integrität mitbringen. In demokratischen Wahlen muss es sich immer auch darum handeln, welcher Regierung man im Notstand die Notstandsautorität übergeben möchte.

Das alles lag natürlich überhaupt nicht in der Intention der Protestierer. Es waren eher von Carl Schmitt inspirierte Gedanken. Aber da der Intelligenzquotient von Studenten rapide abnimmt, wenn sie als Masse auftreten, haben sie das natürlich nicht bemerkt.

Dass ich mit dieser Rede die Rolle eines nützlichen Idioten gespielt habe, wurde mir noch auf dem Podium des Marktplatzes drastisch vor Augen geführt. Ein großer Teil der Studenten zog in Form eines Demonstrationszuges vom Marktplatz ab und skandierte litaneiartig: »Ho Ho Ho Chi Minh«.

Der Name Ho Chi Minh und der Name Mao tse-Tung als Idole in einem Kampf um Bürgerfreiheit – das war nun wirklich lächerlich. Einige Zeit später gab es noch einmal eine Demonstration, nicht von Massen, aber von einer nicht unbeträchtlichen Anzahl von Studenten, angeführt vom Vorsitzenden des Allgemeinen Studentenausschusses, die mit Fackeln vor mein Haus gezogen kamen, um mich angesichts eines Rufs nach Heidelberg zum Bleiben in Stuttgart zu bewegen. Der AStA-Vorsitzende sagte mir am Ende dieser kleinen Veranstaltung, ich möge diese Demonstration doch bitte nicht geringschätzen. Es sei wohl zur Zeit das einzige

Mal, dass in Deutschland demonstriert werde, um einen Professor zum Bleiben an seiner Hochschule zu bewegen.

Ich war in der Tat sehr bewegt, aber umstimmen konnte mich diese Demonstration denn doch nicht. Für mich war die Zeit an einer Technischen Hochschule eine unschätzbare Erfahrung. Aber das Angebot des Lehrstuhls von Hans-Georg Gadamer und die Aussicht, es nun in erster Linie mit wirklichen Philosophiestudenten im Hauptfach zu tun zu haben, machte die Entscheidung dann doch leicht. Dass ein Lehrer gern Schüler hat, liegt in der Natur der Sache. Meine Erwartungen erfüllten sich zunächst. Ein wunderbares Institut, eine hervorragende Institutsbibliothek, herausragende Kollegen, ernsthafte, kluge und einige ausgezeichnete Studenten.

Als ich zum Institutsvorstand vorgeschlagen wurde, sollte ich eine kleine Rede vor dem Wahlgremium halten, das, wenn ich mich recht entsinne, drittelparitätisch – Professoren, Assistenten, Studenten – zusammengesetzt war. Ich sollte mein »Projekt« vorstellen. Meine Rede war wirklich kurz. Ich sagte, mein »Projekt« sei eher ein Antiprojekt. Ich sei der Meinung, das Institut solle wie bisher fortfahren, die Rahmenbedingungen dafür zu erhalten, dass philosophische Forscher und Lehrer wie bisher forschen und lehren könnten und dass Philosophiestudierende wie bisher bei so guten Lehrern, wie sie hier versammelt sind, Philosophie studieren könnten, und zwar in der Humboldt'schen Tradition einer Gemeinschaft von Lehrenden und Lernenden. Ich hielt es für wahrscheinlich, dass ich, in dieser aufgeregten Zeit des Projektemachens, nach dieser Rede nicht gewählt würde. Und so war es dann auch.

Aber sogar wenn man es ablehnt, Institute durch Projekte zu definieren, gab es genügend Stoff für Kontroversen. Ich erinnere mich an eine Leitungssitzung, in der Ernst Tugendhat den Vorschlag machte, einen Dozenten damit zu betrauen, für Studenten, denen es nicht gelingt, einen Doktorvater ausfindig zu machen. Es gebe doch dann und wann solche Fälle.

Gadamer, der an der Sitzung teilnahm, wandte ein, dass es eben zum Weg des Promovierens gehöre, einen Lehrer zu finden, unter dessen Leitung man eine Dissertation schreiben möchte. Tugendhat darauf: Es bleibt doch immer ein Rest von Glück dabei, ob man bei dieser Suche erfolgreich sei oder nicht. Darauf antwortete Gadamer fassungslos: »Aber Herr Tugendhat, ohne Glück kann doch überhaupt nichts gelingen im Leben.« Tugendhat seinerseits war fassungslos über einen solchen Grad von Zynismus, denn etwas anderes als Zynismus konnte er mit diesen Worten nicht verbinden.

Ich kam nach Heidelberg zur Zeit der kulturrevolutionären Wirren. Was die Studenten betrifft, so habe ich in den wenigen Jahren dort den Gesprächsfaden mit ihnen nie abreißen lassen. Ohnehin waren die Philosophiestudenten von den Studenten der Human- und Geisteswissenschaften diejenigen, mit denen ein Gespräch zu suchen weiterhin Sinn hatte. Auch sie terrorisierten, aber sie waren imstande und willens, parallel zu ihren Aktionen einen Rechtfertigungsdiskurs ernsthaft zu führen.

Allerdings waren sie mit ihrem Latein in der Regel bald am Ende. Ob es nun um »Gewalt gegen Sachen« ging, um das Boykottieren von Vorlesungen, das gewaltsame Umfunktionieren von Lehrveranstaltungen, das Erzwingen von Diskussionen in den Zeiten, die ihnen gerade passten, immer war es die unterstellte »gerechte Sache«, die eine Privilegierung der Guten gegenüber den Schlechten rechtfertigen sollte. Justitia sollte die Binde von den Augen genommen werden. Ich habe mich auf dieses Spiel nie eingelassen. Wenn ich mich auf kontroverse Dispute einließ, dann immer zu einer zwischen den Studenten und mir ausgehandelten Zeit – so vor allem später mit der Marxistischen Gruppe in München.

Einmal nur drang ein Störtrupp von Nichtphilosophen in meine ziemlich besuchte Vorlesung ein, um eine Diskussion über einen Ministerialerlass zu führen, von dem sie behaupteten, dass es dringlich sei. Ich machte daraus einen kleinen Anschauungsunterricht über demokratische Spielregeln.

Mein Vorschlag war, eine zweistufige Abstimmung zu machen. Zunächst müssten wir darüber entscheiden, ob wir, das heißt in diesem Falle die Hörer der Vorlesung, bereit seien, die Frage einer Umfunktionierung einem Mehrheitsbeschluss zu unterwerfen.

Diese Abstimmung müsse einstimmig ausgehen. Denn jeder Student, der zu dieser Vorlesung gekommen ist, hat ein Recht darauf, die Vorlesung zu hören, auch mit einer 90-prozentigen Mehrheit könne die Hörerschaft nicht einen Besuch im Schwimmbad statt der Vorlesung beschließen und von der Minderheit verlangen mitzugehen. Der Contrat social muss einstimmig sein.

Wenn alle Studenten zustimmen, dass in dieser Frage eine Mehrheit entscheiden soll, dann machen wir eine zweite Abstimmung, in der mit Mehrheit darüber beschlossen wird, ob die Umfunktionierung stattfindet oder nicht. Die Hörer schienen mit diesem Verfahren einverstanden zu sein, aber die Störer nicht. Sie sagten, ihre Kommilitonen wüssten ja noch gar nicht, worum es sich handelt und wie dringlich die Sache sei, und deshalb könnten sie erst abstimmen, wenn sie darüber aufgeklärt seien. Ich erwiderte, dass mit dieser Aufklärung dann diese Vorlesungsstunde ausgefüllt werden könnte. Es sei aber möglich, dass viele Studenten in diesem Augenblick eine solche Aufklärung gar nicht wünschten.

Dieses Argument traf natürlich einen Nerv der damaligen Diskurskultur. Der unaufgeklärte Bürger wurde für unmündig erklärt, und seine Aufklärung durfte auch gegen seinen Willen erzwungen werden.

Ich ließ daraufhin die erste Abstimmung machen. Wenn die Störer nicht dagegen gestimmt hätten, wäre die Abstimmung wahrscheinlich einstimmig zugunsten eines anschließend folgenden Mehrheitsbeschlusses ausgegangen. Da aber vorauszusehen war, dass diese Mehrheit dann für eine Fortsetzung der Vorlesung plädieren würde, setzten die Störer ihren Krawall fort und erzwangen den Abbruch der Vorlesung, zum großen Ärger der Mehrheit der Studenten.

Ein Phänomen hat mich damals allerdings oft verwundert: Die »normalen« Studenten waren auch dann, wenn sie in der großen Mehrheit waren, nicht bereit, ihre Rechte gegen eine kleine gewalttätige Minderheit durchzusetzen. Sie fanden, das sei Sache der Polizei. Wenn aber die Polizei in Aktion trat, zum Beispiel um eine vorher gesprengte Rektoratswahl in Freiheit zu ermöglichen, dann weigerten sich nicht nur Studentenvertreter, sondern auch einige Kollegen, die dem Senat angehörten, diese Wahl durchzuführen, so als übe die Polizei Druck aus, während sie doch nur dazu erschien, gewaltsamen Druck zu verhindern.

Ich erinnere mich an manche nächtliche Gespräche im Wirtshaus auch mit Anführern der Unruhen. Ihre Argumentationsstrategien sind ja bekannt. Mir begegneten sie seltsamerweise fast immer mit einem gewissen respektvollen Wohlwollen.

Dabei ersparte ich ihnen wirklich nichts. Ich erinnere mich, wie ich ihnen eines Abends sagte: »Ich habe die begründete Hoffnung, dass die Organe des Staates vor euch nicht kapitulieren. Wenn ich das Gefühl hätte, ihr würdet ans Ziel eurer Wünsche kommen und die Staatsmacht an euch reißen, dann würde ich es vorziehen, dass ihr heute Abend sämtlich, so wie ihr hier sitzt, erschossen würdet.« Sie nahmen das für einen Scherz, aber ich sagte, es sei mir damit vollkommener Ernst, denn »wenn ihr an diesem Ziel angekommen wärt, würden Ströme von Blut fließen. Dann aber lieber eures vorher.«

Zur Begründung wies ich nur hin auf die Kulturrevolution Mao tse-Tungs, der ja tatsächlich ihr Idol war. Ihre Verachtung der rechtsstaatlichen Institutionen beruhte letzten Endes auf ihrer Emanzipationsideologie. Der »Mensch, wie er geht und steht« (Karl Marx), galt ihnen als unmündig und erst zu emanzipieren. Als Unmündiger kann er noch keinen Anspruch darauf erheben, als vollgültiges Mitglied der Rechtsgemeinschaft anerkannt zu werden. Wer aber als mündig zu gelten hat, das bestimmt derjenige Teil der Gesellschaft, der sich selbst für emanzipiert hält und seine Aufgabe darin sieht, den anderen auch dazu zu verhelfen.

Darum kann auch das Argument der Präzedenzwirkung bestimmter Aktionen nicht zählen. Das schlichte Prinzip »Was du nicht willst, das man dir tu, das füg' auch keinem andern zu« würde erst gelten, wenn dieser »andere« bereits denjenigen Kriterien genügt, die die Emanzipatoren als Kriterien für Mündigkeit definiert haben. Ja, letzten Endes ist überhaupt noch niemand mündig, sondern in diesem Prozess der Emanzipation ist jeder des anderen Therapeut.

Nun ging es natürlich den meisten Studenten nicht um Eroberung der Staatsmacht, sondern um effektive Mitbestimmung in der Leitung der Universität. Auch diesem Bemühen stand ich skeptisch gegenüber und hielt den Studenten vor, dass sie politisch naiv seien. »Glaubt ihr«, sagte ich zu ihnen, »der Staat würde euch im Ernst die Universität in die Hand geben und sich aus der Verantwortung zurückziehen? Warum lässt er euch auf diese Weise gewähren und begleitet eure Aktionen mit einem gewissen Wohlwollen? Der Grund ist leicht einzusehen: Die alte, als ›Professorenuniversität‹ geschmähte Hochschule hatte ein hohes Maß an Autonomie, das den Ministerien längst ein Dorn im Auge war. Sie sehen deshalb

nicht ungern, wie ihr diese Autonomie zerschlagt. Nutz-
nießer davon wird die Ministerialbürokratie sein. Es gibt
Gründe, das gut zu finden. Wenn das euer Ziel ist, dann handelt ihr rational. Wenn nicht, dann seid ihr Kinder. Man wird
euch eine Mitbestimmungsspielwiese geben, vorausgesetzt,
dass alle relevanten Regelungen widerspruchslos von oben
kommen.«

Persönlichkeiten wie der Münchener Universitätspräsident
Nikolaus Lobkowicz gehören der Vergangenheit an: Lobkowicz erließ ein Rundschreiben an alle Kollegen, in dem er
beklagte, dass die Professoren ständig überschüttet würden
mit Ministerialerlassen, Verfügungen, Regelungen und Re-
glementierungen, die sie von der Forschung und der sorgfäl-
tigen Vorbereitung der Lehre abhalten. »Ich empfehle deshalb
den Kollegen«, so schrieb Lobkowicz, »künftig alle vom Kultusministerium kommenden Papiere ungelesen in den Pa-
pierkorb zu werfen.«

Inzwischen haben die Professoren ja auch weitgehend die
Rolle der Erfüllungsgehilfen der Ministerialerlasse übernom-
men. Alle beklagen sich heute über den Bologna-Prozess.
Aber es hätte diesen Prozess nicht gegeben, wenn die Profes-
sorenschaft, die darüber jammert, sich geweigert hätte, diesen
Prozess mitzumachen.

Professoren und Studenten ziehen hier an einem Strang.
Aber leider werden nur die Studenten aktiv. Die Universität
nicht als ein Forum des Klassenkampfes zwischen Professoren
und Studenten, sondern als eine Gemeinschaft von Lehrenden und Lernenden könnte sich gegen unbegrenzte Zumu-
tungen von oben behaupten.

Nein, die Studenten waren für mich in Heidelberg nicht
das Problem. Als ich nach zwei Jahren meinen Lehrstuhl verließ und dies in einem offenen, auch den Zeitungen mitge-
teilten Brief an den Dekan begründete, da kam eine Abord-

nung von Studenten des Instituts zu mir, um mir zu sagen, sie verstünden nicht, warum ich wegginge.

»Haben Sie nicht gemerkt, dass wir gegen Sie gar nichts haben?«

Ich konnte darauf nur antworten: »Ich gehe auch nicht euretwegen. Ich gehe meiner Kollegen wegen, die euch in den Hintern kriechen.«

Ich fühlte mich – das hatte ich schon in dem offenen Brief geschrieben – zu sehr an das Verhalten deutscher Professoren 1933 erinnert. Es waren vor allem zwei konkrete Fälle, die mir nahegegangen waren.

Der eine war der Selbstmord von Professor Jan van der Meulen, Honorarprofessor für Philosophie in Heidelberg. Er hielt eine Vorlesung über Karl Marx, was für ihn als bekannten Hegel-Forscher durchaus in seine Kompetenz fiel. Natürlich lockte das Thema damals viele Studenten. Aber schon in der ersten Vorlesungsstunde verlangten die Wortführer Diskussion. Van der Meulen erwiderte: »Wir können nicht jetzt schon diskutieren, nachdem ich ja noch gar nichts vorgetragen habe, was sinnvollerweise Gegenstand einer Diskussion sein könnte.« Die Vorlesung platzte. Der damalige Institutsvorstand sah sich aber keineswegs veranlasst, van der Meulen mit irgendeiner Art von Solidaritätsbekundung beizustehen, sondern verlangte in einem unfreundlich gehaltenen Schreiben kategorisch, er habe der Forderung der Studenten nachzugeben.

Ich habe van der Meulen persönlich nie kennengelernt. Aber in der festgefahrenen Situation schrieb ich ihm einen Brief, in dem ich Verständnis für seine Haltung bekundete, ihn aber bat, den Studenten doch einen Termin zu nennen, beispielsweise vier Wochen nach Beginn der Vorlesung, an dem er zu einer anderthalbstündigen Diskussion des bisher Vorgetragenen bereit sei. Van der Meulen folgte meinem Rat, aber erfolglos. Die Studenten bestanden auf Diskussion sofort. Van der Meulen schrieb mir damals einen Brief, in dem er sich bitter beklagte über die ostentative Desolidarisierung des Institutsvorstands und eine dunkle Andeutung machte, die ich damals nicht verstand. Es sei wohl, so schrieb er, notwendig, die Universität durch ein Zeichen aufzuwecken, um die Freiheit der Lehre in unserem Land zu verteidigen. Er bedankte sich im Übrigen sehr warm und herzlich für meinen Brief. Wenige Tage darauf beging er Selbstmord. Gadamer, Dieter Henrich und ich waren bei seinem Begräbnis, der Institutsvorstand taktvollerweise nicht.

Ich begann, mich fremd zu fühlen, ein Gefühl übrigens, das mir nicht unvertraut war. Verstärkt wurde es durch eine andere kleine Episode. Die Studenten hatten beschlossen, die Vorlesung der Lehrbeauftragten Frau Dr. von Beyer zu boykottieren. Boykottieren hieß nicht: Aufforderung, der Vorlesung fernzubleiben, was das Recht der Studenten ist, sondern es hieß, andere Studenten physisch daran zu hindern, diese Vorlesung zu besuchen.

In der nächsten Fakultätssitzung stellte das Institut, dem Frau von Beyer zugeordnet war – übrigens kannte ich auch sie nicht persönlich –, den Antrag, den Lehrauftrag für das kommende Semester zu streichen. Begründung: Das Budget des Instituts sei zu knapp. Man müsse streichen. Ich erlaubte mir, die Aufrichtigkeit dieser Begründung in Frage zu stellen. Man wisse doch, dass die Vorlesung von Frau von Beyer zur Zeit gewaltsam boykottiert werde. Und ich nähme an, dies sei der Grund für die Streichung.

Mir fuhr daraufhin ein Kollege – übrigens wiederum der Vorstand des Philosophischen Instituts – über den Mund: Es sei eine Unverschämtheit, die Aufrichtigkeit der Kollegen in Frage zu stellen.

Ich entschuldigte mich daraufhin in aller Form und sagte:

»Ich akzeptiere diese Begründung. Aber wir müssen unbedingt auch den Schein vermeiden, dass wir irgendwo vor Gewalt zurückweichen. Das heißt, der Lehrauftrag muss verlängert werden. Und da das Institut kein Geld hat, erbiete ich mich, diesen Lehrauftrag aus meiner Tasche zu bezahlen.«

Große Verlegenheit. Der Lehrauftrag musste wohl oder übel verlängert werden. Im darauf folgenden Semester allerdings wurde er dann ohne weitere Diskussion kurzerhand gestrichen.

Daraufhin entschloss ich mich, von Heidelberg wegzugehen. Für eine Tat wie die van der Meulens war ich nicht nur nicht disponiert. Ich hatte für sie auch kein Verständnis. Aber ich hatte Respekt. Die Desolidarisierung von Kollegen, die auf die damalige Weise bedrängt wurden, wurde mir unerträglich.

In Stuttgart war mein Lehrstuhl immer noch nicht neu besetzt. Ich fragte Max Bense, wie er darüber dächte, wenn ich bereit wäre, nach Stuttgart zurückzukehren. Bense, mein früherer Feind, sagte: »Wir machen das sofort. Wenn Sie mir sagen, dass Sie tatsächlich kommen, werden wir Sie dem Ministerium für eine Rückberufung vorschlagen.« Er sei sicher, dass die Kollegen ihm folgen würden.

Der Abschied von Heidelberg, von dem Institut, dem glanzvollen Lehrstuhl, vielen mir lieben Kollegen, fiel mir nicht leicht. Aber ich konnte beim Rasieren wieder in den Spiegel schauen. Und das war es mir wert.

~

In den Erinnerungen an Ihre zwei Jahre in Heidelberg beschreiben Sie die Meinungsverschiedenheiten mit Ihrem damaligen Kollegen Ernst Tugendhat, was die Reform der Universität und den Umgang mit den revolutionär gesinnten Studenten angeht. Wie würden Sie Ihr Verhältnis zu Tugendhat rückblickend darstellen?

Wir kannten uns. Ende der fünfziger Jahre trafen wir uns öfter im Collegium Philosophicum von Joachim Ritter. Tugendhat hat mich sogar im Krankenhaus besucht, als ich wegen der Psittakose in der Tübinger Universitätsklinik behandelt wurde.

In Heidelberg sahen wir uns dann wieder. Aber da hatte in ihm schon etwas stattgefunden. Er hatte sich von der Politisierung der damaligen Zeit anstecken lassen. Meiner Ansicht nach ist er wirklich ein Philosoph, aber eigentlich ein unpolitischer Mensch. Wenn ein so abstrakter, theoretischer Geist in einem öffentlichen Institut seine Vorstellungen von Gerechtigkeit exekutieren will und zu Fragen der Hochschulpolitik Stellung nimmt, wird es immer gefährlich. Noch bevor ich berufen wurde, versuchte er mich zu überreden, meine Berufungsverhandlungen dazu zu nutzen, um das Prinzip der Egalität im Philosophischen Institut durchzusetzen gegen Privilegien eines Kollegen hinsichtlich der räumlichen und finanziellen Ausstattung, die auf Berufungszusagen beruhten.

Ich war dafür nicht zu gewinnen, weil ich in den Berufungsverhandlungen meine Wünsche alle erfüllt bekam und es mich deshalb überhaupt nicht interessierte, ob ein Kollege besser gestellt war. Wenn ich habe, was ich brauche, stört mich nicht, wenn ein anderer mehr bekommt. Für Tugendhat war das eine Enttäuschung. Es ging ihm ums Prinzip. Seine Motive waren – jedenfalls hatte ich den Eindruck –

nicht egoistischer Natur oder von Neid bestimmt. Eher konnten die meinen so erscheinen, weil ich mich nur für die eigenen Arbeitsbedingungen interessierte.

Tugendhats Einsatz als Jude für die Sinti und Roma, seine Parteinahme für die Palästinenser sind Beispiele – und beispielhaft – für eine nicht von individuellen oder kollektiven Interessen bestimmten Option. (Natürlich wird die Seriosität eines solchen humanitären Engagements in Mitleidenschaft gezogen, wenn man erfährt, dass unter Tugendhats Leitung das Philosophische Institut der Berliner Freien Universität – und zwar nicht zu Fasching – zur »Atomwaffenfreien Zone« erklärt wurde.)

Dieter Henrich war damals gerade zu Gastvorlesungen in den USA. Wenig später – ich war mittlerweile berufen – wurde die Wahl des Rektors der Universität Heidelberg von Studenten gesprengt. Der nächste Wahlgang fand unter Polizeischutz statt. Darauf erklärte mir Tugendhat, er werde wie Georg Picht an der Rektorwahl nicht teilnehmen, solange die Polizei den Versammlungssaal bewacht. Ob ich mich anschließen wolle? Ich antwortete ihm: »Aber wieso? Die Polizei schützt doch die Freiheit der Wahl. Warum soll ich gegen den Polizeischutz sein?« Bei Tugendhat traf man immer auf diese abstrakten Vorstellungen, alles müsse auf freiem Diskurs gegründet sein, ohne dass dieser Diskurs eines Schutzes bedürfe.

In Ihren Erinnerungen an die Zeit in Heidelberg schildern Sie eindrucksvoll Ihre Irritationen. Was haben nach Ihrer Meinung die Revolten der Jahre 1967–1969 und danach auf Dauer bewirkt?
Sie haben eine Ideologie freigesetzt, die noch heute nachwirkt. Deren Kern ist ein bestimmter Begriff von Emanzipation. Dabei wird eine Vorstellung von Freiheit propagiert,

nach der sich Menschen von Gegebenheiten emanzipieren müssen, die sie nicht selbst eingerichtet haben. Alles, was zu den Traditionsbeständen gehört, was man Sitten nennt, muss verabschiedet und alle Selbstverständlichkeiten müssen aufgelöst werden. Sie sind nur als historische zu verstehen. Auch von der Natur hat man sich zu emanzipieren.

Spätfolgen dieser Emanzipationsidee erkennt man daran, dass heute von vielen die Geschlechtszugehörigkeit als Naturgegebenheit abgelehnt wird. Die Gesellschaft habe dafür zu sorgen, dass die Frage seines Geschlechts von jedem Menschen frei entschieden werden kann. Die operative Geschlechtsumwandlung wird begrüßt, merkwürdigerweise wird dagegen das medizinische Angebot, eine homosexuelle Orientierung psychotherapeutisch in eine heterosexuelle umzuändern, wütend bekämpft. Darin sieht man ein reaktionäres Vorurteil, das die heterosexuelle Orientierung zur Norm, zum Natürlichen erklärt. Davon aber gelte es gerade, sich zu emanzipieren. Alles, was vorgegeben ist, beispielsweise auch die menschliche Fortpflanzung durch Beischlaf, muss revidiert, muss manipuliert werden. Famulus Wagner in Goethes Faust: »Behüte Gott! Wie sonst einst das Zeugen Mode war,/ Erklären wir für eitel Possen«.

Der klassische Begriff der Emanzipation konnte genau benennen, von welchem Zwang man sich befreien will und wann die Befreiung stattgefunden hat. Die Sklavenbefreiung zum Beispiel war als Emanzipation in dem Augenblick gelungen, als der Status des Sklaven aufgehoben wurde.

Der moderne Emanzipationsbegriff meint etwas, das nie sein Ende findet, weil es immer wieder gegen Gegebenes ankämpft. Diese Form der Emanzipation kann nicht zum Abschluss kommen. Das bedeutet aber auch eine permanente Privilegierung der Emanzipatoren gegenüber ihren Schützlingen, das heißt gegenüber allen anderen. Denn diejenigen, welche schon weiter fortgeschritten sind, haben das Recht, den anderen Vorschriften zu machen. Peter Handke schrieb Anfang der siebziger Jahre einmal, es ginge ja nicht, dass Leute, die immer dasselbe wollen, das gleiche Recht hätten wie diejenigen, die eine Veränderung wollen. Warum eigentlich nicht? Ist nicht vielleicht sogar das Gegenteil richtig?

Waren die Studenten, die eine Revolution der Universitätsverfassung durchsetzen wollten, die nützlichen Idioten, die mithalfen, eine permanente Reform der Hochschulen herbeizuführen, die schließlich im Bologna-Prozess endete?
Jedenfalls ist es genauso gekommen, wie ich es den Studenten vorhergesagt habe: Reglementierung der Professoren, der Studiengänge, der Forschungs- und Lehrinhalte. Die Wissenschaftsministerien lenken die Hochschulen. Also, wenn ich die Lage heute betrachte, möchte ich nicht mehr Professor an einer Universität sein.

~

EIN FRONLEICHNAMSBESUCH BEI HEINRICH BÖLL

Anfang der 70er Jahre. Fronleichnam. Nach der Prozession fahren meine Frau und ich in die Eifel zu einem Besuch bei Heinrich und Annemarie Böll zu einem der unscheinbaren Dorfhäuser, die sich, ähnlich wie in französischen Dörfern, nicht durch ihren Verputz von der umgebenden Natur abheben, sondern als Teil der Erde erscheinen. Das Dorf war von der nächstgelegenen Bahnstation nur mit einem Taxi zu erreichen.

Bölls hatten uns eingeladen, mit unseren drei Kindern in ihrem Haus auf Achill Island in Irland einen Sommerurlaub zu verbringen. So gab es bei Kaffee und Kuchen viele Details zu besprechen. Währenddessen klopft es an der Haustür. Böll geht hin, um zu öffnen, und es dauert eine Weile, bis er zurückkommt und meine Frau und mich aus dem Zimmer herausbittet.

Im Eingang steht Helmut Conrads, der Kommissar der Dürener Kriminalpolizei. Ein Blick aus der geöffneten Haustür: Das Haus ist umstellt von Polizisten mit Maschinenpistolen im Anschlag. Der Offizier verlangt unsere Ausweise. Wir haben keine bei uns.

Auf unseren Vorschlag hin ruft er bei der Polizei in Stuttgart an. Zwei Polizisten fahren zu unserem Haus, wo sie unsere Kinder antreffen, und auf die Frage, wo ihre Eltern seien, antworten sie: »Bei Bölls in der Eifel.« Die Identität war also festgestellt: Wir waren nicht Baader-Meinhof. Denn nach Mitgliedern der RAF, unter anderen nach Ulrike Meinhof, wurde an diesem Tag in einer Großrazzia gesucht. Man hatte gemeldet bekommen, ein Taxi habe ein Paar von der Bahnstation zu Bölls Haus gefahren.

Aber warum interessierte sich die Polizei auf so spektakuläre Art für Heinrich Bölls Besucher? Nachdem der Kommissar seinen Polizisten Entwarnung gegeben hatte, musste er seine Aktion erklären.

Meine etwas heimtückische Bemerkung, meine Korrespondenz mit Ulrike Meinhof liege doch schon lange zurück, ließ den Mann für einen Augenblick vermuten, dass er doch nicht ganz so falsch liege. Aber die Vermutung löste sich rasch in Luft auf: Ich hatte ihr als Assistent am Pädagogischen Institut der Universität Münster mehrfach Mahnbriefe schreiben müssen wegen entliehener Bücher der Institutsbibliothek, die sie nicht zurückgab.

Also – was war mit Böll? Böll hatte im SPIEGEL einen Artikel veröffentlicht: »Freies Geleit für Ulrike Meinhof«, einen Artikel, der ziemlich unklar war und ihn in den Verdacht brachte, mit den Terroristen zu sympathisieren, die sich großspurig »Rote Armee Fraktion« nannten. Inzwischen saß der Kommissar mit uns am Tisch, trank Kaffee und aß Kuchen.

»Haben Sie eigentlich meinen Artikel gelesen?«, fragte Böll.

Der Offizier musste verneinen. Böll schlug ihm vor: »Laden Sie mich doch einmal in Ihre Polizeikaserne zu einem Vortrag ein, damit ich Ihnen erklären kann, was ich denke.«

Der Mann versprach, den Vorschlag an den »höheren Ort« weiterzugeben. Aber dann sagte er:

»Erlauben Sie aber doch bitte eine Frage. Nehmen wir an, im Rahmen ihrer Flucht vor dieser Razzia habe Ulrike, mit wem auch immer, an Ihre Haustür geklopft und um Einlass gebeten. Was hätten Sie getan?«

Heinrich Böll: »Ich hätte zuerst gefragt: Haben Sie eine Pistole bei sich? Wenn ja: Sie müssen die Pistole draußen lassen. Wenn sie das getan hatte, hätte ich sie erst einmal hereingelassen, wie jeden Flüchtigen, der bei mir anklopft.«

»Sehen Sie«, sagte der Polizist, »da haben wir doch nicht ganz falsch gelegen. Es hätte ja tatsächlich sein können, dass das Paar, das mit dem Taxi zu Ihnen kam, das gesuchte Terroristenpaar war.«

Gegen dieses Argument war schwer etwas einzuwenden. Man verabschiedete sich auf zivile Art. Böll war aber sichtlich aufgewühlt und beschwerte sich beim Innenminister des Landes Nordrhein-Westfalen. Jahrzehnte später schilderte der Polizeioffizier in der ZEIT die Begebenheit aus seiner Perspektive – übrigens korrekt. Nur ein Detail verschwieg sowohl Böll in seiner Beschwerde als auch der Polizist in seinem

Bericht, nämlich dass wir miteinander Kaffee getrunken und Kuchen gegessen haben.

Auf der Heimfahrt bestellten wir am Kölner Hauptbahnhof in dem dortigen Blumenladen einen Strauß mit weißen Bauernlilien für das Ehepaar Böll. Ich dachte, es seien die richtigen Blumen, um die Verdüsterung des Gemüts als Ergebnis unseres so heiter begonnenen Nachmittags ein bisschen aufzuhellen.

Leider las ich zwei Tage später zufällig irgendwo eine Bemerkung Bölls, dass er weiße Bauernlilien nicht leiden kann, weil sie ihn an kitschige Gipsfiguren des heiligen Josef erinnern.

KAPITEL 6

ANKUNFT IN MÜNCHEN

Die Wiederentdeckung des teleologischen Denkens

Im Jahr 1972 kehren Sie von Heidelberg nach Stuttgart zurück – für eine kurze Zeit. Ein Jahr davor nehmen Sie eine Gastprofessur in Salzburg an. War das für Sie nicht eine recht wechselvolle, hektische Zeit?

Gewiss, das war es. Zurück in Stuttgart an der Technischen Hochschule hatte ich keineswegs den Wunsch aufgegeben, Philosophiestudenten im Hauptfach unterrichten zu können. Viele erfreuliche Erlebnisse mit den Heidelberger Studenten hatten mich darin eher noch bestärkt. So kam mir die Salzburger Gastprofessur gerade recht.

Ich zog mit meiner Familie in ein Bauernhaus nahe Salzburg, wo wir dann über zehn Jahre lebten. Wir lebten in einer ziemlich heilen Welt inmitten eines Kreises befreundeter Familien, erlebten herrliche Bergwanderungen und Hausfeste, bei denen noch alle Generationen zusammen feierten. Meine beiden jüngeren Kinder gingen in Salzburg zur Schule. Diese Zeit haben wir sehr genossen. Meine Verbindung mit der dortigen Universität blieb allerdings ein Intermezzo. Ich erhielt zwar bald einen Ruf auf den dort gerade freigewordenen Philosophielehrstuhl. Ihn hatte Balduin Schwarz seit 1964 bis zu seiner Emeritierung inne, ein Schüler Dietrich von Hildebrands. Beide hatten 1933 Deutschland verlassen müssen.

Aber eine Auseinandersetzung mit der Salzburger Fakultät

über ein Habilitationsverfahren bewog mich, meine Annahme des Rufs in Salzburg zurückzuziehen.

Was war geschehen?

Von meinem Vorgänger hatte ich einen Assistenten übernommen, um dessen Habilitation ich mich zu kümmern hatte. Sie wurde von der Fakultät unter Verletzung einer Reihe von Rechtsregeln rundweg abgeschmettert. Daraufhin sah ich mich gezwungen, eine Aufhebung des Fakultätsbeschlusses im Unterrichtsministerium in Wien zu beantragen.

Der Sektionschef des Kultusministeriums besuchte mich daraufhin in Salzburg. Ich ging mit ihm zum Mittagessen. Gleich zu Beginn machte er die kafkaeske Bemerkung: »Wissen's, i heb Ihnen jeden Fakultätsbeschluss in Österreich auf. Irgendein Formfehler is immer drin.« Aber meinen Konflikt mit der Fakultät, die sich sehr trickreich anstellte, konnte auch er nicht schlichten. Man wollte die Habilitation unbedingt zu Fall bringen. Dazu wollte ich mich aber nicht hergeben.

Inmitten dieser Turbulenzen erreichte mich ein Ruf des bayerischen Kultusministers Hans Maier auf einen Philosophie-Lehrstuhl in München. Das gab mir die Möglichkeit, Salzburg zu verlassen. Für den Assistenten von Balduin Schwarz habe ich mich dann später an der Universität München eingesetzt, so dass er sich dort habilitieren konnte.

Ich war zwar nicht begeistert von seiner Habilitationsschrift, aber ich meinte eben, es sollte bei Habilitationsverfahren mit rechten Dingen zugehen. Kollegen in Salzburg gaben mir zu verstehen, dass mein Gutachten mit schuld sei an der Ablehnung. Ich hätte Schwächen und Stärken der Arbeit abgewogen, statt sie vorbehaltlos über den grünen Klee zu loben. Das sei in Österreich nun aber einmal nicht üblich, wenn man eine Arbeit durchbringen wolle.

Wie kam es zur Berufung nach München? Hatten Sie sich wegen der Salzburger Querelen beworben?

Nein, ich habe mich in meinem Leben nie beworben. Auf der Berufungsliste stand ich übrigens nicht einmal an erster Stelle, sondern Heinrich Rombach, ein Schüler von Max Müller. Er lehrte seit 1964 an der Universität Würzburg und gab ab 1970 das »Philosophische Jahrbuch« mit heraus. Müller hatte großen Wert darauf gelegt, ihn als seinen Nachfolger nach München zu holen. Rombach wollte allerdings in Würzburg wohnen bleiben, was ihm das Ministerium nicht zubilligte. So bekam ich schließlich den Ruf und begann im Sommersemester 1973 mit meiner Lehrtätigkeit an der Ludwig-Maximilians-Universität. München war überraschend auf mich zugekommen. Ich hatte keine Kontakte zur Universität, nur die Erinnerung an meine dortige Studentenzeit.

In dieser Zeit um Ihre Berufung nach München, also im Jahr 1972, sind Sie mit zwei Aufsätzen einem breiteren Publikum bekannt geworden: mit dem Artikel »Utopie der Herrschaftsfreiheit« im »Merkur«, später mit dem Beitrag »Moral und Gewalt« in dem von Manfred Riedel herausgegebenen Band »Rehabilitierung der praktischen Philosophie«, der der philosophischen Debatte in Deutschland eine neue Wendung gab. Wollten Sie jemals so etwas wie ein praktischer Philosoph sein?

Nein, ganz im Gegenteil. Dass ich mich immer wieder mit ethischen und politischen Themen befasste, war den damaligen Auseinandersetzungen mit den herrschenden ideologischen Thesen geschuldet, vor allem aber der öffentlichen Wirkung der »Frankfurter Schule«, und zwar nicht mehr in ihrer von Horkheimer und Adorno geprägten Form, sondern in der Version, die sie durch Jürgen Habermas angenommen hatte.

Dessen Idee vom »herrschaftsfreien Diskurs« fand in intellektuellen Kreisen damals viel Zustimmung – nicht die meinige. Ich hielt es nicht für überzeugend, den Begriff der praktischen Vernunft durch den des idealen Diskurses zu ersetzen. Der rationale Diskurs setzt nämlich Vernunft immer schon voraus und nicht umgekehrt, woran der »Transzendentalpragmatiker« Apel übrigens ausdrücklich festhielt. Der Diskurs hat die Funktion der »gesetzprüfenden Vernunft«, wie es bei Hegel heißt, nicht aber die einer Norm kreierenden Instanz. Im Unterschied zu idealen Diskursen in einer utopischen Welt sind reale Diskurse, wenn sie handlungsrelevant sein sollen, durch Bedingungen eingeschränkt. Erstens muss ihre Freiheit durch herrschaftliche Sicherungen abgesichert werden, also etwa durch die Polizei. Zweitens aber ist der Diskurs an sich unendlich, und jeder neu hinzukommende Teilnehmer muss das Recht haben, einen zuvor erzielten Konsens erneut mit neuen Argumenten in Frage zu stellen.

Wann Diskursteilnehmer vom Reden zum Handeln übergehen, so dass eine eventuelle Fortsetzung des Diskurses nicht mehr handlungsrelevant sein kann, das ist und bleibt eine Sache der Entscheidung. Habermas und Apel aber wollten als Transzendentalphilosophen den Diskurs nicht als empirischen, sondern als »idealen«, also kontrafaktisch, verstanden wissen. Auch ein diskursiv zu erzielender Konsens, der von allen vernünftig und gerecht Denkenden antizipiert wird, ändert nichts daran. Wer definiert vernünftiges und gerechtes Denken? Wir können es drehen und wenden, wie wir wollen, der Diskurs kann die Vernunft nicht ersetzen, sondern muss sie voraussetzen.

Eine meiner Fragen galt dem Problem der »guten Herrschaft«: Ist sie überhaupt möglich, oder muss man das Gute oder Richtige als das definieren, was sich im zwanglosen Diskurs durchsetzt? Ich fand, dass ein herrschaftsfreier Diskurs immer nur stattfinden kann, wenn ein Mächtiger ihn möglich macht und den Raum der Freiheit des Diskurses absichert.

Der Idee des »herrschaftsfreien Diskurses« schien mir das eigentlich Politische zu eliminieren. Man kann das Politische nicht selbst im Diskurs auflösen. Denn dann setzt man sich der Unfreiheit und Willkür aus. Vor Augen hatte ich das bereits angesprochene Heidelberger Erlebnis einer Rektoratswahl. Sie wurde von linken Studenten gesprengt und sollte unter Polizeischutz wiederholt werden.

Tugendhat und andere meinten, unter Polizeischutz könne man nicht zwanglos abstimmen. Ich antwortete ihnen, dass ohne einen machtgeschützten Raum kein zwangloser Diskurs möglich ist.

Im Dezemberheft des »Merkur« erschien dann der Briefwechsel zwischen Ihnen und Jürgen Habermas. Hatten Sie das geplant?

Habermas antwortete auf meinen Artikel »Die Utopie der Herrschaftsfreiheit« mit einer Replik: »Die Utopie des gerechten Herrschers«. Wir haben uns immer freundlich behandelt, und so wurden wir uns schnell einig, dass ich auf seine Replik noch einmal antworte. Habermas hat mich eigentlich immer mit Glacéhandschuhen angefasst und ich ihn auch. Seine Invektiven richteten sich eher gegen Lübbe.

Über meinen Aufsatz »Moral und Gewalt« hat sich Habermas dann nicht mehr geäußert. In ihm ging es mir um die Frage, ob und wenn ja unter welchen Bedingungen Gewalt moralisch gerechtfertigt werden kann, sei es durch das Ziel einer besseren Welt oder das der Erhaltung der bestehenden. Wo endet das Gewaltmonopol des Staates? Ich entwickelte Kriterien, aufgrund deren Erfüllung ein Staat Loyalität und Gesetzesgehorsam verlangen kann: 1. Freiheit für Kritik am staatlichen Handeln. 2. Möglichkeit legaler Verfassungsänderung. 3. Auswanderungsfreiheit.

Eine Bedingung für moralisch vertretbare Gewaltanwendung ist, dass das Ziel keine Zukunftsutopie ist, sondern dass die Gewalttäter ein begrenztes Ziel haben, dessen Erreichung klar definiert ist und den sofortigen Friedenszustand wiederherstellt. Prototyp einer nicht juristisch, aber unter Umständen moralisch gerechtfertigten Gewalt ist die Sezession eines Gebietes mit dem Ziel der Gründung eines neuen Staates.

Für sehr gefährlich hielt ich immer den Versuch der »Friedensforscher« in den sechziger Jahren, alle ungerechten Strukturen »strukturelle Gewalt« zu nennen und damit jede Gewalt im Dienst der Gerechtigkeit als Gegengewalt zu rechtfertigen. Das nämlich wäre das Ende jeglicher Friedensordnung. Es wäre der konfessionelle Bürgerkrieg als Dauerzustand.

Praktische Philosophie, schrieb ich damals, hat es mit dem Handeln unter dem Aspekt seiner intersubjektiven Rechtfertigung zu tun. Mein Schlusssatz hatte die Rechtfertigungen der Protagonisten der Protestbewegungen im Auge: »Gewalt als Geburtshelfer des Neuen, das kann in Wirklichkeit nur heißen, dass das Neue auch nur wieder eine Spielart des Alten ist.«

Mit diesen Argumenten erhielten Sie bei linken Intellektuellen gewiss wenig Zustimmung. Im Jahr 1972 nun wurden Sie an die Universität München berufen. Waren dort die Verhältnisse für Sie friedlicher als in Heidelberg?
Ja, was man schon daraus ersehen kann, dass ich in München bis zu meiner Emeritierung 1992 geblieben bin. Gut, es gab auch hier institutsinterne Querelen, Spätfolgen der 68er-Protestbewegung, aber sie führten nicht zu ernsthaften Problemen.

In der philosophischen Fakultät traf ich auf Wolfgang Stegmüller, den damals prominentesten Vertreter der Analy tischen Philosophie in Deutschland. Wir pflegten ein friedliches und respektvolles Nebeneinander. Stegmüller schrieb ein Buch nach dem anderen. Er war ein verantwortungsbewusster Chronist der wichtigsten Gedanken und Bewegungen der analytischen Schule jener Tage. Seine Option für die Analytische Philosophie war ihm immer als Option bewusst, und er versuchte nicht, sie machtpolitisch durchzusetzen.

Ich erinnere mich noch an eine Diskussion im Fachbereich Philosophie, als von Karl Jaspers die Rede war. Irgendjemand meinte beiläufig, aber Jaspers sei doch nicht ernst zu nehmen als Philosoph. Stegmüller widersprach: In einem Band über die großen Philosophen der Welt werde Jaspers unter die größten gereiht. Und schaue man sich die Häufigkeit an, mit der Jaspers' Bücher und Aufsätze zitiert werden, dann müsse man ihn ernst nehmen. Er rechtfertigte seine Intervention mit den Worten: »Bei solchen Dingen lege ich rein formale Kriterien zugrunde.« Auf dieser Basis war friedliche Koexistenz möglich. Meinem Buch »Die Frage Wozu« hat er in einem seiner wissenschaftstheoretischen Werke ein kritisches Kapitel gewidmet.

Also kurz, es war eine erfreuliche Zeit in München. Und meine Rangeleien mit der »marxistischen« Gruppe am Institut machten mir eher Spaß. Wir haben Flugblätter gegeneinander geschrieben. Meine waren besser als die ihren. Einmal habe ich mit dem Anführer der Gruppe eine Podiumsdiskussion vor überfüllter Aula gemacht mit strengen, zuvor vereinbarten Regularien, zu denen Nichtintervention des Publikums gehörte.

Hatten Sie vor, in München eine Spaemann-Schule zu gründen?
Nein. So etwas nimmt man sich nicht vor. Es ergibt sich oder nicht. Es gibt einen Kreis von Freunden, die durch mich zum

philosophischen Denken gekommen sind. Aber eine »Schule«? Philosophie ist ein anarchisches Unternehmen.

Aber Sie hatten Assistenten, die an Ihrem Lehrstuhl mitarbeiteten.
Ja, zuerst zwei und dann drei Assistenten. In Stuttgart war Reinhart Maurer mein Assistent, ein Schüler Joachim Ritters, später an der FU in Berlin. Als ich in München antrat, habe ich einen Assistenten von meinem Vorgänger Max Müller übernommen. Mit mir arbeiteten am Lehrstuhl Peter Reisinger, Karl-Heinz Nusser, später beide außerplanmäßige Professoren an der Münchner Universität. Dazu kamen dann Wolfgang Schrader und Reinhard Löw, die leider beide inzwischen gestorben sind. Und schließlich begleiteten mich bis zum Schluss Thomas Buchheim, Rolf Schönberger und Walter Schweidler, die inzwischen längst Lehrstühle innehaben.

Alle sind Professoren für Philosophie in Deutschland geworden. Ihr Lehrstuhl hat sich als Sprungbrett für akademische Karrieren bewährt. Aber wie war das Klima an Ihrem Lehrstuhl? Duldeten Sie Widerspruch?
Widerspruch, muss ich sagen, hat mich nie geärgert, erst recht nicht, wenn er intelligent vorgebracht wurde und die Einsicht förderte.

Thomas Buchheim zum Beispiel erhob in meinen Seminaren immer wieder Einwände gegen meine Überlegungen. Ich wurde ja als Platoniker betrachtet. Buchheim verteidigte die Sophisten gegen die Kritik in Platons Dialogen. Seine Promotion über die Sophistik als Avantgarde normalen Lebens habe ich gelobt, wenn sie mich auch nicht gänzlich überzeugt hat. Und was Buchheim heute macht, empfinde ich als eine Fortsetzung meiner eigenen Arbeit. Man muss als Philosoph

Geduld haben. »Lass dir Zeit« sollten nach Wittgenstein die Worte sein, mit der Philosophen einander begrüßen.

Bei Reinhard Löw war es anders. Er war ein außerordentlich intelligenter, hochbegabter Mann. Er kam von der Pharmazie und kannte sich vorzüglich in der Wissenschaftsgeschichte aus. Als er später ein Angebot erhielt, einen Pharmazie-Lehrstuhl mit sechs Assistentenstellen und einem großen Forschungsfeld in Marburg zu übernehmen, schlug er es aus und blieb bei der Philosophie.

Löw hatte eine glänzende Auffassungsgabe. Seine Dissertation über den Begriff des Lebens in Kants opus postumum ist überaus lehrreich. Aber später hat er seine Intelligenz fast nur noch dazu eingesetzt, meine Thesen zu popularisieren. Ich sah das immer mit einem lachenden und einem weinenden Auge. Er war ein guter Freund, aber der Alkohol hat ihn zugrunde gerichtet. Gott sei ihm gnädig.

Sie neigten anscheinend nicht zu doktrinärer Erziehung.
Jedenfalls haben mich meine Schüler zu der Meinung gebracht, bei mir hätten sie sich wirklich in vollkommener Freiheit entfalten und das verfolgen können, was ihnen am Herzen lag und was sie glaubten, selbst eingesehen zu haben.

An der Universität lehren hieß für mich, Studenten an meinem eigenen Denken teilnehmen lassen, so lange, bis das Gefälle sich nivelliert und ich anfange, von ihnen zu lernen. Ich trug vor allem die Sachen vor, die mich selbst interessierten. Dabei machte ich die Erfahrung, wenn ich einen Gedanken darstelle, indem ich mir selber eine Frage beantworte, dann kann ich ihn auch am besten anderen mitteilen, dann ist das für andere interessant. Jedenfalls waren meine Vorlesungen gut besucht.

Ein Schwerpunkt in Ihrer Münchner Zeit galt der Geschichte und Wiederentdeckung des teleologischen Denkens. Darüber haben Sie eine Vorlesung gehalten, die später, 1981, als Buch erschien unter dem Titel »Die Frage Wozu« und 2005 in der Wiederauflage unter dem Titel »Natürliche Ziele«. Was wollten Sie damit bewirken?

Ich stellte ein liebgewordenes Vorurteil der modernen Wissenschaft in Frage, nämlich man müsse auf teleologische Interpretationen der Wirklichkeit verzichten. Das Thema selbst hatte sich mir, wie ich schon sagte, während meiner Arbeit über de Bonald aufgedrängt und beschäftigte mich dann vor allem beim Fénelon-Buch, wo ich die These von einer »Inversion der Teleologie« entwickelte.

Im Wintersemester 1976/77 habe ich dann den Versuch gemacht, der Frage nachzugehen, wie es zur Abkehr vom teleologischen Denken im ausgehenden Mittelalter kam und wie ein Neuzugang zu ihm – die wesentlich schwierigere Frage – gewonnen werden kann.

Im Vorwort zur Buchfassung dieser Vorlesung »Natürliche Ziele« habe ich geschrieben: »Dieses Buch ist die lange Vorrede zu einem kürzeren, streng systematischen Buch, das noch nicht existiert und vielleicht gar nicht existieren kann. Denn – kann man streng systematisch über Teleologie reden?« Kant sah das Problem so: Zum einzig vernünftigen, nämlich teleologischen Gebrauch der Urteilskraft angesichts lebendiger Organismen kann niemand genötigt werden. Ein solcher Gebrauch wird uns nur durch die Wirklichkeit dringend nahegelegt. Platon verwendete im Dialog »Timaios« die Metapher des Überredens, um das Einwirken der Vernunft auf die Notwendigkeit sprachlich auszudrücken, so dass die Dinge sich nach dem »Besten« orientieren.

Bestätigt die Verlegenheit, das teleologische Denken systematisch zu rekonstruieren, nicht die Abkehr von ihm? Der englische Philosoph Francis Bacon hat um 1600 geschrieben: »Die Betrachtung natürlicher Prozesse unter dem Aspekt ihrer Zielgerichtetheit ist steril, und wie eine gottgeweihte Jungfrau gebiert sie nichts – *tamquam virgo Deo consecrata, quae nihil parit.* Das heißt: Das Aufsuchen der *causa finalis,* die Betrachtung der Dinge unter dem Aspekt ihrer Ziel- oder Zweckgerichtetheit, bringt uns nicht weiter. Er kritisierte also das teleologische Denken nicht deswegen, weil es sich nicht systematisieren ließe, sondern weil es nutzlos ist.

Die moderne Wissenschaft schloss sich später nicht nur dieser Ansicht an, sondern fasste den Entschluss, auf jede teleologische Betrachtung und Interpretation der Wirklichkeit zu verzichten, die Entteleologisierung zum Prinzip zu erklären. Ihr geht es dabei gar nicht um Systematik, sondern darum, welchen Nutzen Menschen aus der Beobachtung der Wirklichkeit oder Natur gewinnen können. Die teleologische Betrachtung dagegen sei kontemplativ, vermehre nicht die Herrschaft über die Natur. Dieser Herrschaftswille über die Natur ist das leitende Interesse moderner Naturwissenschaft, nicht das Ziel, teleologisches Denken in eine streng systematische Form zu bringen. Nicht eine theoretische Aporie, sondern ein lebenspraktisches Motiv bewegt die Abkehr von der Teleologie.

Aber ein lebenspraktisches Motiv ist auch leitend bei dessen Rückgewinnung. Nun ist mir frühzeitig aufgegangen, was Bacon und andere zu Beginn der Neuzeit sich noch gar nicht vorstellen konnten, was aber im 20. Jahrhundert offenbar wurde: Dieses Interesse an der Naturbeherrschung wirkt nicht nur auf die Betrachtung des Menschen selbst zurück, sondern führt zu Eingriffen in dessen natürliche Konstitution.

Das ethische Problem der Folgen naturwissenschaftlicher Naturbeherrschung hat Sie in den darauffolgenden Jahrzehnten immer wieder zu öffentlichen Wortmeldungen veranlasst. In Ihrer Vorlesung und der späteren Buchveröffentlichung geht es nun aber nicht nur um die Geschichte, wie das teleologische Denken außer Kurs kam, sondern auch auf welch wackeligen Füßen dessen Überwindung, also das anti-teleologische Denken in den heutigen Naturwissenschaften steht. Wird damit nicht ein wichtiges theoretisches oder philosophisches Problem aufgeworfen?

Von Nicolai Hartmann bis Wolfgang Stegmüller lautet die These: Nur menschliches Handeln ist zielgerichtet, denn nur der Mensch setzt sich Zwecke. Aber eben das stimmt nicht. Wir können uns Zwecke nur setzen, weil wir Ziele bereits in uns vorfinden, so etwa den Durst. Trinken ist eine freie Handlung. Unsere Freiheit besteht darin, uns das natürliche Telos zu Eigen zu machen. Biologie und Neurologie können das, was in einem Hund vorgeht, wenn er zur Schüssel läuft, unter Absehung der subjektiven Durstempfindung beschreiben. Aber wir würden uns keinen Hund halten, wenn wir nicht sagen dürften, er liefe, »um zu fressen«, so wie auch wir in die Küche gehen, um unseren Hunger zu stillen. Der natürliche Trieb ist ein ausreichender Grund für unsere Handlungen, ein *prima facie*-Grund, der allerdings unter Umständen hinter wichtigeren Gesichtspunkten zurücktreten muss.

Wenn jemand mich fragt: Warum isst du?, dann antworte ich: Weil ich Hunger habe, und wenn er als Anhänger Humes die Frage wiederholt und sagt: Dass du Hunger hast, habe ich verstanden, aber ich wollte wissen, warum du isst – dann kann ich nur sagen: Wenn dir diese Antwort nicht reicht, eine andere habe ich nicht.

Ein anderes Beispiel wird im ersten Buch des Platon-Dialogs »Politeia« erwähnt. Dort kontert Thrasymachos eine Bemerkung des Sokrates, dass, wie schon Homer sage, Könige wie Hirten seien, die für ihre Völker sorgen, mit dem Satz: »Was macht denn der Hirte? Er gibt doch zum Schluss die Schafe zum Schlachten ab.« Ihm widerspricht Sokrates, indem er betont, dass das Wohl der Schafe und das Wohl des Menschen nicht konträr sind. Die Menschen halten sich Schafe natürlich zu ihrem Nutzen. Aber sie gehen davon aus, dass es, wenn es den Schafen gut geht, auch ihnen gut geht. Denn ein Schaf, dem es gut gegangen ist, schmeckt nach der Schlachtung besser als ein Schaf, das nicht artgerecht leben durfte. Faktisch werden die Schafe am Ende getötet. Aber das gehört nicht zur Definition des Hirten, also zur Hirtenkunst. Den Idealtypus des guten Hirten finden wir im Neuen Testament, wo es heißt: »Der gute Hirte lässt sein Leben für die Schafe.«

In der modernen Tierhaltung spielt das Wohl der Tiere von sich aus keine Rolle. Die Sorge um die Tiere muss von außen herangetragen werden, nämlich vom Tierschutz. Der Tierschützer denkt als Teleologe und unterstellt, dass Tiere auch so etwas wie ein Interesse besitzen. Er setzt dem Tierhalter das Limit von außen: Bestimmte Minimalbedingungen für die Haltung der Tiere müssen eingehalten werden. Tierhalter und Tierschützer trennt eine Kluft, ganz anders, als es Sokrates gesehen hat. Auf der einen Seite gibt es den Menschen, der das Wohl der Tiere im Auge hat, der überhaupt die Natur unter einem teleologischen Aspekt betrachtet, und auf der anderen Seite den Menschen, der die Natur allein zu seinem eigenen Interesse beherrschen will.

Später habe ich dann den Gedanken von den zwei fundamentalen Interessen des Menschen entwickelt: dem Interesse, die Welt zu beherrschen, und dem Interesse, sich in der Welt zu beheimaten. Beides sind legitime Interessen. Der Mensch kann nicht überleben ohne ein gewisses Maß an Naturbeherrschung.

Aber wenn er die ganze Welt entteleologisiert, dann kommt Pascals Wort von dem Schweigen der unendlichen Räume ins Spiel, das den Menschen zutiefst erschreckt. Er sieht sich als einsamen Vagabunden in einem sinnlosen Universum. Dem steht ein anderes Interesse entgegen, das Interesse an Heimat, an Beheimatung. Das heißt, die Dinge sind einerseits Objekte unserer Herrschaft, andererseits sind sie uns ähnlich. Wir sind Lebewesen unter anderen Lebewesen.

Der Aspekt der Ähnlichkeit aber verschwindet bei Descartes. Er trennt die Welt in den Bereich des Denkens, der *res cogitans*, und in den Bereich der Gegenstände, der Materie, der *res extensa*. Was dabei verlorengeht, ist das Leben. Es kann nicht aufgeteilt werden in Subjektivität und Objektivität; Leben ist die Verbindung von beidem. Leben ist denn auch immer mehr ins Zentrum meiner philosophischen Bemühungen gerückt.

Hätte Ihr Wiederentdecken der Bedeutung des teleologischen Denkens keine größere Resonanz in den philosophischen und wissenschaftstheoretischen Debatten der letzten 30 Jahre verdient? Und hat Sie das enttäuscht?
Nein, eigentlich nicht. Das antiteleologische Paradigma ist im Selbstverständnis der modernen Naturwissenschaft so tief verankert, dass ein Buch es nicht einfach zu Fall bringen kann. Es hängt zu viel daran.

Aber ins Wanken geraten ist es ja bereits seit Langem. Längst haben Biologen bemerkt, dass sie ohne den Gebrauch von Worten wie »um-zu« und »damit« nicht auskommen. Teleologie ist für sie – nach einer Bemerkung von John B. S. Haldane – wie eine Mätresse, ohne die jemand nicht leben kann, mit der er sich aber in der Öffentlichkeit nicht gern sehen lässt.

Die Biologen haben zur Lösung der Notlage den Begriff »Teleonomie« erfunden und nun sogar Aristoteles als Vertreter dieser Als-ob-Teleologie rehabilitiert. Selbst das Wort »Teleologie« ist von Ernst Mayr wieder hoffähig gemacht worden. Im übrigen habe ich meinerseits Vorbehalte gegen das Wort Teleologie, weil es erfunden wurde, um die Zweckmäßigkeit und die den Menschen ermöglichende Verfassung des Universums zu benennen, also das, was Hegel »äußere Zweckmäßigkeit« nennt. So dass also beispielsweise Flöhe dazu da seien, dass Menschen nicht zu lange schlafen.

Stoa und Christentum haben dieses Denken befördert, das sich die Welt als eine Maschine vorstellt, deren Teile von einem göttlichen Ingenieur zweckmäßig angeordnet sind. Aber diese Zweckmäßigkeit ist nur eine von außen induzierte. Die Rakete sucht ja nicht wirklich ihr Ziel, sondern ihre Teile wirken mechanisch so aufeinander, als ob die Rakete selbst ein Anliegen hätte, als ob es ihr um etwas ginge.

Ich halte es hier bescheiden mit Aristoteles, mit der Einschränkung, dass ich so etwas wie »innere Zweckmäßigkeit« nur für Lebendiges in Anspruch nehme. Innere Zielgerichtetheit ist geradezu die Definition von Lebendigkeit.

Fanden Ihre Vorlesungen an der Münchner Universität Resonanz bei den Studenten? Wie sehen Sie das rückblickend?
Meine Vorlesungen waren meistens sehr gut besucht. Eine Ausnahme war die Vorlesung »Über die Bedeutung der Worte ›Ist‹, ›Existiert‹ und ›Es gibt‹«, an der mir selbst besonders gelegen war. Sie fiel wohl aus dem Rahmen meines übrigen Vorlesungsprogramms zu sehr heraus, leider. Am liebsten hätte ich nur solche Vorlesungen gehalten.

Dagegen werde ich immer wieder gedrängt, meine Leibniz-Vorlesung als Buch herauszugeben. Für mich wäre das eine besondere Mühe, weil ich meine Vorlesungen fast immer frei, und das heißt bei mir: nicht druckreif gehalten habe, so dass sie nun nur in Tonbandnachschriften vorliegen. Im Übrigen war ich in den Diskursen der sechziger und siebziger Jahre philosophisch nicht sehr präsent.

Erst gegen Ende meiner Lehrtätigkeit und nach meiner Emeritierung begannen meine Gedanken im Besonderen zum Begriff »Person« einen breiteren Kreis von Menschen in vielen Ländern, darunter auch Japan und China, zu interessieren. Eine wachsende Zahl von Dissertationen in aller Welt setzte sich mit ihnen auseinander oder stellte sie in eigener Interpretation vor. Die »Moralischen Grundbegriffe«, Rundfunkvorträge, die ich – ohne den Gedanken an Veröffentlichung – geschrieben habe, wurden in 14 Sprachen übersetzt.

Ich griff die Themen jener Zeit auf, aber nicht in deren Geist. Mit scheint es die Aufgabe der Philosophie zu sein, »den Nomos des gegenwärtigen Daseins, des Bewusstseins der Zeit« – wie ich im Vorwort der Reclam-Ausgabe meiner »Philosophischen Essays« geschrieben habe, »aus einem Horizont zu begreifen, der nicht durch dieses Bewusstsein definiert ist«. Jeder entdeckt in sich selbst, wie sehr er das Kind seiner Zeit ist.

Aber Jean Paul fragt einmal: »Soll man Kinder für ihre Zeit erziehen oder gegen ihre Zeit?«, um dann zu antworten: auf jeden Fall gegen ihre Zeit. Denn die Zeit ist so mächtig, dass sie schon selber dafür sorgt, jeden in ihrem Gleise laufen zu lassen. Aber wenn ein junger Mensch frei werden soll, dann muss man ihn gegen die Zeit und ihre Vorurteile erziehen.

Nennen Sie ein Beispiel.
Nehmen wir das Vorurteil, man dürfe im Denken und Sprechen keine Anthropomorphismen zulassen. Nachdem ich lange darüber nachgedacht habe, kam ich zu dem Schluss,

nicht zuletzt unter dem Einfluss von Nietzsche, dass man den Anthropomorphismus verteidigen müsse. Ich sage, der Hund hat Hunger, weil ich weiß, was Hunger ist. Ich weiß zwar nicht, wie es ist, ein Hund zu sein oder eine Fledermaus, um an den Titel eines wichtigen Aufsatzes von Thomas Nagel zu erinnern, »What Is It Like to Be a Bat?« Aber irgendetwas mit uns Menschen Ähnliches muss im Hund oder der Fledermaus vorgehen, wenn wir ihr Verhalten verstehen wollen. Und diese Einsicht hat mich zur Überzeugung gebracht, Anthropomorphismus als einen legitimen Zugang zur Wirklichkeit zu betrachten. Ich begreife einfach mehr, wenn ich anderes Lebendiges nach Analogie zu unserer Selbsterfahrung verstehe.

Nietzsche geht so weit zu sagen, dass sogar die Vorstellung von einem Ding, das bei wechselnden Eigenschaften mit sich identisch ist, als Anthropomorphismus zu bezeichnen ist. Subjekte verstehen sich als mit sich identische Einheiten, die wechselnde Zustände durchlaufen. Sehen wir dieses Sofa hier: Mal ist ein Fleck darauf, mal nicht. Aber es bleibt dasselbe Sofa. Diese Betrachtung eines Sofas, ist, so sagt Nietzsche, anthropomorph, also eigentlich illegitim. Aber warum illegitim? Die anthropomorphe Sicht entspricht dem Interesse des Menschen an Beheimatung in der Natur. Ihr entgegengesetzt ist die anthropozentrische Sicht, die sich dem Interesse an Unterwerfung und Herrschaft verdankt. Beide Interessen sind konstitutiv für den Menschen.

Sie sprechen davon, dass Ihre Hinwendung zur teleologischen Betrachtung Sie im Denken freier gemacht habe. Die Struktur Ihres Argumentierens unterscheidet sich in der Tat von derjenigen der Neo-Aristoteliker oder Neo-Thomisten des 20. Jahrhunderts. Wie würden Sie Ihre Art zu philosophieren beschreiben?

Mich hat immer beunruhigt, wenn jemand das, was ich zu sehen glaube, nicht sieht oder das, was ich denke, für falsch hält, wenn mein Argument ihn nicht überzeugt. Der Reflex der Schulverteidigung liegt mir fern. Ich denke nicht, einer, der anders denkt, sollte den Mund halten, sondern ich möchte verstehen, warum er mich nicht versteht.

Vernunft ist mit Universalitätsanspruch identisch. Wenn etwas vernünftig ist, muss es eigentlich jedem einleuchten. Dass es das nicht tut, kann drei Reaktionen auslösen bei demjenigen, der sein Argument für vernünftig hält. Die erste besteht in der Abwehr. Man versucht herauszufinden, woher beim Gegenüber ein eventueller emotionaler Widerstand kommt. Die zweite besteht in der eigenen Verunsicherung, der Annahme der Möglichkeit eines eigenen blinden Flecks, die zu neuem Nachdenken über die Sache führt. Die dritte schließlich ist eine der fundamentalsten und zugleich tückischsten Versuchungen des Denkens, nämlich die Preisgabe des Universalismus, die Akzeptanz bestimmter anderer »Denkarten«. Hegel erklärt es für die Abdankung der Vernunft, wenn sie Denkweisen als »Arten« versteht und »gelten lässt«. Man hat dann auf Wahrheit verzichtet, und die argumentative Kommunikation hat keinen Inhalt mehr.

Nehmen wir den berühmten Satz von Kant aus der Vorrede zur zweiten Auflage der »Kritik der reinen Vernunft«: »Ich musste also das Wissen aufheben, um zum Glauben Platz zu bekommen.« Wie verstehen Sie diesen herausfordernden Gedanken?

Kant sieht, dass es bestimmte Grundüberzeugungen des Menschen gibt, ohne die er eigentlich nicht Mensch sein kann – so die Überzeugung, dass es einen Unterschied von Gut und Böse gibt, oder die Überzeugung, dass der Mensch Verantwortung für das hat, was er tut, mit anderen Worten, dass er frei ist. Und schließlich die Überzeugung, dass es eine letzte Verankerung der kontingenten Wirklichkeit in einer göttlichen Realität gibt. Alle drei Überzeugungen gehören für Kant zum Menschen.

Die moderne Wissenschaft scheint dafür keinen Platz zu haben, sie sieht in der Welt ein durchgängig kausal determiniertes System. Sie kennt nur das allseitig Bedingte. Das Ganze der Bedingungen und Bedingtheiten, das Unbedingte, hat in ihr keinen Platz. Es ist kein Gegenstand möglicher Erfahrung. Wohl aber des Glaubens. Das Wissen der Wissenschaft schreitet immer weiter fort. Es wird nie dort angelangen, wo der Glaube immer schon ist, beim An-sich-Seienden.

Teleologische Urteile sind bei Kant irgendwie zwischen Glaubenssätzen und Sätzen der Wissenschaft angesiedelt. Die Annahme einer teleologischen Struktur des Lebendigen ist wissenschaftlich nicht zwingend. Aber sie ist vernünftig. Und sie gibt der Naturwissenschaft ihre Gegenstände vor. Tendenziell löst sie diese Gegenstände auf. Aber diese Tendenz kann zu keinem Ende kommen. Es wird, wie Kant schreibt, den Newton des Grashalms nicht geben. Aber es gibt den Aristoteles des Grashalms nach wie vor. Und es gibt Hegel, für den die kantische »Einschränkung des Wissens« selbst nur ein Stadium jenes absoluten Wissens ist, in dem Glaube und Wissenschaft konvergieren.

Worauf will Hegel hinaus?

Erlauben Sie zunächst noch ein Beispiel für Kants »Einschränkung des Wissens«. Ein Psychiater vor Gericht kann die Unzurechnungsfähigkeit eines Angeklagten bescheinigen, indem er feststellt, dass das normale Verhältnis von Trieb und Vernunft bei ihm gestört ist. Aber wenn er dem Angeklagten volle Zurechnungsfähigkeit bescheinigt, also Verantwortlichkeit für seine Handlungen, dann überschreitet er im Grunde seine Kompetenz. Es gibt ja bekanntlich Neurowissenschaftler, die jedem Menschen die Zurechnungsfähigkeit absprechen. Das letzte Urteil fällt deshalb der Richter, der die wissenschaftlichen Gutachten in seine Urteilsbildung einbezieht. Freiheit selbst ist für ihn als denkenden Menschen eine Realität, zu der ein Wissenschaftler keinen privilegierten Zugang besitzt.

Im Unterschied zu Kant lässt sich Hegel nicht auf den Vernunftbegriff der modernen Wissenschaft, der Naturwissenschaft festlegen. Er hält dagegen: Das Nachdenken über die objektivierende Wissenschaft und ihre Grenzen ist doch ihrerseits wieder eine Leistung der Vernunft. Mit ihr erreicht die Vernunft eine höhere Stufe der Reflexion.

Hegel beendet seine »Phänomenologie des Geistes« mit der Bewusstseinsgestalt des »absoluten Wissens«. In seiner »Wissenschaft der Logik« finden sich in der Einleitung die Sätze: »Die Logik ist sonach als das System der reinen Vernunft, als das Reich des reinen Gedankens zu fassen. Dieses Reich ist die Wahrheit, wie sie ohne Hülle an und für sich selbst ist. Man kann sich deswegen ausdrücken, dass dieser Inhalt die Darstellung Gottes ist, wie er in seinem ewigen Wesen vor der Erschaffung der Natur und eines endlichen Geistes ist.« Ist dieser Anspruch eines endlichen Wesens, eines Menschen, der Hegel auch ist, nicht ungeheuerlich?

Ja, das ist er. Aber als Einwand, der moralisierend von außen herankommt, hat er geringes Gewicht, solange die innere zwingende Stimmigkeit des Hegel'schen Weges nicht widerlegt wird.

Die Behauptung der Ungeheuerlichkeit kommt wahrscheinlich weniger von der Lektüre her als von der Vorstellung, als Mensch solle sich keiner ein absolutes Wissen anmaßen.

Dieser Bescheidenheitsgestus ist für die Vernunft tödlich. Er hat Verwandtschaft mit der heutigen political correctness, die darauf verzichtet, eine irrige Behauptung zu widerlegen, und stattdessen verbietet, bestimmte Behauptungen zu äußern.

Hegel hat den Versuch gemacht, den Satz des Parmenides, der am Anfang der Philosophie steht, in der Gesamtheit seiner Implikationen zu entfalten: »Dasselbe nämlich ist Denken und Sein.«

Anselm von Canterbury steht am Weg zwischen Parmenides und Hegel mit seiner These, dass der Begriff Gottes der Begriff von etwas ist, zu dessen Definition es gehört, nicht bloßer Begriff zu sein. Der Begriff von etwas, in dem Gedachtsein und Sein konvergieren – etwas, dessen Sein Grund seines Gedachtseins ist. »Wenn das Absolute nicht an und für sich schon bei uns wäre und sein wollte, würde es der List spotten, sich seiner bemächtigen zu wollen wie durch die Leimrute der Vogel«, heißt es in der Einleitung zur »Phänomenologie des Geistes«.

Thomas von Aquin hat Anselms berühmten ontologischen Gottesbeweis abgelehnt, wie später Kant. Der Gedanke eines in seinem Gedachtsein nicht aufgehenden Gedankens bleibt doch, so schreibt Thomas, selbst wieder nur ein Gedanke. Gott ist das absolut notwendig Seiende. Aber diese Notwendigkeit ist für uns kein Apriori, sondern bleibt eine *necessitas ex suppositione*. Das heißt, sie setzt voraus, dass er ist. Und zu dieser Affirmation gelangen wir nur durch Wahrnehmung der Spur des Absoluten im Endlichen. Als eine solche Spur wurde immer die teleologische Verfasstheit des Lebendigen angesehen.

Übrigens hat in neuester Zeit Elizabeth Anscombe das Anselm'sche Argument wieder vehement verteidigt. Sie war der Meinung, das Argument sei missverstanden worden, und an dem Missverständnis sei eine falsche Interpunktion schuld. Die konkrete Wirklichkeit denkend tatsächlich einzuholen, mit diesem Ziel scheint sich das Denken irgendwie zu übernehmen. Es gibt hier eine offenbar unaufhebbare Ambivalenz.

Wir hatten in München einmal bei einem Dozententreffen der Philosophen eine Diskussion über das Anselm'sche Argument. Das Argument wurde referiert von einem Analytischen Philosophen, einem Schüler von Stegmüller. Er hielt das Argument für zwingend. Ich sagte ihm hinterher, ich hätte gar nicht gewusst, dass er an die Existenz Gottes glaube. Seine Antwort war: »Nein, ich glaube natürlich in Wirklichkeit nicht an die Existenz Gottes. Aber das Argument ist schlüssig.«

Für den Kollegen ist offenbar der Satz des Parmenides Unsinn. Sein ist etwas schlechthin Opakes, das mit dem Gedanken nichts zu tun hat. Die Identität von Denken und Sein zu denken war Hegels Ziel. Aber der späte Schelling und Kierkegaard haben gezeigt, dass das Denken über Hegel hinaus in Gang gehalten wird, indem das Sein sich immer wieder als das Unvordenkliche geltend macht. Die Dialektik geht also weiter, entgegen Hegels Intention, sie im absoluten Wissen zum Stehen zu bringen.

Was bleibt von Hegel? Es bleibt die Dialektik. Sie wird in Gang gehalten durch den Widerspruch, der sich ergibt aus der Dynamik des Denkens, das seine endlichen Gestalten immer wieder transzendiert und versucht, seinen Außenaspekt in Innerlichkeit zu verwandeln, Außenkomplexität in Binnenkomplexität zu verwandeln und zu integrieren. Auf diesem Wege ergibt sich eine Unendlichkeit von Phänomenen, für deren Wahrnehmung die Lektüre Hegels von außerordentlicher Bedeutung ist.

Wir sagen immer mehr, als wir zu sagen meinen. Und indem wir dieses Mehr entdecken und zur Sprache bringen, eröffnet sich wieder ein neuer Raum des Ungesagten. Denn: »Jedes ausgesprochene Wort erregt den Gegensinn«, wie Goethe sagt.

Gehört nicht Hegel zu den Denkern, die das Schema der Erkenntnistheorie – ein Subjekt der Erkenntnis richtet sich auf einen Gegenstand der Erkenntnis – zu überwinden suchten, was auch großen Einfluss auf Ihr Denken hatte?

Wer vom Gegenstand der Erkenntnis spricht, darf nicht vergessen, dass dieser Gegenstand selbst wieder Subjekt sein kann. Ich schaue nicht nur ihn an, sondern er schaut mich an, wenn es sich um einen anderen Menschen handelt.

Nach Analogie dieser Beziehung muss ich einem anderen Lebendigen zubilligen, etwas zu sein jenseits des Begriffs, den ich von ihm habe. Beim Menschen ist dieses Verhältnis klar. Wenn ich mit einem Menschen zusammenlebe und ein bestimmtes Bild von ihm habe, muss ich es ändern, wenn ich an ihm Seiten entdecke, die ich noch gar nicht kannte.

Und dennoch weiß ich, es gibt etwas an ihm jenseits aller Bilder, die ich mir von ihm mache, was nie zum Bild wird: Das ist er selbst. Und jenseits dessen, was sich meinem Blick darbietet, bin ich jemand, der angeschaut wird von ihm. Das Sein des Menschen ist jenseits des Gedacht-Werdens und kann als das Jenseits des Gedacht-Werdens doch wieder gedacht werden.

Sie verweisen in Ihren Texten oft auf den Fall, dass das Subjekt zum Objekt wird. Dabei spielt die Erinnerung eine Rolle. Sehe ich das richtig?

Ich versuche mir klarzumachen, was Zeit heißt. Der Gang der Zeit, in dem ich mir immer sogleich zur Vergangenheit werde, wird durch Erinnerung zum Prozess der Selbstobjektivierung. In der Erinnerung werde ich mir objektiv. Vergangene Schmerzen kann ich erinnern. Dabei tun sie mir jetzt nicht mehr weh. Und doch sind sie *meine* Schmerzen und nicht die eines anderen. In diesem Prozess der Selbstobjektivierung entsteht Zeit.

KAPITEL 7

DAS BEWUSSTSEIN DER ZEIT ...

… aus einem Horizont begreifen, der nicht durch
dieses Bewusstsein definiert ist

**Neben Ihren naturphilosophischen Interessen spielte in
Ihrer Münchner Zeit die praktische Philosophie keine
geringe Rolle. Ihre Aufsatzsammlung »Kritik der politischen Utopie« bezog sich vor allem auf Themen der Ethik
und Politik. Sie behandelten in diesem Zusammenhang
Platon und Aristoteles. Zählen Sie sich zu den Protagonisten einer Rehabilitierung der praktischen Philosophie?**
Ja, aber mit etlichen anderen. Eigentlicher Initiator war Joachim Ritter. Praktische Philosophie stand gar nicht auf meinem Programm. Ich hing ja zunächst der Heidegger'schen
Geringschätzung der Ethik an. Dass ich mich dann doch mit
ethischen und politischen Themen beschäftigte, hat sich ergeben. Es waren die Herausforderungen der Zeit. Sie lenkten
mich in diese Richtung.

Etwa dass ich einen Vortrag über »Emanzipation – ein Bil-
dungsziel?« hielt, der zuletzt im Band »Kritik der politischen
Utopie« abgedruckt wurde, war vor allem der Herausforderung durch die von fortschrittlichen Kulturpolitikern ange-
stoßenen Schul-, Hochschul- und Erziehungsreformen geschuldet.

**Hatten Sie je im Sinn, so etwas wie eine politische Phi-
losophie oder gar Geschichtsphilosophie zu entwerfen?**
Nein, Geschichtsphilosophie schon gar nicht, eher schon

politische Philosophie. Aber beides sind zwei verschiedene Dinge. Ich habe zwar mit Karlfried Gründer den Artikel »Geschichtsphilosophie« im Lexikon »Religion in Geschichte und Gegenwart« verfasst, aber ich glaube, Geschichtsphilosophie kann es eigentlich nicht geben. Geschichtsphilosophie ist immer eine Deutung von außen, die dem Geschehen einen Sinn aufprägen will. Den Geschichtsprozess teleologisch zu verstehen – das wäre ja Geschichtsphilosophie – lag mir fern.

In dieser Hinsicht war Karl Löwith mein Mann, dessen Buch »Weltgeschichte und Heilsgeschehen« ich damals dem Kohlhammer-Verlag empfohlen habe.

Nehmen Sie Augustinus. Bei ihm gibt es zwar eine Richtung des Geschehens, und zwar vom Anfang bis zum Ende – die Heilsgeschichte. Die ist allerdings nicht linear, als zielgerichteter Prozess zu verstehen, so als laufe alles auf einen letzten Zustand der Welt hinaus, der dann der beste ist. Es handelt sich vielmehr um das verborgene Reich Gottes, das sich in der Geschichte ausbreitet, bis die Zahl der Erwählten voll ist. Dann tritt das Ende ein. Augustinus entwirft eine Geschichtstheologie, die mich mehr überzeugte als alle Geschichtsphilosophien. Die immanente Dynamik der Geschichte läuft auf den Antichrist hinaus.

Wenn also Weltgeschichte eine Richtung hat, was jede Geschichtsphilosophie unterstellt, dann ist diese Richtung durch den zweiten Hauptsatz der Thermodynamik bestimmt, also durch das Entropiegesetz, die Auflösung jeder sinnvollen Struktur durch den Tod.

Das Reich Gottes ist für Augustinus nicht, wie es bei Teilhard de Chardin den Anschein hat, das immanente Ziel geschichtlicher Entwicklung, sondern ein Einbruch von außen. Das leuchtete mir immer mehr ein als eine Philosophie, die den Geschichtsprozess teleologisch begreift. Ähnlich verhält es sich mit der Evolutionstheorie. Man kann Evolution teleologisch deuten, so als strebe sie der Hervorbringung des Menschen entgegen.

Ich glaube an echte Teleologie nur, wo es sich um lebendige Einzelorganismen handelt. Wenn die Hervorbringung des Menschen Ziel des Prozesses ist, dann nur in dem Sinn, dass das, was innerweltlich Zufall ist, im Dienst einer göttlichen Absicht steht. Gott wirkt – nach Thomas von Aquin – durch Zufälle ebenso wie durch Naturgesetze. So denkt auch Kant.

Sie kritisieren die Teleologie der Geschichtsphilosophie, verteidigen aber das, was Sie die immanente Teleologie nennen. Wie hat man das zu verstehen?
Mit immanenter Teleologie meine ich das Streben von Lebewesen nach Vollendung, nach Entfaltung der jedem Lebewesen eigenen Gestalt und Natur. So denke ich auch in Bezug auf Geschichte: Wenn irgendwo und irgendwann Gestalten des Lebens durch kluge Denker oder Politiker, wenn also für einige Zeit irgendwo ein menschenwürdiger Zustand besteht, dann ist das wundervoll und verdient Ehre für alle Zeit.

Es ist auch kein Argument, das diese Leistung herabsetzt, wenn man einwendet, die Ordnung sei am Ende doch zugrunde gegangen. Jede Gestalt, die der Entropie abgerungen wurde, war eine solche vorübergehende Epiphanie des Anderen. Alles Leben vergeht. Von allen Zuständen kann man sagen, es gab sie einmal. Aber dass es einmal für die Menschen einer bestimmten Zeit schön war zu leben, bleibt.

Aber gibt es nicht eine Tendenz in der Geschichte, die Erweiterung des Horizonts, zum Beispiel von der griechischen Poliswelt und der persisch-asiatischen Reichsgesellschaft eines Herodot, über die mediterrane Welt eines Polybios bis zur Expansion der christlichen Gesellschaften nach Amerika und Asien um 1500 und unserer heutigen sogenannten globalen, den ganzen Erdkreis umspannenden Weltgesellschaft? Und ist diese Horizonterweiterung nicht ein philosophisches Thema?

Ja, man kann vielleicht sagen, es gibt eine große Tendenz in der Geschichte, die tatsächlich, wenn man das positiv ausdrücken will – ich kann nie die unerwünschten Nebenfolgen dieser Tendenz übersehen – auf ein Zusammenwachsen der Menschheit zu einer Menschheitsfamilie hinausgeht.

Das Christentum hat die Menschheit ja immer als Familie verstanden, in der alle miteinander verwandt sind. Und so könnte man heute sagen, das Entstehen einer auch empirisch realen Menschheitsfamilie ist das Ziel der Geschichte und zugleich die Emanzipation von allen Hindernissen, die dem im Wege stehen. Aber dieses Ziel ist ambivalent. Es kann auf eine entsetzliche Tyrannei hinauslaufen. Aus dem Weltstaat gibt es keine Flucht in ein Asyl.

Ihre Haltung zur Geschichtsphilosophie scheint Ihrem Verständnis der Philosophie als solcher zu entsprechen. Leo Strauss hat einmal im Zusammenhang mit einer Vorlesung über Martin Heidegger in den fünfziger Jahren den Unterschied zwischen Philosoph und Gelehrtem betont. In Heidegger sah er den großen Philosophen, sich selbst schätzte er als einen Gelehrten ein, »scholar« im Englischen, der bestenfalls die Widersprüche zwischen den großen Philosophen aufzuklären vermag. Sehen Sie sich mehr als Philosophen oder als Gelehrten?

Mir scheint Leo Strauss die großen Philosophen für die wenigen überragenden Weisen zu halten, zu denen die Gelehrten aufschauen. Dennoch würde ich mich eher als einen Philosophen bezeichnen, einen gelehrten Philosophen, weil für mich Philosophie nicht Weisheit, sondern Liebe zur Weisheit bedeutet.

Ich denke, man kann sagen, man sei ein Philosoph, wenn man eine Sache von Grund auf verstehen möchte, und zwar nicht nur abends bei einem Glas Wein, sondern wenn man darüber gründlich und ohne Zeitdruck nachdenkt, um etwas zu begreifen und dann vielleicht auch die eine oder andere Einsicht gewinnt, die es wert ist, weitergegeben zu werden. Im Vergleich zu den Weisen, die Strauss im Sinne hatte, würde ich sagen, bin ich nur ein Professor der Philosophie.

Und als Gelehrten, der philosophische Forschung betreibt, sehen Sie sich auch nicht, oder?
Den Begriff »philosophische Forschung« mag ich eigentlich nicht ...

Aber so heißt doch eine deutsche Philosophen-Zeitschrift ...
Ja, eine gute Zeitschrift, in der ich auch einige Male publiziert habe. Aber der Begriff »philosophische Forschung« verdankt sich dem Versuch, in einer Welt, in der naturwissenschaftliche, auch historische und philologische Forschungen Großes leisten, zu demonstrieren: Wir tun doch auch anständige Arbeit, wir sind auch Forscher.

Aber ich finde, dem haftet immer etwas leicht Komisches an, wenn jemand sein Nachdenken Forschen nennt. War Kant ein Forscher? Oder Hegel? Das passt eigentlich nicht. Aber Forschungen können dem philosophischen Nachdenken zugute kommen. Und philosophisches Nachdenken kommt oft der Forschung zugute.

Aber bedarf es nicht der Forschung, wenn man sich mit einem Denker der Philosophiegeschichte beschäftigt?
Wenn ich an meine Arbeiten denke, mein Bonald-Buch beispielsweise – ich habe einen wichtigen Autor entdeckt und versucht, ein paar Dinge, die mir wichtig zu sein schienen, ins Licht zu bringen. Stolz ist man als Philosoph nicht so sehr auf seine eigene Philosophie als vielmehr auf Forschungsergebnisse. Ich meine dabei nicht Forschung im Sinne der Phänomenologen, nicht phänomenologische Forschung, wie sie sagen. Ich kann damit nichts anfangen. Stolz war ich zum Beispiel über den Aufweis der theologischen Genealogie des neuzeitlichen Naturbegriffs bei Rousseau. Auch war ich stolz auf ein Kapitel in meinem Fénelon-Buch, in dem es um die Entdeckung des Kindes geht. Da ist mir vieles aufgegangen: Wann hat die Hochschätzung der Kindheit begonnen? Wie hängt das mit dem Cartesianismus zusammen? Ich habe viel Material über die zeitlich vorausliegende mystische Bewegung beigebracht. Also da konnte ich mir sagen: Du hast etwas herausgefunden. Philosophiegeschichtliche Forschung profitiert übrigens von philosophischer Fragestellung des Forschers und seinen Arbeitshypothesen.

»Material zusammentragen«, nennen das nicht die meisten Geisteswissenschaftler »Forschung«?
Ja. Natürlich habe auch ich Material zusammengetragen. Aber da besteht ein kleiner Unterschied. Wittgenstein sagt einmal: »Die Philosophie ist ein Zusammentragen von Erinnerungen zu einem bestimmten Zweck.« Ich würde sagen, das Philosophische ist der bestimmte Zweck, nicht das Zusammentragen. Es geht nicht blindlings um ein Wissen-Wol-

len, wo und wann ein Gedanke zuerst aufkommt, sondern ich will verstehen, warum er aufkommt. Das kann ich aber nur verstehen, wenn ich ihn als meinen möglichen Gedanken denken kann und wenn ich über seine Geschichte informiert bin. Denn dann entdecke ich vielleicht den Schlüssel, um auf meine Fragen Antworten zu finden.

In diesem erweiterten Sinne bin ich bereit, auch dieses Sich-Informieren Forschen zu nennen. Was ich aber ablehne, ist, von Forschungsarbeit oder gar von Gedankenarbeit zu sprechen. Das ist keine Arbeit. Arbeiten, das tue ich manchmal im Garten oder wenn ich Dissertationen lesen muss. Oder wenn ich meine Steuererklärung mache. Ein Christ sollte das am Sonntag nie tun. Lese ich aber eine sehr gute Dissertation, hört plötzlich die Arbeit auf.

Geht es einem beim »Historischen Wörterbuch der Philosophie« nicht häufig so? Man liest sich durch die Bedeutungen, die da zu einem Begriff seitenlang zusammengetragen worden sind, und am Schluss, vor lauter Begriffsbestimmungen, fühlt man sich genauso schlau wie zu Beginn.

Das sehe ich eigentlich nicht so. Und wenn es so wäre, hätte es mich kaum interessiert. Die Idee eines solchen historischen Wörterbuchs hatte ich schon als Lektor dem Kohlhammer-Verlag vorgetragen. Der Verlag hatte ja bereits das Kittelsche Wörterbuch zum Neuen Testament. Etwas Ähnliches schwebte mir damals für die Philosophie vor.

Als ich wieder in Münster war, gewann ich Karlfried Gründer für die Idee – die zu Gründer eigentlich ohnehin besser passte als zu mir. Wir präsentierten Ritter das Projekt. Er erwärmte sich rasch dafür. Und durch die Vermittlung von Hermann Lübbe erklärte sich der Benno-Schwabe-Verlag in Basel einverstanden, ein solches – zunächst auf drei Bände geplantes – Historisches Wörterbuch der Philosophie zu verlegen und das alte Eisler-Lexikon, dessen Rechte bei Schwabe lagen, in diesem Wörterbuch aufgehen zu lassen.

Es war das richtige Projekt im richtigen Augenblick. Wir gewannen die kompetentesten Beiträger. Die Aufsätze wurden – entgegen den Vorgaben der Redaktion – immer länger, aber es schien uns als eine nicht zu rechtfertigende Vergeudung von Kompetenz, das hier mit so viel Kenntnis und Sachverstand zusammengetragene Material in der Versenkung verschwinden zu lassen. So wuchs der Umfang schließlich auf 15 Bände, und die Zahl der Abonnenten verdreifachte sich gegenüber dem Beginn. Das Werk gehört heute zum notwendigen Bestand jeder einigermaßen ausgestatteten philosophischen Bibliothek in der ganzen Welt.

Aber zu Ihrem Bedenken, das Zusammentragen von Begriffsbestimmungen – manchmal sind es über 200 Spalten – mache einen nicht klüger: Das gilt wohl für den Vorgänger des Wörterbuchs, für den »Eisler«. Er wusste als Neukantianer, wie es ist, und trug zusammen, was andere, die es weniger gut wussten, geäußert haben. Warum muss man das wissen? Unser Wörterbuch ist von anderer Art. Es erzählt Geschichten, Geschichten großer Dialoge, an deren vorläufigem Ende wir stehen. Und wenn wir unser eigenes Instrumentarium der Verständigung über Gott, Mensch und Welt verstehen wollen, dann ist es wichtig, diese Geschichten zu kennen. Nur so können wir den Dialog fruchtbar fortsetzen. Wörter wie »Geist«, »Vernunft«, »Verstand«, »Substanz«, »Freiheit«, »Glück«, »Pflicht« haben eine faszinierende Geschichte, die erzählt werden muss. Was »Freiheit« ist, ist nicht unabhängig davon, wie wir über Freiheit denken.

Alle Verständigung geht aus von einem Vorverständnis. Philosophie ist ein ständiges Zurückgehen auf die zunächst unthematisierten eigenen Voraussetzungen. Im Eisler'schen

Wörterbuch dagegen findet man nur die Aneinanderreihung von Nominaldefinitionen ohne Verständnis, warum sich etwa die Bedeutung des Begriffs »Geist« so entfaltet hat, wie sie sich entfaltet hat.

Verstehe ich Sie richtig? Philosophie und Geistesgeschichte oder Geisteswissenschaft sind für Sie nicht dasselbe.
Philosophie ist so wenig eine Geisteswissenschaft wie die Mathematik. Sie denkt nach über das Verhältnis von Geistes- und Naturwissenschaft. So kann sie nicht selbst Geisteswissenschaft sein.

Philosophie tritt oft auf der Stelle. Wenn alle sich schon dem Betrieb des Forschens in einem vorausgesetzten Rahmen hingeben, stellt sie plötzlich eine Frage nach dem Rahmen an den Anfang.

Nehmen Sie das Beispiel *Bewegung*. Dass es Bewegung gibt, ist Voraussetzung der Physik. Was Bewegung ist und ob es sie überhaupt gibt, ist eine philosophische Frage, die auch Aristoteles intensiv beschäftigte. Tief verunsichert hatte die Griechen Zenons Geschichte von Achilles, der die Schildkröte nicht einholen kann, weil immer dann, wenn er den Ort erreicht hat, wo die Schildkröte zuvor war, die Schildkröte schon wieder ein Stückchen weiter ist. Der Abstand verringert sich ständig, aber er kann nicht verschwinden. Aristoteles hat das Paradox gelöst durch Einführung des Begriffs *dynamis* und des potentiell Unendlichen.

Erst im 17. Jahrhundert wurde Bewegung mithilfe der Infinitesimalrechnung berechenbar, aber nur um den Preis, dass der Bewegungscharakter der Bewegung verschwindet. Das Kontinuum löst sich auf in eine unendliche Zahl stationärer Zustände. Leibniz, einer der beiden Erfinder der Infinitesimalrechnung, hat genau gesehen, dass eine Philosophie der Bewegung sich nicht auf die Infinitesimalrechnung stützen kann.

Können sich denn die Geisteswissenschaften zum Prozess des Forschens kritisch verhalten?

An sich schon. Aber sie bekommen ja Geld vom Staat, solange sie nachweisen, dass sie Forschung betreiben. Dabei kann nur empirische Forschung im strikten Sinn zu Ergebnissen führen, die relativ unangefochten sind – was staatlichen und privaten Geldgebern am liebsten ist. Aber sobald Einzelergebnisse der Forschung miteinander verknüpft werden, beginnt die Diskussion: Warum diese und nicht eine andere Verknüpfung?

In den Sozialwissenschaften bedeutet empirische Forschung vor allem die Anwendung quantitativer Methoden. Menschen werden nach ihren Meinungen, Weltanschauungen oder Befindlichkeiten befragt. Führt das nicht zu Ergebnissen, die auch anfechtbar sind?

Immer dann, wenn man normative Aussagen aus Statistiken ableiten will. Als der Kinsey-Report erschien, ein Bericht über das sexuelle Verhalten der amerikanischen Männer, bedeutete das eine Sensation. Als die Leute den Report lasen, haben sich viele gesagt: Ich habe mich auf eine Art benommen, die früher als unanständig galt, jetzt erfahre ich, dass sich die meisten so verhalten. Diese Information des Reports hatte ihre Wirkung und führte zu einer Veränderung der Sitten.

Kant sagt einmal: Die Berufung auf Erfahrung in Sachen der Moral ist pöbelhaft. In allen Hochkulturen besteht eine deutliche Diskrepanz zwischen dem Verhalten der Mehrheit und dem, was die Menschen billigen. Wenn die Kluft verschwindet, dann heißt das entweder: Alle Menschen sind Heilige geworden, oder aber es findet ein Verfall der Sitten statt. Das Letztere ist das Übliche, wenn man das Verhalten der Mehrheit für normativ hält.

Dies wiederum beruht in Europa auf dem Verlust des

Glaubens an die Erbsünde. Im Übrigen ist Heuchelei ein unvermeidliches Nebenprodukt hochkultureller Standards.

Was geschieht aber, wenn das Verhalten der Mehrheit von denen, die nicht zu ihr gehören, für ungerecht gehalten wird?

Man kann das bei Kindern im Kindergarten oder Sandkasten beobachten. Sie haben Interessenkonflikte. Das eine Kind will beim Spielen sein Reich ausdehnen, das andere auch. Beide stoßen aufeinander. Wenn die beiden nun zwei andere Kinder im selben Streit beobachten und sehen, wie das eine vom anderen übervorteilt wird, sind sie empört und halten das für ungerecht und schlecht.

Das heißt, sie unterscheiden schon früh die Wahrnehmung fremder Interessen von Ungerechtigkeit. Ungerechtigkeit ist das, was nicht sein soll. Als meine älteste Tochter ungefähr sechs Jahre alt war, spielte sie einmal Murmeln mit einem Nachbarskind. Der Junge verlor, war aber stärker und sammelte alle Murmeln ein, so als habe er gewonnen. Meine Tochter war weniger darüber traurig, dass sie die Murmeln verloren hatte, als vielmehr empört über die Unverschämtheit des Jungen, der sich auf den Weg nach Hause machte. Sie schrie ihm nach: »Ich schenk sie dir, damit du sie wenigstens nicht gestohlen hast.« Ich fand das klug, denn damit blieb sie trotz ihrer Niederlage moralische Siegerin.

Zu den ethischen Themen Ihrer Münchner Zeit gehört auch die kritische Auseinandersetzung mit der Modernität. In dem Reclam-Band »Philosophische Essays« hat der letzte Beitrag den Titel »Ende der Modernität?« Worauf zielt Ihre Kritik ab?

In der Einleitung zu diesem Band schreibe ich: »… das Signum der Moderne ist die neuzeitliche Wissenschaft, ›science‹.« Wer verstanden hat, was »science« im Ganzen der Wirklichkeit eigentlich bedeutet, hat verstanden, was die Moderne ist. Nun schreibe ich nicht gegen »science« – davon kann überhaupt keine Rede sein –, sondern gegen den Szientismus.

Die Ergebnisse der Neurophysiologie beispielsweise klären uns über vieles auf, etwa welche Hirnareale notwendig sind für bestimmte Arten des Denkens. Wir werden dadurch über wichtige Dinge in Kenntnis gesetzt. Was ich allerdings kritisiere, ist der Anspruch bestimmter Neurophysiologen, uns zu erklären, was Denken *ist*. Die Wissenschaft kann zu strengen Einsichten nur kommen, wenn sie ihre Grenzen kennt. Szientismus ist die Weltanschauung, die glaubt, eine Sache verstanden zu haben, wenn man weiß, welche Faktoren für das Zustandekommen einer Sache erforderlich sind.

Husserls Kritik des Psychologismus in der Logik hat meines Erachtens zwingend gezeigt, dass logische Gesetze oder mathematische Formeln nicht etwas Psychologisches sind, geschweige denn, so müssen wir heute hinzufügen, etwas Physiologisches. Das heißt, was objektivierende »science« nicht aufklären kann, ist der Inhalt intentionaler Akte, der Inhalt von Meinungen.

Wo liegt die Grenze der Naturwissenschaft?
Sie kann nicht verstehen, was Intention ist. Sie kann etwas über das Denken sagen, aber nicht über Gedanken. Sie kann darstellen, wie der Prozess des Denkens bestimmte Areale im Gehirn involviert. Aber *was* gedacht wird, das kann sie nicht aufklären. Sonst wären ja die Informationen der Neurowissenschaftler selbst nur Informationen über deren Hirnzustände. Aber warum sollten uns die interessieren? Wogegen ich mich also wende, ist die Reduktion des Menschen auf das, was objektivierende Wissenschaft über ihn sagen kann.

**Was heißt in diesem Zusammenhang Anthropo-
morphismus?**

Unter Anthropomorphismus verstehen wir eine Interpretation der Wirklichkeit nach Analogie des Menschen, eine Be-
trachtungsweise, welche durch Wissenschaft aufgeklärt werden soll. Aber wie will Wissenschaft aufklären, was Hunger
oder Durst ist? Sie kann nur die neuronalen Prozesse beschreiben, die Hunger und Durst zugrunde liegen. Die Prozesse aber *sind* nicht Hunger und Durst. Was Hunger und
Durst sind, weiß ich nur durch eigenes Erleben. Und das ist,
was es ist, und nicht etwas anderes. »Everything is what it is
and not another thing«, sagte Bischof Butler und später Wittgenstein.

Und wenn der Mensch dieses Verfahren der Objektivierung auf sich selbst anwendet, bleibt vom Menschen gar
nichts übrig. Das heißt, das Selbstverständnis des Menschen
ist dann ganz irrelevant und wird selber von der Wissenschaft
als Anthropomorphismus bezeichnet. Auch die radikalen
Materialisten behaupten, die inneren Zustände des Menschen seien nur objektiv materielle Prozesse. Alles andere
sei Einbildung. Und die Einbildung ein Anthropomorphismus.

Wenn wir dagegen an so etwas wie einem menschlichen
Selbstverständnis festhalten, wollen wir uns selbst darüber belehren, wer wir sind. Gegen die materialistische Abschaffung
unseres Selbstverständnisses bedarf es eines elementaren Widerstands, wie ich in der Einleitung des Reclam-Bandes ausgeführt habe. Wir müssen uns von der Fessel des Szientismus
befreien und darauf bestehen, uns selbst als Menschen ernst
zu nehmen.

Der amerikanische Philosoph Hilary Putnam unterscheidet in der Debatte über die Objektivierung durch Wissenschaft den »internen Realisten« vom »metaphysischen Realisten«. Würden Sie sich als »metaphysischen Realisten« bezeichnen?

Ja. Und zwar ebenso wie Kant »metaphysischer Realist« war. Das bedeutet, dass ich eine Wirklichkeit annehme, die nicht nur Wirklichkeit für mich ist. Wenn ich voraussetze, dass der Andere jenseits alles dessen, was ich von ihm weiß, er selbst ist und genauso real, wie ich selbst real bin, und sein Blick auf mich genauso viel bedeutet wie mein Blick auf ihn, dann ist das metaphysischer Realismus.

Ich habe übrigens mit Putnam darüber einmal ein längeres Gespräch geführt und sagte ihm, wenn wir von anderen Personen sprechen, vor allem aber *mit* ihnen, dann müssen wir metaphysische Realisten sein. Ich muss den Anderen als wirklich, und zwar nicht nur für mich, sondern an sich ansehen.

Putnam antwortete: »Gewiss, Sie haben recht. Aber Erkenntnis anderer Personen ist ein Grenzfall.« Ich hingegen betrachte ihn als den paradigmatischen Fall von Erkenntnis: den Fall, wo der »Gegenstand« der Erkenntnis selbst urteilen und beurteilen kann, ob mein Urteil über ihn zutrifft oder nicht. Ich verstehe andere Personen besser als Einzeller.

Wie kommt Putnam dazu, das Erkennen, das sich auf andere Personen bezieht, nur für einen Grenzfall zu halten? Beziehen wir uns als Menschen vor allem nur auf Gegenstände?

Ich würde sagen, sowohl auf Gegenstände als auch auf Menschen. Unsere Rede ist in der Regel mit jemandem über etwas oder über jemanden. Aber Ausgangspunkt ist der Umgang mit anderen Menschen. Den kann ich nicht als Grenzfall ansehen. Es ist der Fall, wo das Reden »über« jederzeit umschlagen kann in das Reden »mit« oder Reden »zu«. Der Gegenstand der Rede kann auch zugleich der Adressat sein oder auch der Redende selbst.

Warum verlassen sich Philosophen, die von Haus aus keine Naturwissenschaftler sind, auf das naturwissenschaftliche Modell?
Wie Willard V. O. Quine beispielsweise oder Daniel C. Dennett, der in seinem Buch »Consciousness Explained« offen bekannt hat, er habe eine Vorentscheidung getroffen, und zwar gegen das, was er Dualismus nennt. Jede Annahme einer geistigen oder seelischen Wirklichkeit ist für ihn Dualismus.

Er schreibt, »... dass ich mich beim Verfassen dieses Buches einem Dogma unterwerfe: Ich werde den Dualismus *um jeden Preis* vermeiden. Dabei habe ich nicht einmal ein Argument zur Hand, das ihn grundsätzlich widerlegen würde. Aber ich meine, dass die wissenschaftliche Annäherung an das Bewusstsein aufgegeben ist, wenn man den Dualismus akzeptiert.«

Die Option für das alleinige Paradigma der Naturwissenschaft hat niemand knapper und treffender charakterisiert als Thomas Hobbes, der schreibt, eine Sache kennen heiße »to know what we can do with it when we have it«.

Ist das bei Dennett mehr eine Abwehrhaltung, oder befürchtet er, wenn er sich auf eine Diskussion seiner Vorentscheidung einlässt, ins Schwimmen zu geraten?
Ich denke, das Letztere. Dennetts Monismus entspringt einem Glauben, aber einem in sich widersprüchlichen. Sein Glaube, über den er nicht mit sich diskutieren lassen will, entzieht sich jeder Begründung. Das ist für mich Szientismus. Dagegen richtet sich meine Kritik keineswegs gegen die Wissenschaft oder »science« als solche. Ich bin kein Wissenschaftsgegner.

Und ich glaube auch nicht, wie manche Naturromantiker, dass die Naturwissenschaft wesentlich anders sein kann als sie ist.

Aber ein Warner, was die Existenz der modernen, szientistisch orientierten Gesellschaft angeht ...
Ja, ich meine die Selbstabschaffung der Moderne. Dieser Gedanke ging mir das erste Mal bei der Lektüre von Nietzsche auf. Nietzsche meint ja, dass die Aufklärung einer Tendenz folgt, die auf die Abschaffung Gottes zielt. Aber er fügt hinzu: Wenn Gott nicht ist, dann muss man auch den Begriff der Wahrheit fallen lassen. Es gibt dann nur die Perspektiven der vielen einzelnen Menschen, aber keine »wahre« Perspektive. Eine solche müsste ja die universale Perspektive Gottes sein; die Erkenntnis des »intellectus archetypus«, wie Kant sagt.

Nietzsche zieht die weitere Konsequenz: Wenn wir den Gedanken der Wahrheit fallenlassen, dann haben wir auch die Aufklärung aufgegeben. Das Pathos der Aufklärung lebt vom Glauben an Wahrheit. Ohne ihn zerstört sich die Aufklärung selbst. An ihrem Ende steht der Nihilismus. Vielleicht findet dann der Mensch die Kraft, einen neuen Mythos zu kreieren und in diesem selbstgemachten Glauben zu leben – die Utopie des Übermenschen.

Heute spricht man nicht von neuen oder privaten Mythen, an die man glaubt oder nicht glaubt, sondern von Werten. Carl Schmitt hat 1967 einen Text publiziert, »Die Tyrannei der Werte«, in dem er das Denken über Werte, das beschwörende Reden von ihnen, als eine Reaktion auf den von Nietzsche diagnostizierten Nihilismus bezeichnet. Teilen Sie diese Auffassung?
Ja. Ich halte die These für richtig, aber man muss unterscheiden zwischen dem, was Philosophen wie Nicolai Hartmann,

Max Scheler oder Dietrich von Hildebrand darunter verstanden haben, und den heutigen politischen Diskursen, die »unsere westlichen Werte« beschwören.

Für die genannten Philosophen besitzen Werte eine Geltung wie mathematische Axiome. Wobei Scheler Nicolai Hartmann kritisierte, weil dieser von einem Reich der Werte spricht, das unabhängig vom Menschen sei. Scheler hält das für einen unphilosophischen Gedanken. Werte sind relational auf lebendige Wesen bezogen. Andere beziehen sich wie die Mathematik auf einen denkenden Geist.

Was heute in der Öffentlichkeit über Werte geredet wird, ist dagegen relativistisch. Man spricht von »unseren Werten«. Wenn westliche Politiker nach China reisen und ihre Pflichtübung in Sachen Menschenrechte und »unsere Werte« ableisten, dann antworten ihnen die chinesischen Gesprächspartner mit Recht: »Ihr sagt ja selber, es sind *eure* Werte, die ihr hochhaltet. Wir haben unsere eigenen Werte, die anders sind als eure. Also, was wollt ihr von uns?«

Menschenrechte mit Werten zu rechtfertigen ist übrigens eine gefährliche Sache. Recht ist ein ziemlich klarer Begriff, aber Werte? Man redet ja auch oft von den christlichen Werten. Die Kirche solle »christliche Werte« verkünden. Aber es gibt keine »christlichen« Werte. Jesus hat den Menschen die Augen geöffnet für »Werte«, die es schon gab, bevor er erschien. Auch die Wahrheit des Satzes des Pythagoras gab es schon, ehe es Pythagoras gab.

Wie spricht man über Werte mit Menschen, die diese nicht teilen? Sie sprechen in anderen Kontexten oft vom *argumentum ad hominem*, vom Argument, das sich an den Menschen wendet. Was verstehen Sie darunter?
Unter einem *argumentum ad hominem* versteht man ein Argument, das anschlussfähig ist an das, was der Adressat schon

weiß und denkt. Argumente, die vom *argumentum ad homi-nem* unterschieden werden, sind solche, die unabhängig vom Adressaten gelten sollen, ohne irgendetwas vorauszusetzen. Leibniz sagt einmal, jedes Argument sei ein *argumentum ad hominem*. Jeder Mensch kommt schon mit bestimmten Vormeinungen und Prämissen in ein Gespräch. Kein Argument ist schlechthin voraussetzungslos. So müssen wir zum Beispiel die Anerkennung der Logik oder des Widerspruchsprinzips voraussetzen.

Jemanden zu überzeugen, der zweifelt, bleibt dennoch ein schier unmögliches Unterfangen. Es sei denn, es gäbe Prämissen, denen vorab alle zustimmen können. Ist das denkbar?
Nur in der Arithmetik.

Aber müssen Kinder sich hier nicht erst – ab einem gewissen Alter – einüben in die Fähigkeit zur Abstraktion?
Als mein Sohn noch klein war, wollte ich sehen, wie weit er schon mit Zahlen umgehen kann. Ich legte ihm ein Bauklötzchen vor und fragte: »Wie viele sind das?« Er antwortete: »Eins.« Dann schob ich ein zweites Klötzchen nach, und er antwortete: »Zwei.« Schließlich gab ich ein drittes dazu. Mein Sohn: »Das ist der Papa, das die Mama, das ist das Kind.« Bei »Zwei« gelang die Abstraktion noch, bei »Drei« hörte sie auf.

Die Mathematik setzt die Abstraktion voraus. Gibt es aber jenseits der Mathematik Argumente von gleicher Stringenz?
Nein, da gibt es keine zwingenden Argumente. Vor fünf Jahren erschien von mir ein Büchlein »Der letzte Gottesbeweis«.

Der Titel wurde mir vom Verleger nahegelegt, der meinte, es verkaufe sich so am besten. Ich hätte es lieber »Vernünftige Gründe, an Gott zu glauben« genannt. Gibt es ein rationales Argument, dass dieser Glaube vernünftig ist? Darauf habe ich eine Antwort versucht.

In Ihrem Argument geht es um eine grammatikalische Struktur, das Futur II oder »Futurum exactum«. Wir können sagen, unser Gespräch wird einmal gewesen sein, nämlich dann, wenn sich einer in Zukunft unseres dann vergangenen Gesprächs erinnert. Oder bedarf es dieser Bedingung, nämlich, dass sich jemand erinnert, gar nicht?

Wenn jemand sagt, das »Gewesensein« ist unabhängig von einem Erinnern, dann meint er, etwas ist gewesen, auch wenn sich niemand daran erinnert. Und das heißt, das »Gewesensein« besitzt einen ontologischen Status, der aber irgendwie ganz in der Luft zu hängen scheint. Es gehört nämlich zu jeder Vergangenheit eine Gegenwart: Für diese Gegenwart ist diese Vergangenheit tatsächlich Vergangenheit. Für diese Gegenwart ist das Vergangene vergangen. Wenn es keine Gegenwart mehr gibt, gibt es auch keine Vergangenheit. Mein Argument geht dahin zu sagen, wenn das Gewesene als Gewesenes ewig bleibt, dann muss das Gewesensein das Gewesensein einer Gegenwart, eines Präsens sein. Präsens aber gibt es nur für ein Bewusstsein oder für ein Leben.

Ich kann mir also unter einem Gewesensein, das niemandes Vergangenheit ist, nichts denken. Nun gehört aber das Futurum exactum unzertrennlich zu jeder präsentischen Aussage. Was jetzt ist, wird für immer gewesen sein. Aber wo ist der Ort dieses Gewesenseins, dieses Aufgehobenseins? Da die menschliche Erinnerung einmal nicht mehr sein wird, muss es ein zeitunabhängiges, ein göttliches Bewusstsein geben.

Um es noch einmal kurz zu sagen: Künftiges Gewesensein ist ein Modus jedes zeitlichen Ereignisses, ohne den wir seine Wirklichkeit nicht denken können. Aber ohne das Aufbewahrtsein in einem Bewusstsein tritt an die Stelle des Gewesenseins der Schwund. Aber der Schwund des Gewesenseins zieht auch die Gegenwart mit sich und macht sie unwirklich. Der Buddhismus versucht, das zu denken.

Ich halte es da mit Alfred North Whitehead. Er schreibt in seinem Buch »Process and Reality«, er habe eine Vorentscheidung getroffen, die aber nicht willkürlich sei. Denn er könne sich Folgendes nicht anders vorstellen: Zu allem Wirklichen gehöre ein Subjektpol und ein Objektpol. Auch das kleinste Elementarereignis hat ein Moment von Subjektivität.

Das, was ich vorhin mit dem Begriff »Anthropomorphismus« verteidigt habe, treibt Whitehead auf die Spitze. Er sagt, es gibt nicht etwas, das *nur* Objekt ist: Entweder gibt es den Subjektpol, den Menschen, den Beobachter außerhalb der Objekte, die er vor sich hat, oder das Objekt ist selbst von der Art, dass es eine subjektive und eine objektive Seite besitzt. Er entscheidet sich für die zweite Möglichkeit und geht ja sehr weit in seinem Anthropomorphismus.

Er benutzt bei den sogenannten »events« Begriffe wie Streben und Befriedigung, selbst bei den elementarsten Minievereignissen. Man könnte ja sagen, Streben und Befriedigung gibt es nur bei Lebewesen mit zentralem Nervensystem. Whitehead aber formalisiert diese Begriffe so sehr, dass er sie dann auch auf Elementarereignisse anwenden kann.

Wann haben Sie sich mit Whitehead beschäftigt?
Er hat mich früh angezogen, aber ich habe immer einen Bogen um ihn gemacht. Das war bei Wittgenstein ganz anders. Den gab es für mich, seit ich denken kann. Aber Whiteheads

»Process and Reality« musste ich doch einmal lesen und fand es dann ein wunderbares Buch.

Ich habe Anfang der achtziger Jahre in München ein ganzes Semester Vorlesungen über dieses Buch gehalten. 1983 erschien von mir ein Aufsatz »Whitehead oder: Welche Erfahrungen lehren uns die Welt verstehen?«, der jetzt wieder im ersten Band von »Schritte über uns hinaus« abgedruckt wurde.

Noch eine Bemerkung zu Whitehead: Er hat zusammen mit Bertrand Russell das Standardwerk »Principia Mathematica« geschrieben. Danach trennten sich ihre Wege. Whitehead schreibt dann einmal an Russell: »Sie opfern lieber Ihren Gegenstand, wenn Sie mit Ihrer Methode nicht weiterkommen, als dass Sie die Methode änderten.«

Wer Ihre Aufsätze, vor allem die naturphilosophischen, kennt, weiß um die Bedeutung, die Whitehead für Sie hat. Ein anderer Autor, Friedrich Nietzsche, spielt ebenfalls eine große Rolle. Sie zitieren ihn oft und offenbaren eine intensive und genaue Lektüre seiner Werke. Was zieht Sie zu Nietzsche?
Wer sich in Deutschland philosophischem Nachdenken widmet, kommt an Nietzsche nicht vorbei. Ich habe nie längere Zeit mit ihm zugebracht, aber ich habe ihn immer wieder gelesen.

Als Student in Münster hörte ich eine Nietzsche-Vorlesung von Heinrich Scholz, der nach dem Krieg als Erster die Analytische Philosophie und die moderne Logik in Deutschland bekannt gemacht hatte, nachdem er zuvor evangelischer Theologe war. Er hat eigens Polnisch gelernt, um die polnischen Logiker lesen zu können. Was Nietzsche betraf, da fühlte er sich als Erzieher der akademischen Jugend: Nietzsche war der große Verführer, schuld am Nationalsozialismus, an allem Irrationalismus. Diesem Verführer setzte Scholz die Klarheit des analytischen Denkens entgegen.

Nietzsche hat das Arkanum der Moderne ausgesprochen. Er hat die Schlussfolgerung aus Prämissen gezogen, die er für schicksalhaft hielt. Die Unannehmbarkeit der Conclusio hat mich, entgegen Nietzsches Intention, dazu geführt, die Prämissen in Frage zu stellen. Nietzsche schreibt, wenn und weil Gott nicht ist, gibt es keine Wahrheit. Ich hingegen schließe: Wenn und weil es Wahrheit gibt, ist Gott.

Und Nietzsche weiter: Unsere Rede von Dingen ist anthropomorph, wir können eigentlich nicht von Dingen sprechen. Meine Conclusio: Weil wir von Dingen sprechen müssen, müssen wir anthropomorph denken.

KAPITEL 8

ÜBER GLÜCK UND WOHLWOLLEN

Das Gewissen ist kein lästiger Störenfried

Ende der achtziger Jahre erscheint Ihr Buch »Glück und Wohlwollen«, das man als Summe aller Gedanken lesen kann, die durch die philosophisch-ethischen Diskurse seit Anfang der siebziger Jahre aufgeworfen wurden. Was hat Sie zu diesem Buch angeregt?
Unbefriedigend fand ich immer, dass die Antworten auf die Frage nach dem richtigen Leben zwei ganz verschiedene Arten des Denkens ausdrücken. Man könnte die eine aristotelisch und die andere kantisch nennen.

Bekannt ist der kantische Ausgang von der Ur-Erfahrung des Sollens. Ihm gegenüber wird der Einwand immer lauten: Ein Sollen, das den Pflichttreuen nur unglücklich macht, kann niemanden motivieren. Ein Leben unter dem kategorischen Imperativ »lohnt sich nicht«. Umgekehrt verhält es sich genauso. Wenn jemand offenbar ein glückliches Leben führt auf Kosten eines anderen, den er im Stich lässt und in dem er dadurch Verwüstungen anrichtet – wie will er das verantworten? Er hat ein schlechtes Gewissen – und wenn nicht, umso schlimmer.

Die Fragen nach dem richtigen Leben müssen Antworten finden. Denn es geht hier ja nicht um theoretische Fragen, bei denen man verschiedene Antworten nebeneinander stellt, sondern um eine praktische, die Existenz betreffende. Wenn gehandelt werden muss, muss man sich entscheiden.

Und wenn die Philosophie letzten Endes nur dazu führt, dass sich auf höherem Reflexionsniveau dieselben Probleme stellen, die man ohne Philosophie schon gehabt hat, dann hat sich ihre Anstrengung nicht gelohnt. Wenn der Ethikunterricht in der Schule nur dazu führt, dass Schüler mit ein paar »Ethikmodellen« bekannt gemacht werden und darüber gescheit debattieren können, dann hat der Ethikunterricht sich nicht gelohnt.

In der Politik beobachten wir heute oft, dass nach einem Ethiker gerufen wird, wenn sich Fragen nach dem stellen, was richtig oder falsch ist. Ich bin da immer misstrauisch. Glücklicherweise bin ich nie gefragt worden, ob ich an einer Ethik-Kommission teilnehmen möchte. Es hätte mich in Verlegenheit gebracht, denn in solchen Dingen bin ich ein Anhänger Kants, der schreibt, dass bei Fragen über das Gute oder Böse fortgeschrittene Reflexion und höhere Bildung nichts bedeuten. In der Tat gibt es einfache Menschen mit einem wunderbaren sittlichen Feingefühl und hochgebildete Menschen, die skrupellose Egoisten sind und denen die Vernunft als »Diebesleuchte der Wissenschaft« dient, wie Kant sagt.

Mit meinem Buch wollte ich erreichen, dass man bei der philosophischen Überlegung über das richtige Leben am Ende etwas klüger geworden ist, als man es am Anfang war. Meine Frage war: Wie geht man mit den beiden ethischen Betrachtungsweisen um? Ist es eine Sache der grundlosen Option für eine der beiden Sichtweisen, oder lassen sich beide integrieren? Ich wollte weder die Frage nach dem glücklichen Leben aus der Ethik eliminieren noch die Erfahrung des Sollens mit ihrer Unbedingtheit dem Wunsch nach »Wellness« opfern.

Gut, eine Frage zur Sollens-Ethik. Es heißt: Richte deine Entscheidungen und Maximen danach, dass ihre Maßstäbe für jedermann gelten können. Warum soll ich das eigentlich?

Warum soll ich einem Sollen folgen? Diese Frage ist schon falsch gestellt. Man kann nicht sollen, ohne schon etwas zu wollen. Wenn unser Wollen bloßer Trieb und nicht von Anfang an als *menschliches* Wollen durch einen Vernunftmaßstab qualifiziert wäre, könnte es so etwas wie ein Sollen gar nicht wahrnehmen. Die Frage »Why to be moral?« ist unbeantwortbar, weil jede Antwort schon Moralität voraussetzt.

Ein Beispiel: Ich habe in einem Betrieb einen Job und könnte durch die verleumderische Andeutung eines Verdachts gegen einen Kollegen eine wichtige Stelle bekommen, die an sich für ihn vorgesehen war. Ich tue das nicht. Sonst könnte ich nicht mehr in den Spiegel schauen. Jemand könnte mir sagen:

»Du bist blöd. Warum tust du nicht, was deinem Interesse nützt?«

Antwort: »Weil es nicht schön wäre, so zu handeln.«

Er: »Und warum tust du nicht etwas Hässliches?« Es ist genau dies der Einwand des Odysseus in dem Drama »Philoktet« des Sophokles: »Begeh doch einmal einen schändlichen Verrat, weil für die Griechen der Sieg davon abhängt. Für die übrige Zeit kannst du dann ein anständiger Mensch sein.« Hier endet die Argumentation.

Neoptolemos hat nur noch einen zaghaften Einwand: »Was für ein Gesicht soll ich machen bei diesem Verrat, wenn ich den Betroffenen offen ins Gesicht anlüge?«

Hier kann man schließlich nur sagen: Ende der Debatte. Eine weitere Antwort oder Begründung habe ich nicht. Wenn jemanden die innere Widersprüchlichkeit einer theoretischen Behauptung nicht hindert, an ihr festzuhalten, dann ist kein Gespräch mehr möglich. Und wenn jemand das Gewissen, die Stimme der praktischen Vernunft, zum Schweigen gebracht hat, dann gibt es kein weiteres Argument. Man kann nicht dafür argumentieren, dass man auf Argumente hören soll.

Ich gebe noch ein anderes Beispiel: Jemand hat großen Hunger und bittet mich, ihm etwas zu essen zu geben. Wenn ich ihn frage: »Warum?«, und er antwortet: »Weil ich Hunger habe«, dann könnte ich entgegnen: »Dass du Hunger hast, habe ich schon verstanden, aber wieso sollte ich dir etwas zu essen geben?«

David Hume hat behauptet, man könne kein Sollen aus einem Sein ableiten. Dass jemand Hunger hat, ist ein Faktum. Aus einem Faktum aber folgt, wenn wir Hume folgen, nichts für das Handeln. Dem Anderen bleibt nur, kopfschüttelnd wegzugehen oder mir, wenn er kann, meine Geldbörse mit Gewalt wegzunehmen, um sich Brot zu kaufen. Die Kirchenväter hätten ihm recht gegeben. Sie lehrten, dass dem Hungernden das Brot gehört, das er braucht.

Zurück zum Beispiel Verleumdung. Jemand fragt: Warum hast du deinen Kollegen nicht verleumdet? Ich könnte antworten: Ich wäre meines Lebens nicht mehr froh, wenn ich die Stellung durch eine Verleumdung erlangt hätte. Kant erwidert darauf: Warum wirst du deines Lebens nicht mehr froh? Offenbar weil du ein moralisches Gefühl hast. Hättest du es nicht, dann wäre dir die Verleumdung egal und du könntest deines Lebens nach wie vor froh werden. Kant schreibt, man müsse »schon auf halbem Wege ein anständiger Mensch sein«, um sich von der Zufriedenheit eines guten Gewissens auch nur eine Vorstellung machen zu können.

Das Gewissen ist kein lästiger Störenfried bei der Suche nach Glück, dessen man sich am liebsten entledigen möchte. Das Gewissen macht uns unerbittlich aufmerksam auf die

Wirklichkeit, die wir bei der Befriedigung unserer Wünsche abzuschirmen geneigt sind. Letzten Endes wollen wir ja nicht unser Wohlbefinden um jeden Preis einer Illusion verdanken. Das Ziel, glücklich zu sein, ist kein Ziel wie andere, für deren Erreichung wir Mittel suchen. Unsere Handlungen sind nicht einfach Mittel zur Erreichung der *Eudaimonia*, sondern Teile des Lebens. Die Relation Teil-Ganzes ist hier passender als die Relation Mittel-Zweck. Glück ist, wie Max Scheler gezeigt hat, überhaupt kein direkt intendierbares Ziel.

Wird den Eudämonisten nicht vorgeworfen, ihr Glücks-streben sei Egoismus?
Das ist die Schwäche des traditionellen Eudämonismus, zu dem ich aber Aristoteles nicht rechnen würde – eher Epikur, für den Glück einfach im Sich-Wohlfühlen besteht. Wenn du dich wohlfühlst, ist alles in Ordnung. Das Merkwürdige ist jedoch: Wenn man diesen Eudämonismus zu Ende denkt, ge-langt man an einen Punkt jenseits des Egoismus.

In »Glück und Wohlwollen« habe ich ein Kapitel über den Hedonismus geschrieben, in dem diese Frage behandelt wird. Epikur schreibt: Ein Mensch kann nicht wirklich glücklich sein ohne gute Freunde. Wie aber bekommt man gute Freunde? Nur dadurch, dass man selber ein guter Freund ist. Ein guter Freund muss bereit sein, sein eigenes Leben notfalls für den Freund zu opfern.

Das erinnert an einen Satz des Evangeliums: Niemand hat eine größere Liebe, als wer sein Leben hingibt für seine Freunde. Epikur schließt seine Überlegungen damit: Wenn einer nicht bereit ist, sein Leben hinzugeben für seine Freunde, wird er nicht die besten Freunde gewinnen und wird auch nicht im höchsten Sinne glücklich sein. Wird der Eudämonismus oder Hedonismus zu Ende gedacht, kommt er zum gleichen Ergebnis wie das Evangelium.

Wie sieht Aristoteles die Beziehung von Ethik, die das Glück für den einzelnen Menschen intendiert, und Politik, die das den Bürgern gemeinsame Gute im Auge hat?
Für Aristoteles gehört beides zusammen. Übrigens ordnet er nicht alles zweckrational der Vorstellung der Eudämonie unter. Es gibt für ihn Gebote, an deren Evidenz er appelliert. Er schreibt zum Beispiel: Wenn jemand sagt, man dürfe die eigene Mutter töten, dann verdiene er kein Argument, sondern Zurechtweisung. Das Ethische des Aristoteles ist eingebettet in Polis und Sitte. Dass es so etwas wie gute Sitten gibt, wird vorausgesetzt.

In unserer Rechtsordnung ist das übrigens ähnlich. Es gibt den Begriff sittenwidriger Verträge. Da wird auch vorausgesetzt, dass man weiß, was sittenwidrig ist. Zur Sitte gehört, dass sie nicht begründungspflichtig ist. Wer sie kritisiert – und das ist möglich –, trägt die Begründungspflicht. Anders wäre menschliches Zusammenleben nicht möglich.

Das Sittliche nun im Kant'schen Sinne, also die Tugend, ist eingebettet in ein Konzept der Eudämonie, das seinerseits wieder eingebettet ist in die Polis. *Eudaimonia*, Glückseligkeit ist nicht einfach Wellness, sondern gelingendes Leben und Bewusstsein dieses Gelingens. Das Leben des Einzelnen kann nur gelingen im Rahmen der Polis, es sei denn, er ist ein Philosoph. Ethik ist Teil der politischen Philosophie.

Was unterscheidet den Philosophen vom normalen Bürger der Polis?
Aristoteles geht von drei Lebensweisen aus: einmal das ganz dem Genuss gewidmete Leben des Privatiers, dann die politische, die Lebensweise des Bürgers, der unterschiedliche Tugenden ausbildet – davon handeln seine Ethiken und das Buch über die Politik –, und schließlich die kontemplative Existenz des Philosophen. Die zweite ist für Aristoteles die eigent-

lich menschliche, die dritte nennt er göttlich, das heißt, der Mensch kann sie nur zeitweise praktizieren. Der Philosoph ist Bürger zweier Welten.

Später haben die Kirchenväter diese Dreiteilung aufgebrochen. Für sie ist jeder Mensch zur Anschauung Gottes berufen, und die Polis hat aufgehört, der letzte Horizont des gelingenden Lebens zu sein. Aber auch Augustinus kennt zwei Lebensweisen, das *secundum deum vivere*, das »Nach-Gott-Leben«, und das *secundum hominem vivere*, das »Nach-dem-Menschen-Leben«. Letztere lehnt er ab. Warum? Man könnte doch sagen, sie ist »humanistisch«, irgendwie dem Menschen gemäß. Aber Augustinus sagt: Der Mensch lebt nur menschengemäß, wenn er seinen Blick über sich hinaus richtet. Wenn er auf sich selbst schaut, um herauszubekommen, was das glückliche Leben ist, dann misslingt es. Der Mensch kann eigentlich nur unter seiner Möglichkeit bleiben oder über sich selbst hinausgehen. Zu Letzterem ist jeder berufen, nicht nur eine kleine Schar von Philosophen.

Hat die kosmologische Tendenz des Christentums, sein Anspruch, für den bekannten Erdkreis, die Oikumene, zu gelten, die polisorientierte Betrachtung des Aristoteles obsolet werden lassen?

Man interpretiert heute Aristoteles gern als Hermeneutiker der griechischen Polis, der einer partikulären Perspektive verhaftet sei. Aber das ist ungerechtfertigt. Denn bei ihm spielt der Begriff der menschlichen Physis eine große Rolle und das ist ein universalistischer Begriff.

Als die Griechen im 5. Jahrhundert v. Chr. darüber nachdachten, wie verschiedenartig die Lebensweisen der Menschen in der Welt sind, hatten sie schon längst entdeckt, dass es nicht nur griechische Poleis auf der Welt gab, sondern auch persische und orientalische Gesellschaften. Daraus aber zogen sie keine relativistische Konsequenz, sondern haben gefragt: »Gibt es vielleicht einen Maßstab, an dem gemessen man noch einmal die verschiedenen Sitten beurteilen kann?« Von besseren oder schlechteren Staaten kann man ja nur sprechen, weil man gute und schlechte Sitten unterscheiden kann.

Aristoteles kennt zwar eine große Spielbreite dessen, was mit der Natur des Menschen vereinbar ist. Die Polis steht für ihn höher als die orientalischen Staaten, vor allen Dingen Persien, weil in ihr die Natur des Menschen zur freieren Entfaltung kommt.

Physis ist für ihn ein Rahmen, der eine Vielfalt von Verfassungen möglich macht. Aber eben nicht alle. Aristoteles, obwohl Hermeneutiker des griechischen way of life, ist dennoch Universalist, denn die Natur des Menschen ist überall dieselbe. Einen positiven Kodex aus der Natur des Menschen abzuleiten, wie es die Aufklärer des 18. Jahrhunderts taten, ist ihm fremd.

Muss denn die partikulare Perspektive die universale stets mit bedenken?

Darauf will ich mit einem Beispiel antworten: Jemand bekennt, dass ihm das eigene Land über alles in der Welt geht. Er muss sich fragen lassen, ob er es billigt, dass auch Bürger anderer Länder ihr eigenes Land allen anderen vorziehen. Der Patriot ehrt auch den Patriotismus anderer. Wer das nicht tut, ist ein Nationalist und Chauvinist.

Bert Brecht verfasste für die DDR eine Nationalhymne, die sich allerdings nicht gegen diejenige von Johannes R. Becher durchsetzte. Über Deutschland heißt es da an einer Stelle: »Und das Liebste soll's uns heißen, wie den anderen ihres auch.« Gegenseitige Anerkennung der Partikularismen ist eine Form des Universalismus.

Mit dem Titel »Glück und Wohlwollen« aktualisieren Sie einen aus dem Gebrauch gekommenen Begriff, das Wohlwollen, *benevolentia*. Wie steht er im Zusammenhang mit der Debatte über Utilitarismus und teleologische Ethik?

Was das Wohlwollen betrifft, so ist es gestuft. Ich kann nicht allen Menschen das gleiche Wohlwollen entgegenbringen, sondern es gibt einen *ordo amoris*, der von Nähe und Ferne bestimmt ist. Es gibt den Nächsten und den Ferneren, wobei auch der Fernste noch als Mitglied der Menschheitsfamilie ein Verwandter ist.

Mir ging es darum, diesen Aspekt gegenüber dem modernen Utilitarismus herauszuarbeiten, der sich auch teleologische Ethik nennt – damit ist natürlich keine Ethik gemeint, die der teleologischen Struktur der menschlichen Natur entspricht, sondern eine, die den folgenden Standpunkt vertritt: Handle so, dass deine Handlung den Wertgehalt der Welt optimiert. Dieses Postulat der Optimierung der Welt definiert die gute Handlung durch einen universalen Zweck, durch das »Wohl des Universums«. Nicht jede utilitaristische Ethik ist bloß am Lustgewinn interessiert. Darum spricht man auch vom »ideal utilitarianism«.

Lange Zeit haben sich katholische Moraltheologen diese utilitaristische Ethik zu eigen gemacht. Sie wollten damit der Vorstellung entgehen, dass es Gebote, vor allem dass es Verbote gibt, die ausnahmslos gelten, man könnte auch sagen: kontextlos sind. Die Moraltheologen wollten das loswerden und plädierten deshalb für eine Ethik, in der alles nur instrumentell, unter dem Aspekt der Optimierung der Welt betrachtet wird.

Das forderte mich heraus. Meine Überzeugung war: Es gibt Dinge, die der Mensch nicht tun darf und deshalb immer unterlassen muss – und für die Folgen einer solchen Unterlassung muss er keine Verantwortung übernehmen. Die Nationalsozialisten stellten einen Polizisten vor die sadistische Alternative, eigenhändig ein zwölfjähriges jüdisches Mädchen zu erschießen oder in Kauf zu nehmen, dass zehn andere Juden erschossen würden. Der Polizist schoss. Er glaubte, die Verantwortung zu haben für den Tod der anderen, wenn er nicht geschossen hätte. Anschließend landete er in der Psychiatrie. Nein, er hätte diese Verantwortung nicht gehabt. Er hatte in diesem Augenblick nur die Verantwortung für das Kind. Die sowjetischen Psychiater, die Dissidenten in psychiatrische Anstalten überwiesen, glaubten, sie hätten eine Verantwortung für die Sowjetunion, die ihrer ärztlichen Verantwortung gegenüber den Patienten übergeordnet sei. Konkrete Verantwortung kann es nur geben, wenn sie zugleich von anderen Verantwortlichkeiten dispensiert.

Warum überfordert der »ideal utilitarianism« den handelnden Menschen?

Unter normalen Bedingungen hat ein Mensch immer nur bestimmte Verantwortungen zu tragen, und er kann das nur, wenn er anderweitig entlastet ist. Nehmen wir den Chirurgen, der einem Patienten das Leben rettet. Aber die Angehörigen wünschen sich seinen Tod. Er ist ein Familientyrann, der seine Frau und seine Kinder quält. Nur: Das geht den Chirurgen nichts an. Für die Familie trägt er nicht die Verantwortung. Seine Verantwortung besteht allein darin, durch eine Operation den Patienten zu retten, und der Patient muss das Vertrauen haben können, dass der Chirurg ihn retten will. Das funktioniert aber nur, wenn der Chirurg entlastet ist und ihm keine Universalverantwortung aufgebürdet wird.

In totalitären Ländern wie der vormaligen Sowjetunion wurden Dissidenten in psychiatrische Kliniken eingewiesen. Ärzte wurden zu Bütteln des Regimes und hatten für den

Sowjetstaat Verantwortung. Wenn wir alle unsere Handlungen messen müssten an dem, was universell für alle das Beste ist, dann könnten wir überhaupt nicht handeln.

~

ZWEIMAL CASTEL GANDOLFO

Ich werde öffentlich gern apostrophiert als »Berater des Papstes« oder gar »Freund des Papstes«. Was das Letztere betrifft, so mag man sich darauf berufen, dass Kardinal Ratzinger mir eines seiner Bücher – »Kirche, Ökumene, Politik« – »in Freundschaft gewidmet« hat. Zweimal habe ich überdies auf Tagungen der Glaubenskongregation, deren Präfekt er war, gesprochen, einmal zum Thema Erbsünde und einmal zum Thema Evolution. Man mag dann noch dazuzählen eine Einladung zu dem jährlichen Treffen der Schüler von Kardinal Ratzinger, wiederum zu einem Vortrag zum Thema Evolution, diesmal in Castel Gandolfo, das mir aus der Zeit seines Vorgängers bekannt war.

Der »Berater des Papstes« kursierte aber schon vorher, nämlich unter Johannes Paul II. Unter ihm wurde ich nicht nur als Mitglied in die Päpstliche Akademie für das Leben berufen, sondern nahm auch regelmäßig an den Tagungen des Wiener Instituts für die Wissenschaften vom Menschen teil, die der damalige Papst Johannes Paul II. nicht initiiert hatte, sondern für die er nur als Gastgeber in Castel Gandolfo fungierte. Als Mitglied des Beirats dieses Instituts war ich ein regelmäßiger Teilnehmer der Jahrestagungen. Dieses internationale Institut verdankt sich einer Initiative des in Wien lebenden damaligen Dozenten an der Warschauer Universität Krzysztof Michalski.

Michalski hatte in der Zeit des Kalten Krieges den Gedanken, etwas gegen das gänzliche Auseinanderdriften der Humanwissenschaften im Westen und in den kommunistischen Ländern zu tun. Wien war dafür ein geeigneter Ort. Aber wie sollte man einem solchen Institut so auf die Beine helfen, dass es die zugrundeliegende Intention tatsächlich würde erfüllen können? Michalski kam auf die Idee, den Papst, den er als Erzbischof von Krakau kennen gelernt hatte, mit dieser Idee bekanntzumachen. Der Papst, der einerseits ein Mann des Gebetes und andererseits ein durch und durch politischer Mensch war, war sofort bereit, das Unternehmen zu unterstützen, indem er als Gastgeber für drei Tage Castel Gandolfo und seine Teilnahme an der Tagung anbot.

Michalskis Idee war glänzend. Er konnte einladen, wen er wollte. Kein noch so Prominenter lehnte eine Einladung des Papstes nach Castel Gandolfo ab. Carl Friedrich von Weizsäcker war dort, Hans-Georg Gadamer, Ernst-Wolfgang Böckenförde, Paul Ricœur, Emmanuel Levinas, Ralf Dahrendorf, Bernard Lewis und andere. Die Vorträge auf diesen Tagungen zu humanwissenschaftlichen, soziologischen und politikwissenschaftlichen Themen waren auf drei Tage verteilt, und man ging davon aus, dass alle Teilnehmer hinreichend Deutsch, Französisch und Englisch verstanden, dass jeder in einer dieser drei Sprachen sprechen konnte und die anderen jeweils folgen konnten.

Der Papst lud jeweils eine Sprachgruppe zum Essen ein, damit er bei einer Mahlzeit nur in einer Sprache sprechen musste. Er war im Übrigen drei Tage lang ein aufmerksamer Zuhörer bei diesen Vorträgen. An den Diskussionen beteiligte er sich nicht. Wenn sie ihn weniger interessierten, beobachtete ich, wie er unter dem Tisch einen Rosenkranz durch seine Finger gleiten ließ. Oder er blätterte in einem Weltatlas. Er war ein Mann aufmerksamen Zuhörens und des freundschaftlichen Gesprächs, weniger der Diskussion, im Unterschied zu seinem Nachfolger Benedikt XVI., der nicht nur Oriana Fallaci persönlich einlud, sondern auch den Chef der Piusbruderschaft, Bischof Fellay; oder auch seinen früheren Kollegen und bekannten Papstkritiker Hans Küng.

Der Papst nahm keinerlei Einfluss auf die Thematik der Tagungen und auf die Zusammensetzung des jeweiligen Teilnehmerkreises. Nur einmal versuchte man von vatikanischer Seite, die Einladung des Theologen Johann Baptist Metz zu verhindern. Gadamer, Böckenförde und ich ließen den Papst wissen, dass wir das nicht hinnehmen könnten und dass die Tagung ausfallen müsste, wenn auf diese Weise Einfluss genommen würde. Der Einspruch wurde daraufhin fallen gelassen, und der Papst begrüßte Metz genauso herzlich wie alle anderen.

Hier nur ein kurzer Bericht über ein Gespräch mit Johannes Paul II. am Rande der Castel Gandolfo-Tagung. Deutsche Freunde, zur katholischen Kirche konvertierte Anthroposophen, hatten mich dringend gebeten, eine Äußerung des Papstes zu der Frage zu erbitten, ob man als Katholik an Reinkarnation glauben dürfe. Ich stellte dem heiligen Vater diese Frage am Rande der Tagung. Er schaute mich zunächst etwas lächelnd an und sagte: »Sie sind doch befreundet mit dem Kardinal Ratzinger. Was sagt der denn?« Ich gab aber nicht auf, meine Freunde wollten unbedingt gerne wissen, was der Papst selbst sagt. Daraufhin wurde er ernst und erörterte die Frage auf dem Hintergrund biblischer Aussagen und denen des Konzils von Konstantinopel. Er kam zu dem Schluss, dass die Lehre von der Reinkarnation mit dem christlichen Glauben nicht vereinbar sei. Ich erwiderte darauf, dass für manche Menschen, die sich der katholischen Kirche zugewendet haben, die Reinkarnation eine Hintergrundüberzeugung ist, die sie nicht einfach von einem Tag auf den anderen ablegen können und wollen.

Meine Frau zum Beispiel war mit dieser Hintergrundüberzeugung aufgewachsen. Ihr Vater war Theosoph. Die Reinkarnationsüberzeugung bildete sich aber im Laufe der Zeit zurück, weil sie einfach keinen »Sitz im Leben« mehr hatte. Sie wurde bedeutungslos. Sie wurde, um mit Wittgenstein zu reden, zu einem Rad an der Maschine, bei dessen Drehung sich nichts mehr mitdreht. Kann man die Sache nicht diesem Prozess überlassen? Ist ein Katholik, der diesen Gedanken nicht ohne Weiteres ablegen kann, von den Sakramenten ausgeschlossen?

Die Antwort des Papstes verband doktrinäre Eindeutigkeit mit kluger pastoraler Zurückhaltung. »Ich kannte«, so sagte er, »einen Philosophieprofessor in Polen, der überzeugt war von der Reinkarnation im Sinne einer Verlängerung des Weges des Menschen zur ewigen Seligkeit. Er ging täglich zur heiligen Kommunion.« Kein Kommentar.

Und gerade deshalb war es eine Antwort. Johannes Paul II. wusste aber sehr wohl, dass sich beispielsweise bei Anthroposophen die Überzeugung von der Wiedergeburt verbindet mit dem Gedanken der »Allerlösung«, also dem Glauben, dass am Ende jeder Mensch das Ziel erreicht. Und er wusste auch, dass es konservative Kritiker gab, die dem Papst diese Häresie unterstellten.

So kam er von sich aus auf dieses Thema zu sprechen. Er sagte ungefähr: »Wie ist die Lehre von der ewigen Hölle, also die Lehre von der Gerechtigkeit Gottes, vereinbar mit seiner allmächtigen Güte?« Hier rekurrierte der Papst auf das thomistische Lehrstück über die Eigenschaften Gottes. Er sagte dem Sinne nach: Wir müssen Gott verschiedene positive Eigenschaften zuschreiben, so die Gerechtigkeit, so die Barmherzigkeit. Es sind dies für uns zwei verschiedene Eigenschaften. Ein Mensch kann die eine der beiden besitzen, ohne die andere zu besitzen. In Gott gibt es keine Pluralität von Eigenschaften. Sein Wesen ist einfach. Nur wir sehen das Licht gebrochen in die Regenbogenfarben. Das bedeutet: Gerechtigkeit und Barmherzigkeit sind in Gott nicht zwei verschiedene Eigenschaften. Wir können uns aber die Identität dieser beiden Eigenschaften nicht vorstellen. Wir können sie lediglich denkend postulieren.

Was aber bedeutet das konkret? (Der Papst sprach übrigens deutsch.) »Es bedeutet«, so sagte er, »dass Gott am Ende jedem Menschen im Tiefsten seines Wesens gerecht werden wird. Und das ist sowohl seine Gerechtigkeit wie seine Barmherzigkeit.« Er beendete das Gespräch mit den Worten: »Viele Fragen, wenig Antworten.«

Eine andere kleine Begebenheit in Castel Gandolfo: Es war die Zeit, in der in der evangelischen Kirche und in der Friedensbewegung die Idee eines interkonfessionellen Konzils zum Thema Friede und Bewahrung der Schöpfung kursierte. Der Hauptsprecher dieser Bewegung war Carl Friedrich von Weizsäcker. Er nutzte eine Kaffeepause auf der Terrasse der Residenz des Papstes, um ihn für diese Idee zu gewinnen. Von der Mitwirkung der katholischen Kirche hinge ja, so meinte er, das Gelingen dieses ganzen Projektes ab. Während er mit dem Papst redete, stand ich in der Nähe. Der Papst drehte sich um und bat mich, zu diesem Gespräch hinzuzukommen. Er fragte mich, wie ich über diese Idee denke. Ich musste die Wahrheit sagen. Kurz zuvor hatte ich bereits in der »Frankfurter Allgemeinen« einen langen kritischen Artikel über dieses Projekt geschrieben. Ich war der Meinung, dass einer Versammlung von Christen keine besonderen Erkenntnisquellen zur Verfügung stünden, die die Welt in der Friedensfrage weiterbringen könnten. Der Zusammenbruch der kommunistischen Welt kurz danach und das Ende des Kalten Krieges geschah nach ganz anderen Mechanismen. Eine Friedensversammlung aller Christen oder gar aller Religionen hätte hier nicht mehr, sondern eher weniger bewirken können. Die Gefahr bei einer solchen Veranstaltung wäre es aber, das sagte ich auch zum Papst, dass hier Hoffnungen geweckt würden, die am Ende nicht erfüllt werden könnten und deshalb weder der Menschheit noch der Kirche förderlich wären.

Damit war das Gespräch mehr oder weniger zu Ende. Carl Friedrich von Weizsäcker war sehr erregt, lief rot an und fuhr mich später an:

»Herr Spaemann, haben Sie bedacht, dass vielleicht der dritte Weltkrieg ausbricht, weil Herr Spaemann dem Papst die Teilnahme an diesem Weltkonzil ausgeredet hat?«

Ich konnte darauf nur antworten: »Lieber Herr von Weizsäcker, Sie überschätzen maßlos die politische Bedeutung dessen, was ich sage, und sogar die politische Bedeutung dessen, was Sie sagen. Die ganze Sache wird so oder so folgenlos im Sande verlaufen.«

Nicht lange darauf sprach mich der Bundespräsident Richard von Weizsäcker anlässlich der Verleihung des Friedenspreises des Deutschen Buchhandels an Hans Jonas an und fragte:

»Was macht denn Ihr Streit mit meinem Bruder?«

Ich sagte ihm, ich hätte seinen Bruder unlängst gesehen, sei aber nach wie vor der Meinung, dass bei einem solchen sogenannten Konzil eigentlich nichts herauskommen könnte. Der Bundespräsident gab daraufhin die lakonische und machiavellistische Antwort:

»Herr Spaemann, dass nichts dabei herauskommt, ist die Bedingung dafür, dass es stattfindet.«

Noch eine Frage zum »Wohlwollen«: Wie nahe steht dieser Begriff Kants »gutem Willen«?

Er ist dem Kant'schen Gedanken sehr ähnlich, wobei das Wohlwollen übrigens auch die Selbstliebe einschließt. Wenn jemand notorisch seine Gesundheit ruiniert – nicht weil er etwas Wichtiges tut, das sein Verhalten rechtfertigen könnte, sondern weil er beispielsweise Drogen nimmt –, dann fehlt ihm das Wohlwollen zu sich selbst. Um bestimmter Zustände willen, in denen er sich gern befinden möchte, opfert er sich selbst. Das ist kein Wohlwollen.

Aber normalerweise bezieht sich das Wort »Wohlwollen« auf andere. Es gibt von Friedrich von Spee einen schönen Abschnitt in seinem »Güldenen Tugendbuch«, das Leibniz übrigens sehr hoch schätzte. Da unterscheidet er ganz im Sinne der Tradition *amor concupiscentiae* und *amor benevolentiae*, die Liebe des Begehrens und die Liebe des Wohlwollens. Den Unterschied beschreibt er so: Die Liebe des Begehrens will etwas für sich haben. Der Liebe des Wohlwollens aber geht es wirklich um den Anderen.

Die Tradition spricht oft abschätzig über den *amor concupiscentiae* als einer Form des Egoismus. Es gehört aber zu den Paradoxien der Liebe, dass Wohlwollen Begehren einschließen kann. Wir wären mit einer Freundschaft nicht zufrieden, wenn der Freund uns zwar von Herzen alles Gute wünscht, aber keinen Wert darauf legt, uns zu sehen. Solche Selbstlosigkeit wäre fast wie eine Beleidigung. Der Wunsch, mit dem Anderen zusammen zu sein, gehört zur Freundschaft. Und wir möchten, dass der Andere ebenso wie wir selbst diesen Wunsch hat. Freundschaft, freundschaftliche Liebe, ist nicht Altruismus. Es ist die Eigentümlichkeit der Liebe, dass sich in ihr der Gegensatz von Altruismus und Egoismus auflöst.

Pawel Florenskij widmet das letzte Kapitel seines großen Werkes »Pfeiler und Grundfeste der Wahrheit« der Rehabilitierung der Eifersucht. Gott selbst zeigt sich ja im Alten Testament öfter im Verhältnis zu Israel als eifersüchtiger Bräutigam gegenüber seiner Braut. Und sogar in den Zehn Geboten zeigt sich Gott als eifersüchtiger Liebhaber seines Volkes: »Du sollst keine fremden Götter neben mir haben.« *Amor concupiscentiae* ist ein Teil des *amor benevolentiae*, was die Tradition nicht genügend herausgearbeitet hat.

Wie bezieht sich das Wohlwollen auf den Anderen?
Wie gesagt, das Wohlwollen kann verschiedene Stufen haben. Das Wohlwollen gegenüber einem fremden Menschen, mit dem ich gar nichts zu tun habe, besteht zunächst einmal darin, dass ich ihn nicht schädige. Ich kann in der Verfolgung meiner Zwecke nicht einfach über seine Zwecke hinweggehen. Im wirtschaftlichen Leben gibt es allerdings häufig den Fall, wo die Eule des einen die Nachtigall des andern ist. Aber auch im Konkurrenzkampf ist nicht jedes Mittel erlaubt.

Der Philosoph Peter Singer ist der Meinung, wenn zwei Kinder ins Wasser fallen und ich nur ein Kind retten kann, dann dürfe ich nicht zuerst mein Kind retten, weil es das meine ist, sondern ich müsse mich fragen, welches Kind das begabtere ist, und welches mehr Lebensfreude zu erwarten hat. Das wichtigere Kind solle zuerst gerettet werden. Das mag nun ein Gesichtspunkt für einen Dritten sein, der mit den beiden Kindern nichts zu tun hat. Er braucht ja irgendein Kriterium. Aber derjenige dessen eigenes Kind ins Wasser gefallen ist, stellt sich diese Frage nicht. Er wird sein Kind zuerst retten.

Wohlwollen ist gestuft. Ich muss jedem Menschen wohlwollen, aber nicht im gleichen Maße. Die Utilitaristen wollen Gott spielen und von einem übermenschlichen Gesichtspunkt aus das *bonum universi* bedenken.

Bei Thomas von Aquin bin ich auf ein Beispiel gestoßen, das ich oft erwähne. Er sagt, die Verpflichtungen der Menschen sind verschiedene, und nennt den Fall eines Verbrechers, der einen Mord begangen hat und vom König gesucht wird. Es ist die Pflicht des Königs, den Mann zu erwischen und zu bestrafen. Die Pflicht der Frau des Verbrechers ist es aber, ihrem Mann zu helfen, wenn er sich verstecken will.

Wie würde Sokrates oder Platon in diesem Fall urteilen? Sie denken totalitärer. Die Pflicht der Frau des Verbrechers würden sie nicht anerkennen. Es darf kein Ansehen der Person geben. Thomas dagegen betont, die Frau habe sich um das *bonum* der Familie zu sorgen. Es gibt aber für beide eine Grenze: Der König muss respektieren, dass die Frau eine andere Pflicht hat. Er als der König darf sie nicht bestrafen, weil sie ihren Mann versteckt hat. Das ist in unserer Rechtsordnung übrigens allgemein anerkannt. Sie sieht das Aussageverweigerungsrecht im Falle der Strafverfolgung vor, wenn es sich um einen nahen Angehörigen handelt. Das ist antitotalitär. Es erkennt den *ordo amoris* an.

Aber die Frau des Verbrechers darf nicht zur Terroristin werden. Auch Antigone in der gleichnamigen Tragödie des Sophokles bringt Kreon nicht um und ruft auch nicht dazu auf, ihn zu ermorden. Sie muss respektieren, dass er seine Aufgabe erfüllt. Kreon wiederum müsste respektieren, dass Antigone die Pflicht hat, ihren Bruder zu begraben. Die Menschen tragen verschiedene Verantwortlichkeiten, die sich auch gegenseitig im Wege stehen können. Dramatisch kann es werden, wenn ein Richter seinen eigenen Sohn verurteilen muss, der Fall Brutus bei Plutarch. Aber auch dem beugt unsere Rechtsordnung vor. Der Richter kann und soll sich in solchen Fällen für befangen erklären.

Unsere Verantwortung ist gestuft. Aber es gibt eine elementare Verantwortung, die alle Mitglieder der Menschheitsfamilie füreinander tragen. Mich beeindruckt immer, wie in der Bibel vom ersten Mord, einem Brudermord, berichtet wird. Gott verdächtigt den Kain zunächst nicht des Mordes, sondern fragt:

»Wo ist dein Bruder Abel?«

Er erwartet von Kain offenbar, dass dieser weiß, wo sein Bruder ist. Und gerade das weist Kain von sich:

»Bin ich denn der Hüter meines Bruders?«

Gott geht offenbar davon aus, dass er sehr wohl der Hüter seines Bruders ist. Er erwartet von ihm nicht nur Achtung, sondern Solidarität. Solidarität entspricht nicht der liberalen Vorstellung von sittlicher Verantwortung. Wenn es nach ihr geht, ist jeder Mensch sein eigener Hüter und muss nicht wissen, wo sein Bruder ist. Aber eben dies erwartet Gott im Buch Genesis.

Im Dritten Reich, als die Juden plötzlich alle verschwanden, nachdem sie sich vorher durch einen gelben Stern kenntlich machen mussten, hat es mich erschreckt, dass kaum ein Erwachsener fragte, wo sie sind.

Ein Journalist versuchte vor Jahren, seinen Lesern den Gegensatz von Liberalen und Kommunitariern in Amerika zu erklären. Er schrieb, unter einem Kommunitaristen müsse man sich so jemanden wie den Spaemann vorstellen. Das war nicht ganz falsch, aber auch nicht ganz richtig, weil ich – im Unterschied zu den Kommunitaristen – am universalistischen Gedanken der Menschenrechte festhalte, allerdings mit der nicht aufzuhebenden klaren Unterscheidung zwischen Menschen- und Bürgerrechten, wobei es ein Menschenrecht ist, irgendwo Bürgerrechte zu haben. Aber deswegen bin ich doch kein Liberaler, der nur jeden nach seiner Façon selig werden lässt, ohne sich dafür zu interessieren, ob er wirklich selig wird. Liberale sind auch keine Freunde von Missionierung.

Von Goethe stammt die Feststellung: »Wenn ich von liberalen Ideen reden höre, so verwundere ich mich immer, wie die Menschen sich gern mit leeren Wortschällen hinhalten: Eine Idee darf nicht liberal sein! Kräftig sei sie, tüchtig, in sich selbst abgeschlossen, damit sie den göttlichen Auftrag, produktiv zu sein, erfülle.«

Lehnen Sie die Mission mit dem Schwert ab?
Selbstverständlich. Aber ich lehne es nicht ab, Menschen zu dem zu überreden, was ich für ihr Bestes halte. Nehmen Sie an, ein Freund von Ihnen leidet an einer schweren Krankheit und Sie kennen ein Medikament – oder glauben ein Medikament zu kennen –, das ihm wirklich durchschlagend helfen kann. Würden Sie nicht alles versuchen, ihn zu überreden und nicht locker lassen in Ihrem Zureden: »Wenn du das Mittel nicht einnimmst, ist es dein Ende. Bitte nimm es.« Das heißt, Sie würden sich verhalten als Hüter Ihres Bruders, wenn auch ohne Zwang. Oder? Ich denke, wenn Sie das nicht täten, wären Sie kein guter Freund.

Der Liberalismus ist indifferent gegenüber Inhalten. Fragen nach dem guten Leben schiebt er in den sogenannten Wertebereich ab. Werte aber hält er für relativ, um dann jedoch umso vehementer zu verteidigen, was er »unsere Werte« nennt.

Würde der Liberalismus so ein engagiertes Zureden ablehnen?
Die 68er versuchten damals, ihre Kommilitonen auf die verschiedensten Arten zu nötigen, sich ihre Propaganda anzuhören. Gegen den Willen der großen Mehrheit der Studenten funktionierten sie einfach Vorlesungen um zu Propagandaveranstaltungen; wenn man sich den Zwang verbat, war ihr Argument, dass die Leute ja noch nicht aufgeklärt seien über das, worum es ging. Und zu dieser Aufklärung müsse man sie zwingen.

Es gehört aber zu den Menschenrechten, dass genauso wie jemand versuchen darf, andere zu überreden, diese anderen das Recht haben, sich dieser Belehrung zu entziehen. Es gibt heute Abtreibungsgegner, die in der Nähe von Abtreibungskliniken Frauen, die dorthin gehen, ansprechen und ihnen ihre Absicht auszureden suchen. Diese Versuche werden heute vielfach gerichtlich unterbunden. Zu Unrecht. Menschen, die der Meinung sind, dass hier massenhaft Tötung von Menschen stattfindet, haben das Recht zu versuchen, andere davon abzuhalten. Allerdings ist es genauso das Recht der angesprochenen Frauen zu erklären, dass sie ein Gespräch über diesen Gegenstand nicht wünschen. Und dann ist das Gespräch zu Ende.

Die Einschränkung der Meinungsfreiheit ist bei uns inzwischen so weit gediehen, dass in skandinavischen Ländern und in Großbritannien Prediger bestraft werden, wenn sie sich die biblische Beurteilung der Homosexualität zu Eigen machen. Solange es jedermanns Recht ist, die Kirche während einer solchen Predigt zu verlassen, ist es doch das Recht des Predigers, sie zu halten, und das Recht der Gläubigen, in der Predigt über die biblische Lehre unterrichtet zu werden. Wozu gehen sie schließlich sonst in einen christlichen Gottesdienst?

Es ist heute eine weit verbreitete Vorstellung, so etwas wie Wahrheitsüberzeugungen seien für die Toleranz schädlich. Im Namen der Toleranz wird Relativismus verlangt. Aber das ist ganz abwegig. Die Pflicht zur Toleranz gründet selbst in der festen Überzeugung von der Würde der Person. Aus ihr ergibt sich die Achtung vor religiösen und moralischen Überzeugungen anderer. Die heute wachsenden Einschränkungen der Meinungsfreiheit gründen nicht darin, dass vom Mainstream abweichende Meinungen falsch sind, sondern dass sie dem Mainstream widersprechen.

Der konsequente Relativist muss nicht tolerant sein – er kann sagen: Es ist alles relativ, und ich dulde keine anderen Meinungen. Ich unterdrücke sie nicht, weil sie unwahr sind, sondern weil sie nicht das ausdrücken, was ich meine. Die Haltung, die der Toleranz zugrunde liegt, ist ja selbst eine bestimmte Wahrheitsüberzeugung; wo es sie nicht gibt, kann sich jede Macht herausnehmen, Dissidententum zu unterdrücken – nicht weil es falsch ist, sondern weil es »unseren Werten« widerspricht.

Aber ist der Liberalismus in den westlichen Gesellschaften nicht in eine Krise geraten?

Er ist es vor allem in totalitären Regimen. Die Widerstandskämpfer im Dritten Reich waren keine Liberalen, sondern Menschen mit dezidierten Überzeugungen und eindeutigen Einstellungen gegen die Nationalsozialisten.

Ich habe übrigens den Eindruck, dass wir heute, was die Meinungsfreiheit betrifft, weniger frei sind als in den fünfziger Jahren. Das hängt eng damit zusammen, dass der Begriff des Richtigen und des Wahren im fortschreitenden Pluralismus dahinschwindet. An seine Stelle tritt der Mainstream, die herrschende Meinung. Und wer sich ihr nicht fügt, dem kann es übel ergehen. Die Begründung dafür lautet nicht, man meine etwas Falsches, sondern man weiche von den herrschenden Werten ab.

Aber gibt es heute nicht auch den Schutz der Minderheiten, der deren Diskriminierung in der Gesellschaft sanktioniert?

Es kommt hier sehr darauf an, um welche Minderheiten es sich handelt und was man unter Diskriminierung versteht. Meines Erachtens muss zunächst einmal die Diskriminierung des Begriffs »Diskriminierung« aufhören.

Wenn wir unter Diskriminierung jede Form der Benach-
teiligung verstehen, dann ist das Diskriminierungsverbot sehr
bedenklich. Ebenso wie der Begriff »Ausgrenzung«, der heute
häufig benutzt wird. Das Verbot von Ausgrenzung ist insofern ganz unsinnig, als es jeden Zusammenschluss von Menschen verbietet, der auf bestimmten Merkmalen beruht, die
nicht von allen Menschen geteilt werden.

Eingrenzen heißt immer auch ausgrenzen. Warum sollen
Frauen kein Frauencafé aufmachen dürfen, in dem Männer
nicht erwünscht sind? Kein Vegetarierverein wird einen
Metzgermeister als Mitglied aufnehmen. Und warum soll ein
Ehepaar, das zu den Zeugen Jehovas gehört, nicht das Recht
haben, ein Fremdenzimmer in seinem Haus nur an Glaubens-
genossen zu vermieten? Die Juden waren zeitweise im Mittelalter von der Mehrheitsgesellschaft ausgegrenzt. Sie selbst
grenzten aus ihren Ghettos Nichtjuden aus. Was ist daran
falsch? In Nordafrika versperrten mir ernsthafte junge Leute
den Zugang zu ihrer Moschee mit der Begründung, dies sei
kein Ort zum Herumschauen für Touristen, sondern ein Ort
des Gebets. Ich dachte nur: Ihr seid meine Brüder, und zwar
gerade weil ihr mich in eure Moschee nicht hereinlasst.

Niemand solle, so wird heute erklärt, wegen seiner Religion oder seiner sexuellen Orientierung diskriminiert werden. Aber was heißt das im Klartext? Ein notorischer Pädo-
philer, der sich um den Posten des Leiters eines Heims für
milieugeschädigte Kinder bewirbt, dürfte nicht aufgrund seiner sexuellen Orientierung ferngehalten werden. Kann man
das im Ernst wollen?

Die europäische Zivilisation verliert zunehmend ihr Interesse an der Qualität der Bedingungen guten Aufwachsens für
Kinder und Jugendliche. Wo Interessen von Kindern in Kol-
lision stehen mit Interessen von Erwachsenen, haben immer
wieder die Interessen der Erwachsenen den Vorrang. Und bei

der Frage, ob homosexuelle Paare Kinder zur Adoption bekommen, ist das Urteil von Gleichstellungsbeauftragten wichtiger als die Stellungnahme von Pädagogen, Kinderpsycholo-
gen und Kinderärzten. Der Lebensstil einer Gesellschaft, in
der Kinder ideale Lebensbedingungen finden, ist unvermeidlich eine Gesellschaft, in der alle ein besseres Leben haben.

**Kommen wir zurück zu Ihrem Buch »Glück und Wohl-
wollen«. Es erschien 1989. Wie fielen die Reaktionen
darauf aus?**
Die Aufnahme, soweit ich mich erinnere, war durchweg
freundlich. Der Rezensent in einer philosophischen Zeitschrift ging so weit zu behaupten, was ich über Verzeihung
geschrieben hätte, sei das Beste, seit Hegel darüber geschrieben habe. Einige hatten Schwierigkeiten, das Buch in eines
der Schemata einzuordnen. Es ist nun einmal weder links
noch rechts, weder konservativ noch emanzipatorisch.
Kurzum, ich war nicht unzufrieden mit der Resonanz.

**Man kann Ihr »Glück und Wohlwollen« als Hauptwerk in
Sachen praktischer Philosophie bezeichnen. Im Jahr 2001
erschien – quasi als Ergänzung – die große Aufsatzsammlung »Grenzen«. Sie enthält 40 philosophische Aufsätze
über Ethik und Politik, aber auch kritische, zuweilen
polemische Texte zu Zeitgeistthemen. Die Grenze zwischen akademischen und publizistischen Essays ist flie-
ßend. Wir wissen, dass Sie sich als junger Mann gern
publizistisch eingemischt haben. Aber was bewog Sie später, als längst bestallter Philosophieprofessor, die öffentliche Kontroverse zu suchen?**
Es muss sich in mir hinreichend Widerspruch angesammelt haben, bis ich etwas schreibe. Warum ich es dann tatsächlich tue,
weiß ich selber nicht genau. Vielleicht ist es mein Naturell.

Ich habe ja einige größere Bücher geschrieben, aber es gibt Situationen, in denen ich mich kurz fassen will und die Form des Essays oder des Zeitschriften- oder Zeitungsartikels wähle, weil die Chance hier größer ist, dass jemand das liest und darüber nachdenkt.

Wenn ich lange genug gehört und gelesen habe, man könne Aussagen und moralische Urteile nur dann auf ihre Wahrheit oder Richtigkeit hin beurteilen, wenn man den Kontext kenne, dann regt sich der Widerspruch. Zunächst mit Bezug auf die Frage, ob es moralische Verbote gebe, die ohne Ansehung des Kontextes und der Folgen immer gelten. Dann aber auch mit Bezug auf die Wahrheit von Sätzen.

In »Personen« versuche ich zu zeigen, dass unsere Sprache schon so aufgebaut ist, dass sie aus Sätzen besteht, die grammatisch abgeschlossene Einheiten bilden und die für sich genommen als wahr oder falsch beurteilt werden können. Sonst könnte man sich auch gar nicht austauschen. Man müsste dann immer den anderen erst ausreden lassen. Es gibt ja die Redensart: »Lassen Sie mich bitte ausreden.« Ausgeredet habe ich aber erst, wenn ich sterbe. Erst im Tod hat man ausgeredet. Ohne die Wahrheit von kontextunabhängigen Sätzen kann man nicht in irgendeinen Diskurs eintreten. In »Personen« findet sich dazu das Kapitel »Kontextunabhängigkeit«.

In den eher publizistischen Texten scheuen Sie vor allem nicht davor zurück, den Zeitgeist zu kritisieren. Was reizt Sie daran?

Leider neige ich generell zu Widerspruch und Kritik. Der Zeitgeist, *jeder* Zeitgeist besteht aus einer Ansammlung von Vorurteilen, für die man Selbstverständlichkeit beansprucht. Die Aufgabe der Philosophie besteht darin, über das Selbstverständliche nachzudenken. Die Macht des Zeitgeistes besteht darin, dass er seine stillschweigend angenommenen

Selbstverständlichkeiten nicht formuliert. Und wenn er sie formulieren würde, gäbe es über sie sogleich eine Kontroverse. Von Goethe stammt die Beobachtung: »Jedes ausgesprochene Wort erregt den Gegensinn.«

Und das heißt, wenn man will, dass es keine Gegenäußerung gibt, dann spricht man möglichst seine grundlegenden Überzeugungen nicht aus, sondern unterstellt stillschweigend Einverständnis. Man gibt dann vor, aus allen Wolken zu fallen, und bekundet sein Entsetzen, wenn jemand es wagt, das in Frage zu stellen, was von diesem Stillschweigen lebt.

Wenn ich mit solchen Selbstverständlichkeiten konfrontiert werde, ist mein Reflex, die Frage zu stellen: Ist das wirklich selbstverständlich? Wird nicht manchmal eine Selbstverständlichkeit beansprucht für etwas, das weder gut noch wahr ist?

Wer Selbstverständlichkeiten in Frage stellt, macht sich nicht unbedingt beliebt.
Nein. Ich kann ja auch nicht gerade behaupten, dass ich besonders beliebt wäre. Aber ich bin nur bei wenigen verhasst. Wirklich giftig gegen mich waren eigentlich nur Theologen. Viele erfasst mir gegenüber ein Gefühl der Verlegenheit, nicht unähnlich der Pose, die man gegenüber einem Menschen einnimmt, dem man nicht direkt sagen möchte, wie dumm er ist.

Und wie geben sich Vertreter der wissenschaftlichen Weltanschauung Ihnen gegenüber?
Szientisten sind nicht giftig. Sie sind einfach borniert, aber sie nehmen einem eine Gegenmeinung meistens nicht persönlich übel, wohl aber katholische Theologen. Dabei ist die Moraltheologie – jedenfalls die katholische – ja selber auch nichts anderes als eine Art von Philosophie. Sie schöpft ja ihre

Weisheiten nicht aus den Offenbarungsquellen, sondern aus allgemeinen, Vernünftigkeit beanspruchenden Überlegungen.

Ihre philosophischen Überlegungen behaupten einen Zusammenhang zwischen Metaphysik und Ethik beziehungsweise Politik, den viele bestreiten. Stimmt das?
Die Vorstellung, man könne ganz unabhängig von einer grundlegenden Überzeugung über die Wirklichkeit eine Ethik ausformulieren, ist, glaube ich, falsch. In jeder Ethik stecken elementare metaphysische Annahmen. Ich nenne nur eine: die Ablehnung des Solipsismus. Solipsismus ist die Theorie, die sagt, es gibt nur mich. Alle Gedanken sind meine Gedanken. Sie alle wirft man in ein schwarzes Loch: das Ich. Eine Mehrzahl von Menschen gibt es nicht. Ich kann aber nur zu Anerkennung verpflichtet sein gegenüber *wirklichen* Wesen.

Gegenüber geträumten Menschen habe ich keine Verpflichtung. Wenn es überhaupt so etwas wie das richtige oder falsche Leben gibt, wie das Gute und das Böse, dann gibt es das nur bei einigen grundlegenden Annahmen über die Wirklichkeit. Und davon handelt Metaphysik.

Eine andere These ist ebenfalls unvereinbar mit jeder möglichen Ethik. Ich meine die radikalen neurophysiologischen Behauptungen, die menschliche Freiheit zur großen Illusion erklären.

Die Metaphysik – nicht nur als Begriff, sondern auch als philosophische Disziplin – ist in Misskredit geraten, sei es durch Kant, sei es durch Nietzsche oder Martin Heidegger. Zeitgenössische Kollegen von Ihnen sprechen gern von einer »nachmetaphysischen Zeit«. Warum diese Distanzierung?
Vorab, durch Kant gewiss nicht. Kant hat schließlich eine »Metaphysik der Sitten« geschrieben und »Prolegomena zu

einer jeden künftigen Metaphysik, die als Wissenschaft wird auftreten können«.

Nietzsche hielt es in der Tat für unmöglich, objektiv wahre Sätze über die Wirklichkeit zu formulieren. Die Aufklärung habe mit der Beseitigung der Gottesidee auch ihre eigene Auflösung präjudiziert.

Was aber nun das sogenannte postmetaphysische Zeitalter betrifft, so liegt diesem Begriff in der Regel ein Missverständnis zugrunde. Ein postmetaphysisches Zeitalter wäre eine Epoche, in der die Menschen über keine Worte mehr verfügen, um sich über ihr Leben und über die Rolle und Reichweite naturwissenschaftlicher Theorien im Gesamtkontext des Lebens zu verständigen. Das ist zwar das Ziel mancher Theoretiker, darunter beispielsweise auch Quine. Aber es gibt wenig Grund zu der Annahme, dieses Ziel sei erreichbar.

Kant für dieses Programm in Anspruch zu nehmen ist unberechtigt. Es war ja Kant, der die Grenze des Szientismus sichtbar gemacht hat. Sätze über Gott und Seele waren für ihn keine wissenschaftlich verifizierbaren, aber deswegen doch keineswegs sinnlose Sätze. Es waren für ihn Sätze, die sehr wohl wahr oder falsch sein können. Der Glaube an ihre Wahrheit ist nach Kant wohl begründet. Aber auch eine wohlbegründete Glaubensgewissheit ist etwas anderes als wissenschaftliches Wissen – was nicht heißt, wissenschaftliches Wissen sei gewisser als bestimmte Glaubensinhalte. Im Gegenteil. Wissenschaftliche Sätze sind immer Hypothesen. Der Glaube ist eine Weise der Gewissheit, also zum Beispiel der Glaube, dass Hitler Millionen Juden umgebracht und dass der Mondflug wirklich stattgefunden hat und nicht eine TV-Inszenierung war.

Metaphysik hat man später genannt, was Aristoteles als die »Erste Philosophie« bezeichnete, und das ist die Lehre von dem, was wirklich ist, und von dem, was es überhaupt heißt, dass etwas ist. Wir sprachen schon von meiner Vorlesung »Über die Bedeutung der Worte ›ist‹, ›existiert‹ und ›es gibt‹«. Das ist Metaphysik. Ich kann überhaupt nicht nachvollziehen, warum man diese Frage nicht stellen sollte. In der Analytischen Philosophie ist sie breit diskutiert worden.

Das nach meiner Ansicht bedeutendste Buch über Metaphysik des 20. Jahrhunderts, »Process and Reality«, stammt von dem Physiker, Mathematiker und Philosophen Alfred N. Whitehead, der zusammen mit Bertrand Russell Autor der »Principia Mathematica« ist. Was heißt »nachmetaphysisches Zeitalter«?

Sie sagten, die Lehre von Gott gehöre zur Metaphysik. Wie kann man das begründen?
Nicht jede metaphysische Überlegung muss notwendigerweise von Gott sprechen. In meinem Aufsatz »Über die Bedeutung der Worte ›ist‹, ›existiert‹ und ›es gibt‹« ist von Gott gar nicht die Rede.

Und es gibt auch atheistische Metaphysiker wie Schopenhauer. Aber wenn man der Sache wirklich weiter auf den Grund gehen und nicht irgendwo mit dem Fragen einfach aufhören will, wird man bei der Gottesfrage ankommen. Da es den Gottesgedanken gibt, das unsterbliche Gerücht von Gott, muss die Philosophie zu ihm Stellung nehmen. Und das tut ja zum Beispiel Schopenhauer auch.

Für Kant bedeutet das »Ding an sich« das Ding, wie es vom *intellectus archetypus,* das heißt von Gott, gewusst wird. Das »Ding an sich« gibt es, wenn es Gott gibt, denn durch den Blick Gottes auf die Wirklichkeit werden die Dinge erst wirklich.

Wenn es Gott nicht gibt, dann gibt es nichts außer individuellen Perspektiven, die nicht noch einmal an irgendeinem gemeinsamen Maß gemessen werden können. Insofern mündet metaphysisches Denken tatsächlich in die Auseinandersetzung mit dem Gottesgedanken. Wenn es nun dabei zu einem negativen Ergebnis kommt, wird allerdings der Wahrheitsbegriff auch obsolet. Das hat Nietzsche klar gesehen.

Nehmen wir ein Beispiel: Bewohner irgendeines fernen Sterns stellen Mutmaßungen an, ob es auf diesem Planeten Erde Leben gibt und vernünftige Wesen. Unter ihnen gibt es zwei Positionen. Die eine Partei sagt: »Ja, beides gibt es auf dem Planeten Erde.« Die andere verneint das. Keine der beiden Parteien kann ihre Vermutung beweisen.

Trotzdem ist die erste Behauptung wahr und die entgegengesetzte falsch. Denn wir wissen, dass es uns gibt, und das genügt. Die Bewohner des fernen Sterns aber werden es nie erfahren, welche Partei recht hat.

Heißt das, der Gottesgedanke muss nicht unbedingt vorausgesetzt werden?

Als bloßer Gedanke, als unsterbliches Gerücht, ist er immer schon da, wo Menschen anfangen, ernsthaft über die Welt nachzudenken. Aber zur reflektierten Überzeugung von Gottes Existenz entwickelt sich dieser Gedanke erst allmählich.

Die Idee Gottes ist ein »Abschlussgedanke«. Das gilt auch mit Bezug auf unsere sittlichen Überzeugungen. Die Erfahrung des Gewissensurteils, die Sollenserfahrung, setzt nicht den Glauben an Gott voraus. Es ist eine unmittelbare Erfahrung. Aber diese Erfahrung kann, in die Salzsäure der Reflexion getaucht, sich zersetzen. Wo sie gezwungen ist, ihre Unbedingtheit zu behaupten, da kann sie dies schlüssig nur mit Hilfe der Idee eines Gebotes Gottes tun. Will Gott etwas, weil es gut ist, oder ist etwas gut, weil Gott es will? Wittgenstein nannte die zweite Antwort die »tiefere«.

»Wenn Gott nicht existiert, ist alles erlaubt«, schreibt Dostojewski angesichts des Nihilismus der russischen Intelligentsija des ausgehenden 19. Jahrhunderts. Die »Stimme des Gewissens« kann sich dann nur behaupten, wenn sie sich als Echo der Stimme Gottes versteht, was übrigens die Möglichkeit eines Gewissensirrtums einschließt. Die Tatsache, dass menschliche Urteile irren können, ist kein Argument gegen die Wahrheitsfähigkeit der Vernunft.

Also: Gottesglaube ist weder Bedingung für wahre Urteile noch für Gewissensüberzeugungen. Aber da die Existenz Gottes der ontologische Grund beider und in ihnen impliziert ist, beseitigt die Leugnung Gottes die Grundlage aller Wahrheitsansprüche und aller sittlichen Überzeugungen und damit tendenziell diese Ansprüche selbst. Die Sollenserfahrung kann zunächst etwas Unmittelbares sein, so wie eine sinnliche Wahrnehmung. Aber dem Nachdenken ergibt sich, dass es kein Sollen geben kann, das nicht in einem ursprünglichen Wollen gründet.

Aber sind metaphysische Überzeugungen beweisbar?

Nicht beweisbar, aber begründbar, so wie das Widerspruchsprinzip, das nicht beweisbar ist, weil jeder Beweis es voraussetzt. Aber eben deshalb ist es wohl begründet. Unsere Alltagsgewissheiten hören nicht dadurch auf, Gewissheiten zu sein, dass sie uns gelegentlich täuschen.

John Henry Newman gibt hierfür ein Beispiel: Ich gehe in der Abenddämmerung auf einen Wald zu und sehe in der Ferne am Waldrand einen Freund. Ich nähere mich dem Waldrand und sehe: Ach, das ist ja gar nicht mein Freund, sondern ein eigentümlich gewachsener Baum. Ich gehe weiter und erkenne schließlich: Es ist doch mein Freund. Jedes Mal bin ich mir gewiss. Beim dritten Hinsehen hätte ich mir sagen können, ich habe mich zweimal getäuscht, jetzt glaube ich es nicht mehr. Doch ich glaube es auch beim dritten Mal, und zwar zu Recht. Diesmal ist es wirklich mein Freund, den ich sehe. Aber dafür gibt es kein Kriterium. Dass alles nur Traum sei, ist eine These, die sich selbst aufhebt. Wenn alles nur geträumt wäre, wäre es auch geträumt, dass ich träume, dass ich träume ... etc.

Leibniz dachte die Monaden als lauter Subjekte mit ihren jeweiligen Weltbildern. Er konnte diesen Gedanken nur denken, weil er einen göttlichen Koordinator all dieser Welten dachte. – Whiteheads Nähe zu Leibniz ist unverkennbar. Aber für unser Gespräch mag es genügen. Es gibt – bis jetzt – noch kein nachmetaphysisches Zeitalter.

Wenn es das einst geben sollte, dann hieße das, es wird einen nachmenschlichen Menschen geben. Aber ist es das, was wir wollen? Die Metaphysik basiert letzten Endes auf einem Grundvertrauen in die Wirklichkeit des Wirklichen.

Findet das Grundvertrauen im Wachzustand nicht eine größere Bestätigung als im Traum? Wird Wirklichkeit nicht mit Wachsein assoziiert?

Doch. Aber auch das Wachsein kann geträumt sein. Ich kann im Traum das reflektierte Bewusstsein haben, nicht zu träumen. Und ich kann im Traum die reflektierte Gewissheit haben: »Dies *muss* ein Traum sein.« Ein Kriterium gibt es nicht.

KAPITEL 9

NACH DER EMERITIERUNG

Eine Philosophie der Personen

Sie haben im Jahr 1992 – nach 20 Jahren – Ihre Lehrtätigkeit an der Münchner Universität im Alter von 65 Jahren beendet. Sie hätten auch noch drei Jahre verlängern können. Was hat Sie davon abgehalten?
Ich wollte den neuen Lebensabschnitt der Emeritierung mit frischen Kräften beginnen. Und ich wollte gehen, wenn die Leute sagen: »Warum gehen Sie denn schon?«, statt »Was, ist der immer noch da?« Außerdem freute ich mich darauf, zu unbehindertem Schreiben zu kommen.

Welches Resümee Ihrer Münchner Lehrtätigkeit würden Sie ziehen?
Das müssen meine Schüler tun: Ich habe gern gelehrt. Aber es fehlt mir nichts, wenn ich keine Lehrverpflichtungen mehr habe. Das Recht zu lehren habe ich ja weiterhin, und davon habe ich auch Gebrauch gemacht. Darauf würde ich ungern verzichten. Wenn ich lehre, lerne ich am meisten.

Im Jahr 1996 erscheint Ihr Buch »Personen«. Es greift noch einmal Ihre naturphilosophischen, ethischen und metaphysischen Themen auf und stellt eine vertiefte Version all Ihrer philosophischen Versuche dar. Im Urteil vieler ein Meisterwerk. Was hat Sie dazu gebracht, dieses Buch zu schreiben?

Dem Buch ging eine Vorlesung mit dem gleichen Thema voraus. Anlass für mich war eine wachsende Zahl von Stimmen, die nicht mehr allen Menschen den Personenstatus zuerkennen wollten, sondern nur noch solchen Exemplaren der Spezies homo sapiens, die über bestimmte zusätzliche Eigenschaften verfügen, also Neugeborenen nicht, Embryonen nicht, Dementen, auch Altersdementen nicht.

Bekannt wurde die These durch Namen wie Peter Singer, Derek Parfit, Norbert Hoerster und andere. Sie alle knüpfen ausdrücklich oder unausdrücklich an Lockes Theorie der Person an, eine Theorie, die schon bald von Thomas Reid kritisiert wurde.

Nach Parfit zum Beispiel hört der Mensch auf, Person zu sein, wenn er schläft. Was dann aufwacht, ist eine neue Person, die von der früheren lediglich bestimmte Gedächtnisinhalte erbt. Übrigens ist für Parfit Altersvorsorge ebenfalls eine Form von Nächstenliebe, weil die Person, für die ich hier Sorge trage, nicht mehr mit mir identisch ist. Personalität ist nur noch ein Zustand, ein Bewusstseinsphänomen.

Mir schien diese an Locke anknüpfende These verhängnisvoll zu sein. Ich verteidigte Kants Auffassung, dass die biologische Zugehörigkeit zur Menschheitsfamilie allein genügen muss, um einem menschlichen Wesen die – nicht biologisch begründbare – Personenwürde zuzuerkennen.

Um das aber wirklich zu begründen, musste ich weit ausholen zu einer Theorie der Person, in der der genannte Anlass nur noch eine entfernte Schlussfolgerung darstellt. Im Kern der Theorie steht das Verhältnis von menschlicher Natur und Personalität, ein Verhältnis, das ich als »Haben einer Natur« zu beschreiben suche.

Personen sind nicht einfach, was sie sind. Sie können sich zu sich selbst verhalten, sie können zum Beispiel wünschen, bestimmte Wünsche nicht zu haben oder zu haben.

Von »secondary volitions« spricht Harry Frankfurt. Dass Personen Eigentümer sein können, gründet in ihrem Sein als einem Haben. Ich kann der Herabsetzung des Habens gegenüber dem Sein bei Gabriel Marcel, Erich Fromm oder Viktor Frankl nicht ganz folgen.

Übrigens konnte ich in dem Buch den Ursprung dieses neuzeitlichen Personenbegriffs in der theologischen Trinitätslehre und Christologie zeigen. Dass ich – ebenso wie Kant in seiner Metaphysik der Sitten – den Personenstatus auch denen zuschreibe, auf die meine Definition gar nicht zuzutreffen scheint, mag verwundern.

Wir müssen ihn aber, wie unter anderem David Wiggins in »Sameness and Substance« gezeigt hat, für jedes Wesen in Anspruch nehmen, das einer Spezies zugehört, deren normale erwachsene Exemplare über die Eigenschaften verfügen, deretwegen wir von Personen sprechen. Die Begründung gebe ich in meinem Buch.

Ihr Buch trägt den schönen Untertitel »Versuche über den Unterschied zwischen ›etwas‹ und ›jemand‹«, eine Provokation für Materialisten wie Idealisten. Viele Kritiker haben Ihnen vorgehalten, Sie würden etwas ausgraben, was seit Ende der zwanziger Jahre aus der Mode gekommen sei, den Personalismus. Trifft Sie das?
Man darf nicht vergessen, der Personalismus eines Emmanuel Mounier, Gabriel Marcel und anderer war eine Selbstbezeichnung und kein abwertender Begriff, den seine Kritiker erfunden haben. Der »Personalismus« will ja eine ganze Richtung der Philosophie charakterisieren. Das gilt für mich nicht.

In meinem Aufsatz »Die Bedeutung der Worte ›ist‹, ›existiert‹ und ›es gibt‹« spielt der Personenbegriff zwar eine Rolle, aber er dient nicht als Universalschlüssel, um meine Philosophie im Ganzen zu erschließen. Es heißt übrigens einen Gedanken töten, wenn man ihn einem »-ismus« erfolgreich zuordnen kann.

Ihnen kommt es darauf an, Person und Natur aufeinander zu beziehen.
Ja, in dem Buch konvergieren meine ethischen und naturphilosophischen Überlegungen. Aus dem Personencharakter des Menschen folgt eine Verpflichtung für den Umgang mit anderen Personen – und darüber hinaus mit allen Lebendigen. Der Personenbegriff darf nicht von der Natur absehen. Die so genannten Personalisten haben meiner Ansicht nach diesem Zusammenhang nicht genügend Rechnung getragen.

Zum Beispiel ist der Mensch von Natur ein Sprachwesen. Er besitzt Organe, die nur als Sprechwerkzeuge erklärbar sind. Aber er kann das, was er ist, nur werden in sprachlicher Kommunikation mit anderen. Er besitzt keine natürliche Sprache, alle Sprachen sind historisch und kulturell bedingt. Man gehört einer bestimmten Sprachgemeinschaft an, man erlernt Sprechen von außen. Und wenn man es nicht lernt, entfaltet man sich nicht als Mensch. Man kann also hier nicht Natur und gesellschaftliche Prägung, Natur und Geist oder Natur und Konvention trennen. Die menschliche Natur ist auf eine Prägung durch die Gesellschaft bezogen, und umgekehrt, gesellschaftliche Prägung muss eine Resonanz in der menschlichen Natur finden.

In seinen »Biologischen Fragmenten zu einer Lehre vom Menschen« nennt Adolf Portmann den Menschen eine »physiologische Frühgeburt« und die ersten Monate des Kindes eine »extrauterine Schwangerschaft«. Der Mensch wird geboren zu einem Zeitpunkt, da er noch unfähig ist, sich selbst zu helfen. Und es dauert lange, bis er dahin kommt. Bei Affen geht das viel schneller. Für Portmann ist dieses Unfertige die

Bedingung dafür, dass der Mensch eine so radikale gesellschaftliche Prägung aufnehmen kann. Er ist formbar auf eine Weise, die bei anderen Tieren vom Augenblick der Geburt an nicht mehr gegeben ist. Menschliche Natur ist auf Personalität angelegt.

Im Zusammenhang Ihrer Entfaltung des Personenbegriffs fällt auf, dass Sie häufig die Worte »von innen« und »von außen« gebrauchen. Wollen Sie damit zeigen, dass für Sie Person-Sein mehr bedeutet als Subjektivität im üblichen philosophischen Sinne?
Die Person, so versuche ich zu zeigen, ist das Äußerlich-Werden eines Inneren, einer Innerlichkeit. Darum kann man auch eine Person nicht gleichsetzen mit Subjektivität. Sie ist vielmehr Subjektivität, die als Subjektivität objektiv wird, und zwar für andere ebenso wie für sich selbst. Das bedeutet nicht, dass die Person eine subjektive und eine objektive Seite hat, sondern dass sie *als* Subjektivität objektiv wird.

Das wird schon deutlich an der Sprache. Mit ihr drücke ich etwas aus, das sich in meinem Inneren ereignet, nämlich Gedanken. So wird eine Art der Kommunikation möglich, die es im Tierreich nicht gibt.

Der Weg geht von innen nach außen, aber auch von außen nach innen, denn der Mensch entwickelt seine Innerlichkeit erst in Kommunikation mit der Außenwelt. Ein Mensch lernt erst »Ich« sagen, wenn ein anderer zu ihm »Du« gesagt hat. Den Primat des Ich gibt es nicht. Das Ich ist selber Resultat eines Kommunikationsprozesses. Auch die Sprache müssen wir »von außen« lernen, und erst danach beginnen wir begrifflich zu denken. Man kann den Menschen nicht aufteilen in eine Außenseite, also die Körperlichkeit, und eine Innenseite, also das Bewusstsein, in *res extensa* und *res cogitans*. Man darf also Person nicht mit Subjektivität, aber auch nicht mit Individualität gleichsetzen. Personalismus ist nicht Individualismus.

Ist Individualismus nicht nur eine westliche Erfindung?
Als ich vor ein paar Jahren in Peking an der Akademie der Sozialwissenschaften Vorlesungen hielt, wandte ein chinesischer Kollege gegen mich ein, als Europäer sei ich doch ein Individualist. Die Gesellschaft habe aber Vorrang vor dem Einzelnen. Ich entgegnete ihm: »Ich glaube, Sie verstehen uns falsch. Ich bin zwar auch der Meinung, dass wir im Westen augenblicklich einem hypertrophen Individualismus frönen und vielem, was Chinesen an uns kritisieren, muss ich leider zustimmen. Aber der Vorstellung, dass der Einzelne nur ein Derivat der Gesellschaft sei, widerspreche ich. In meiner Kindheit habe ich in öffentlichen Büros überall Schilder gesehen, auf denen stand: Du bist nichts, Dein Volk ist alles. Damals habe ich gedacht, dass 0+0=0 ist. Wie kann ein Volk alles sein, wenn es aus lauter Nichtsen besteht? Das kann nicht wahr sein.«

Und weiter sagte ich zu ihm: »Sie glauben das auch nicht wirklich. Denn ich habe in China Denkmäler gesehen, die bestimmten Menschen nach ihrem Tod gesetzt wurden. Sie hatten sich um ihr Vaterland oder um den Sozialismus verdient gemacht und sogar ihr Leben geopfert. Als reine Kollektivisten müssten Sie sagen, der Mensch ist eine Ameise. Diese Menschen haben ihren Dienst getan. Punkt. Schluss. Warum also ein Denkmal? Warum sich erinnern? Weil ein Mensch, der sich für sein Land opfert, in gewisser Hinsicht höher steht als das ganze Land. Wir betrachten ihn als Person, nicht bloß als Individuum. Das Individuum ist weniger als eine Gesellschaft von Individuen. Es kann sich dem Interesse des Ganzen opfern.

Als Person ist der Einzelne inkommensurabel. Ein Individuum kann sich zum Beispiel im Krieg opfern oder kann sogar geopfert werden. Die Person dagegen wird respektiert, indem und weil sie bei allen Handlungen, deren Folgen sie betreffen, Gegenstand von Zumutbarkeitserwägungen ist. Es kann nicht einfach über sie hinweggegangen werden. Wenn über ihr Interesse am Ende hinweggegangen wird, muss das gerechtfertigt werden können, und zwar vor ihr.

Berühmt ist die Geschichte von dem preußischen General von der Marwitz, der im Krieg mit Sachsen vom König von Preußen den Auftrag erhält, das Schloss des sächsischen Königs in Dresden zu plündern und zu zerstören. Er weigert sich, das zu tun. Der König macht ihn darauf aufmerksam, dass er, als König, ihn wegen Insubordination erschießen lassen kann. Darauf antwortet Marwitz: »Dem König gehört mein Leben, aber nicht meine Ehre.«

Wie verhält es sich, wenn Personen, die, wie Sie sagen, selbst ein Ganzes darstellen, sich zu einem Verband zusammenschließen, einem Personenverband? Welchen ontischen Status hat so ein Verband gegenüber der einzelnen Person?

Personenverbände besitzen einen eigenen Realitätsstatus. Popper sprach von einer »Dritten Welt«, zu der zum Beispiel die Sprache und die Zahlen gehören. Ich würde sagen: Nicht »die Sprache«, sondern die Sprachgemeinschaft besitzt einen solchen Status. Nicht die Zahl als solche, sondern die Zahlen als gemeinsame, strikt apriorische Gehalte intentionaler Akte zählender Personen. Die Sprachgemeinschaft hat offensichtlich den Primat gegenüber den sprechenden Individuen.

Der Liberalismus versucht immer, die Dignität der gemeinsamen Objektivierungen personalen Lebens auf die Befriedigung von Individuen zurückzuführen. Nehmen Sie als Beispiel das Fest, sei es das religiöse, das familiäre oder das patriotische Fest. Es vorzubereiten kostet die Mühe vieler Personen. Das Fest soll »gelingen«. Wann ist das Fest gelungen? Es ist gelungen, wenn alle Teilnehmer Freude hatten. Aber das Gelingen eines Festes lässt sich nicht als Funktion der Befriedigung aller einzelnen Teilnehmer verstehen. Es ist wesentlich ein »gemeinsames Gut« und existiert nur als solches.

Das gilt auch für den Sonntag. Die flexible Arbeitswoche ist kein Ersatz für den öffentlichen Sonntag, an dem auf dem Land sogar die Hühner anders gackern als an einem Werktag. Der Sonntag ist eine *res publica*, eine »öffentliche Sache«.

Die Messe im katholischen und orthodoxen Verständnis gelingt übrigens immer, wenn sie stattfindet, unabhängig von der Zahl der Mitfeiernden. Und unabhängig davon, ob es sich um ein feierlich gesungenes Hochamt mit seiner subtilen Choreographie handelt oder um eine »Stille Messe«, die ein Priester allein an einem Seitenwinkelaltar zelebriert. Was hier in der Feier vergegenwärtigt wird, die Erlösung des Menschengeschlechts durch den Kreuzestod Jesu, hängt überhaupt nicht von den feiernden Individuen ab, ist aber das, worin jede einzelne Person ihre höchste Verwirklichung findet, weil ihr Lebensvollzug in diesem Opfer seinen höchsten Ausdruck findet. Das Opfer ist, könnte man sagen, Prototyp des Festes als einer gemeinsamen Realität, einer *res publica*.

Eine solche Objektivierung, eine solche »dritte Welt«, findet schließlich in der Kunst statt, worüber ich meinen Aufsatz »Naturnachahmung der Kunst« geschrieben habe.

Im Zusammenhang der Rechte von Völkern steht auch das Recht der Familie. Die heutige Tendenz geht dahin, die Einheit der Familie als Rechtssubjekt aufzulösen zugunsten des jeweiligen subjektiven Beliebens der Ehepartner. Der Wille der Partner stiftet dann nicht mehr eine die Individuen transzendierende, auf einem Opfer beruhende Wirklichkeit, sondern ist nur ein jederzeit einseitig kündbarer Vertrag. Die Eheschließung stiftet ja tatsächlich eine Wirklichkeit. Wenn der eine anderen Sinnes wird, sieht der andere sich betrogen. Dass die Ehe eine unkündbare Wirklichkeit ist, kommt zum Ausdruck in der Existenz von Kindern. In ihnen wird die Einheit der Eltern objektiv. Sie müssen Vater und Mutter als Einheit denken, wenn sie sich selbst als Individuen verstehen wollen. Es ist das Wesen eines Versprechens, künftiges Handeln vom jeweiligen Belieben des Versprechenden unabhängig zu machen.

Das Eheversprechen ist heute übrigens – im Vergleich mit allen anderen Garantieerklärungen – das am niedrigsten eingestufte Versprechen in unserer Zivilisation.

Was geschieht, wenn ein Kollektiv wie eine Person betrachtet wird, etwa bei dem Begriff »juristische Person«?
Für die juristische Person gilt, was ich eben für die Familie forderte. Sie wird von außen als Einheit wahrgenommen, die nicht in einzelne Teile aufzulösen ist. Jedes Mitglied einer juristischen Person ist zum Beispiel Gesamtschuldner. Die juristische Person haftet gesamtschuldnerisch, das heißt jeder Einzelne hat für die ganze Gemeinschaft aufzukommen, wenn sie in Zahlungsschwierigkeiten ist. Wenn alle anderen Partner ausfallen, dann muss ein Einziger die Schuld bezahlen. Das heißt gesamtschuldnerische Haftung. Da wird also die Gesellschaft wie eine Person betrachtet, die einer anderen etwas schuldet.

Ein anderes Beispiel: Juristische Personen können gemeinsames Eigentum haben, nicht nur Besitz. Der Unterschied von Besitz und Eigentum ist wesentlich für Personen. Auch Tiere können etwas besitzen, wie etwa der Fuchs seine Höhle. Er besitzt sie so lange, bis ihm ein Stärkerer den Besitz raubt.

Der Eigentümer dagegen bleibt Eigentümer, sogar wenn er gar nicht weiß, dass sein Grundstück irgendwo auf seinen

Namen ins Grundbuch eingetragen ist. Eigentum ist eine geistige Realität. Man kann es auch verkaufen oder verschenken, was man mit bloßem Besitz nicht tun darf und nicht tun kann.

Wenn es im Philipperbrief des Apostels Paulus heißt, Christus habe an seiner Gottgleichheit nicht »wie an einem Raub festgehalten«, so bedeutet das: Die göttliche Natur ist ihm so wesentlich zu Eigen, dass er an ihr nicht wie an bloßem Besitz, also zum Beispiel an einem Raub festhalten muss.

In Ihrem Buch »Personen« trägt das 15. Kapitel die Überschrift »Anerkennung«. Darin stößt man auf diese bemerkenswerten Sätze: »Es hat immer das Ideal reiner Kooperation gegeben, also den Gedanken, Menschen sollten aufgrund ihres Angewiesenseins aufeinander ihr Zusammenwirken so organisieren, dass sie ihr Interesse als ein gemeinsames verstehen, und deshalb einander nicht instrumentalisieren oder miteinander konkurrieren, sondern nach diskursiver Verständigung über dieses gemeinsame Interesse so effektiv wie möglich zusammenarbeiten. Immer wieder ist der Versuch gescheitert, dieses Ideal zu verwirklichen. Und wenn man verstanden hat, was Personsein heißt, dann versteht man, dass der Versuch immer scheitern muss.« Könnten Sie das näher erläutern?
Kooperation ist nicht von der Art, dass sämtliche Interessen einzelner Menschen alle in ein gemeinsames Interesse einfließen oder nur noch als Derivate eines gemeinsamen Interesses gelten, sondern Menschen haben nach wie vor ihre jeweils eigenen Interessen. Und zu diesen Interessen gehört auch die Kooperation, weil viele eigene Interessen nur in Kooperation mit anderen verfolgt werden können. Das bedeutet, die kooperierenden Menschen müssen sich gegenseitig anerken-

nen. Sie dürfen sich in dieser Kooperation nicht schlechthin instrumentalisieren. Der entscheidende ethische Begriff in diesem Zusammenhang ist der Begriff »Grenze«.

Wie ist das mit Staaten, die sich zur Kooperation zusammenschließen wie in der EU oder Euro-Zone? Wie weit geht hier das gemeinsame Interesse an der Kooperation, und wann behauptet sich das nationale Eigeninteresse?
Soll man Griechenland weiterhin helfen? Die einen sagen: Ja, das verlangt die Solidarität. Sie gilt bedingungslos. So denkt zum Beispiel Jürgen Habermas. Andere, auch deutsche Politiker, begründen ihre Bereitschaft, Griechenland zu helfen, nicht mehr hauptsächlich mit der Solidarität der Euro-Staaten, sondern mit dem Argument, ein Auseinanderbrechen der Euro-Zone liege nicht im speziellen deutschen Interesse. Da ist der Gedanke des gemeinsamen Interesses schon nicht mehr tragend.

Der Gedanke unbedingten Vorrangs des gemeinsamen Interesses setzt einen Grad der Nähe, des Wir-Gefühls voraus, das innerhalb Deutschlands erreicht ist. Es gibt hier den verfassungsmäßigen Länderfinanzausgleich, bei dem es auch immer wieder knirscht. Aber Europa ist noch nicht zum Vaterland geworden, und ob es das je sein wird, ist offen. Es gibt bereits viele gemeinsame Interessen, und man soll ihren Bereich ruhig ausweiten.

Aber es ist unmöglich, dass alle interaktiven Teilnehmer vollkommen in einem gemeinsamen Interesse aufgehen. Das wäre Totalitarismus. Nicht totalitär war die Vision de Gaulles, der von einem »Europa der Vaterländer« sprach.

Gibt es überhaupt ein Verfahren, um die Spannung zwischen dem gemeinsamen und dem einzelnen Interesse aufzulösen?

Betrachten Sie den Zivilprozess. Er ist eine kunstvolle Sache. Hier stoßen nicht zwei Interessen unvermittelt aufeinander, und der Richter entscheidet nicht beliebig, welchem Interesse er den Vorrang gibt. Vielmehr muss der Richter die Interessen evaluieren. Er kann nicht jedes Interesse gleich behandeln und darf auch nicht die Intensität zum Maßstab machen, mit der einer seine Sache betreibt. Lautes Geschrei und heftiges Theater dürfen ihn nicht beeindrucken.

Vor Gericht also werden Interessen nicht von den Interessenten direkt vorgetragen, sondern durch Anwälte. Warum? Weil hier nicht einfach Interessen gegeneinander geltend gemacht werden, sondern Vorschläge für eine gerechte Lösung des Interessenkonflikts. Dabei gehört es zur Rolle des Anwalts, so zu tun, als hätte er nur das allgemeine Interesse an Gerechtigkeit im Auge. Tatsächlich formuliert er dieses Interesse aber so, dass klar erkennbar bleibt, dass dahinter das individuelle Interesse seines Mandanten steht. Er muss diese Rolle auch spielen. Sonst begeht er Parteienverrat.

Der Richter aber vergleicht nicht die Interessen miteinander, sondern die Lösungsvorschläge. Nur sind beide von den Anwälten ideologisch verbrämt worden. Zum Schluss hat der Richter das Ideologische abzuziehen und beide Vorschläge unter einem reinen Rechtsgesichtspunkt zu vergleichen. Dann spricht er sein Urteil.

An diesem Beispiel sieht man, wie individuelles Interesse auf der einen Seite und allgemeines Interesse auf der anderen zusammenspielen. Voraussetzung ist allerdings, dass Interessen überhaupt evaluierbar sind, evaluierbar durch den Gesetzgeber und durch den Richter. Das aber sind sie nur, wenn es so etwas wie eine Natur des Menschen gibt.

Warum ist für Sie die Anerkennung ein so wichtiges Thema?

Personen sind selbständige, freie Wesen. Jemanden als Person wahrzunehmen beruht auf einem seinerseits freien Akt der Anerkennung. Darin aber ist die Wahrnehmung von Personen paradigmatisch für unsere Wahrnehmung von Wirklichkeit überhaupt. Wir können das Begegnende wie einen Traum betrachten, als etwas, das uns gegenüber gar kein Selbstsein beanspruchen kann, sondern nur genau das ist, was es für uns ist. Die Wahrnehmung von Wirklichkeit als Wirklichkeit ist die Affirmation von Selbstsein, von dem ein Anspruch ausgeht, der Anspruch der Wahrheit.

»Die Wahrheit, mein lieber Sohn, richtet sich nicht nach uns. Wir müssen uns nach ihr richten«, schreibt Matthias Claudius an seinen Sohn Johannes. Wir richten uns nach ihr in jedem Satz, für den wir Wahrheit in Anspruch nehmen. Er ist ein Akt der Freiheit. Jede Erkenntnis ist ein Akt der Anerkennung, also nie etwas bloß Passives.

Kallikles in Platons Dialog »Gorgias« bricht die Diskussion mit Sokrates ab, weil er erkannt hat, dass ein Moment der Anerkennung darin steckt, wenn er sie fortsetzt. Sie fortzusetzen hieße, sich der Wahrheit dessen, was im Gespräch zutage trat, zu unterwerfen.

Im Grunde jeder Erkenntnis liegt ein Akt der Anerkennung. Und in diesem Akt der Anerkennung realisiert die Person ihre eigene Personalität. Nur dadurch ist sie wahrheitsfähig, dass sie zu dieser Selbstentäußerung imstande ist. Als bloßes Naturwesen muss der Mensch gar nichts anerkennen.

Zur Anerkennung bedarf es des freien Willens. Neurobiologen und die Philosophen, die ihnen folgen, wollen den freien Willen durch Tests und methodische Konstruktionen wegdiskutieren. Vor allem die Freiheit der sogenannten instantanen Entscheidung wird negiert. Wie sehen Sie das?

Freie Entscheidungen sind nichts Instantanes, sondern erstrecken sich über einen gewissen Zeitraum. Freie Akte haben eine zeitliche Dimension.

Also: Ich will morgens um halb acht aufstehen. Dass ich überhaupt um diese Zeit aufstehen will, ist meine freie Entscheidung. Ich habe sie gestern Abend getroffen und den Wecker auf den Zeitpunkt gestellt. Der Wecker klingelt, und ich stehe auf. Ob ich jetzt eine Sekunde nach dem Weckton oder eine Minute, vielleicht sogar zehn Minuten später das Bett verlasse, das hat mit Freiheit nichts zu tun.

Da handle ich so, wie die Neurophysiologen sagen. Dabei kann ich mir zuschauen. Ich sage, ich stehe jetzt auf, und bleibe doch noch ein wenig liegen. Wann stehe ich denn jetzt auf? Ich bleibe vielleicht noch einen Moment im Bett. Auf einmal bewegen sich meine Beine. Ich erhebe mich vom Bett. Ich kann mir selber zuschauen, wie irgendwann die Schwelle überschritten wird. Ich bin aufgestanden.

Grundlose instantane Handlungen sind »Ereignisse«, keine Paradigmen für Freiheit. Da funktioniert etwas einfach automatisch. Dazu ist Denken gar nicht nötig. Aber dass ich überhaupt ungefähr um halb acht aufstehe, das ist meine Entscheidung. Das habe ich schon Stunden zuvor beschlossen. Vielleicht will ich aber heute überhaupt liegen bleiben. Ich fühle mich schlecht und bleibe bis mittags liegen. Auch das ist meine freie Entscheidung.

Wenn ich mir zum Beispiel abends vornehme, morgens aus Testgründen fünf Sekunden nach dem Weckerklingeln aufzustehen, und ich tue das auch, dann tue ich aus freien Stücken, was ich sonst automatisch tue.

Aber Freiheit ist so wenig etwas Instantanes wie unsere lebendige Existenz. Leben existiert nur in zeitlicher Erstreckung. Und so auch Freiheit. Es kann sein, dass die Schwelle des Bewusstseins erst erreicht wird, wenn ich schon angefangen habe, etwas zu tun. Aber das ist kein Argument gegen die Freiheit des Handelnden.

In meinem »Personen«-Buch habe ich zu zeigen versucht, dass unser Zeitbewusstsein darin seinen Ursprung hat, dass wir uns erst in der Zeit objektiv werden. Innerlichkeit wird sich selbst zu einem Äußeren, nur noch Erinnerten – darin entsteht Zeit.

Am Beginn Ihres Buchs, im 2. Kapitel mit der Überschrift »Warum wir Personen ›Personen‹ nennen«, greifen Sie das Thema der Personen Gottes auf und verweisen auf die Trinitätslehre, woran sich Nicht-Christen stoßen können. Warum erscheint sie Ihnen als paradigmatisch?
An einer These über den Ursprung einer Idee sollte man sich nicht stoßen. Man könnte höchstens sagen, sie sei falsch.

Die Trinitätslehre erscheint mir paradigmatisch, weil der Gedanke des *Habens* einer Natur durch eine Person erstmals in der Trinitätslehre und in der Christologie gedacht wird: Gott als jemand, der eine göttliche Natur hat, die er deshalb auch mitteilen kann in der Weise der »Zeugung« des Logos als zweiter göttlicher Person, oder »Hypostase«, wie die Griechen sagen.

Und ebenso hat man die Identität Jesu als »wahrer Gott und wahrer Mensch« zu denken versucht, indem man Jesus als göttliche Person dachte, die sich zu ihren beiden Naturen, der göttlichen und der menschlichen, verhalten kann, indem er sie *hat*. Man muss sich diese Spekulation nicht zu Eigen machen, um zu sehen, dass sie das Modell für den mittelalterlichen und modernen Personenbegriff abgab.

Abgesehen davon ist die Trinitätslehre ein kostbares Lehrstück, weil sie eine Paradoxie in jedem nicht-trinitarischen Monotheismus beseitigt. Es gibt tiefe Gründe, Gott als Person zu denken. Und der Personbegriff, den wir heute haben, ist wesentlich dialogisch. Wir können Personen nur denken in Relation zu anderen Personen.

Und inwieweit hat der Gedanke der drei Personen Gottes etwas mit der »Schöpfung« oder der »Offenbarung« zu tun?

Thomas von Aquin schreibt, in der Hervorbringung des Logos, durch welche Gott sich selbst objektiv wird, spreche der Vater »sich selbst und die Kreatur aus«. (*Quod eodem verbo scilicet filio pater dicit se et creaturam.*)

Schon das »Buch der Weisheit« spricht von der göttlichen Weisheit, durch die Gott den Kosmos schafft, wie von einer Person, deren Hervorbringung der Schöpfung vorausgeht und die »vor ihm spielt«. Gott wird als reines, sich selbst transparentes Licht gedacht. In diesem Licht ist Gott sich selbst wissend, wie Aristoteles sagt. Das heißt aber: Gott hat ein vollkommen adäquates Bild von sich selbst. Ein vollkommenes Bild Gottes kann nur ein Bild sein, das selbst wieder Gott ist.

Und was bedeutet die dritte Person Gottes?

Wenn der Logos Gott als sein eigener Gedanke ist, dann ist das *hagion pneuma*, der Heilige Geist, Gott als Gabe, in der er sich selbst dem Sohn, dem Logos, übereignet, der diese Gabe weitergibt an die Jünger Jesu.

Die Trinitätslehre musste verschiedene Fassungen der Evangelien zusammenbringen. Es dauerte über 300 Jahre, bis eine für die antike Christenheit akzeptable theologische Lehre von der Dreifaltigkeit Gottes feststand. Ist sie für Nicht-Christen nachvollziehbar?

Das müsste sie eigentlich sein. Nun bin ich kein Theologe, und mein »Personen«-Buch ist kein theologisches Buch. Wenn es sich auf die christliche Trinitätslehre beruft, dann deshalb, weil die Struktur, die in dieser Lehre entwickelt wurde, für den westlichen Personbegriff maßgebend war. Es gilt übrigens für viele philosophische Theoreme, dass sie säkularisierte Theologumena sind. Die Frage, was aus ihnen wird, wenn der theologische Hintergrund verdunstet, ist offen. Das gilt zum Beispiel auch für den Begriff der Menschenwürde.

Was die Christologie betrifft, so möchte ich hier eine Bemerkung einflechten, die die Theologie selbst betrifft. Unter Theologen spricht man heute gern von einer »Christologie von unten«. Man meint damit eine Christologie, die nicht mit der Präexistenz des ewigen Logos beginnt, der eine Menschennatur annimmt, sondern mit dem Menschen Jesus, der zu Gott aufsteigt. Die Gottesbeziehung Jesu wird – nach Analogie derjenigen der Mystiker – so beschrieben, dass man sagen kann: Dieser Mensch war vollkommen eins mit Gott.

Es ist aber die Frage, ob das, was »Gottheit Jesu« meint, damit wirklich erreicht wird. Das Ganze wird auf diese Weise zu einem Gegenstand der Religionspsychologie. Man versteht dann gern die Taufe Jesu im Jordan als Berufungserlebnis, das mit der Inkarnation gleichgesetzt wird. Dieser Versuch scheitert indessen an der Tatsache, dass Christen ein Baby in der Krippe anbeten, das noch gar keiner religiösen Akte fähig ist und von dem es im Lied von Paul Gerhardt heißt: »Als ich noch nicht geboren war, da warst du mir geboren.«

Im vorletzten Kapitel Ihres Buches greifen Sie das Thema »Versprechen und Verzeihen« auf. In dem anderen Buch »Glück und Wohlwollen« hatten Sie schon einmal über »Verzeihen« geschrieben. Warum diese Wiederholung?
Es handelt sich um keine Wiederholung, weil ganz neue Aspekte hinzukommen. Im früheren Buch versuche ich zu zeigen, dass Verzeihen ein wesentliches Desiderat der Ethik ist.

Im »Personen«-Buch geht es mir darum, deutlich zu machen, dass Verzeihenkönnen und Versprechenkönnen das Wesen der Person am besten zum Ausdruck bringen. Im Verzeihen gebe ich dem anderen die Möglichkeit, sich nicht durch das zu definieren, was er getan hat. Ich kann ihm sagen: »Ich erlaube dir, ein anderer zu sein, als derjenige, der du warst, als du mich verletzt hast.« Ich kann mir das nicht selbst erlauben.

Man kann sich auch nicht selbst verzeihen. Manche Leute sagen: »Das kann ich mir selbst nicht verzeihen.« Eine törichte Redensart. Ich bin auf die Verzeihung durch einen anderen angewiesen. Anspruch auf Verzeihung habe ich nicht. Jede Schuld bringt mich in die Lage, auf Verzeihung angewiesen zu sein.

Wenn ich einen Menschen verletzt habe, wäre es eine Unverschämtheit, ihm zu erklären, ich hätte mir die Verletzung verziehen. Eine ebensolche heute verbreitete Unverschämtheit ist die Antwort: »So bin ich eben. Du musst mich nehmen, wie ich bin.« Das heißt: Du musst mich nehmen wie ein Stück Natur, das so ist, wie es ist. Eine weitverbreitete Rede von Predigern ist: »Gott nimmt uns so an, wie wir sind.« Davon finde ich nichts im Evangelium. Jesus fordert dazu auf: »Werdet anders, kehrt um, bekehrt euch!« Und nicht: Gott nimmt euch schon so, wie ihr seid. Ihr kommt sowieso alle in den Himmel.

Ihre Meditationen über das Thema, was unter Personen zu verstehen ist, setzen das Christentum voraus. Wie notwendig ist heute dieser Bezug?
Es ist zwar so, dass man den Versuch machen kann, gewisse Resultate des christlichen Glaubens abzuschöpfen und zu sagen, die zugrundeliegenden Überzeugungen können wir fallen lassen, aber was wir dann übrig behalten, ist eben der Personenbegriff. Die Frage, wie wir historisch dazu gekommen

sind, spielt dann keine Rolle. Wir können die Leiter weg-werfen.

Eine Weile kann das funktionieren, denke ich. Die grund-legenden Überzeugungen sind zwar weggebrochen, aber die Resultate sind noch da. Wir können sie kultivieren. Aber das ist eine Frage der Zeit. Sie lösen sich langsam auf, wenn kein Fundament sie mehr trägt. Wir sind im Begriff, glaube ich, in diese Situation zu geraten. Böckenförde schrieb vor paar Jah-ren einen Aufsatz im Anschluss an einen juristischen Kom-mentar zum Grundgesetz: »Die Würde des Menschen war unantastbar.«

Wer Ihre publizistischen Texte kennt, dem entgeht nicht, dass Ihr Glaube als Christ und Katholik eine prägende Rolle spielt und dass Sie Ihre Herkunft nicht verleugnen. Bei Ihren philosophischen Arbeiten tritt dieser Bezug weniger in den Vordergrund. Dennoch, ist Ihr Glaube Voraussetzung für Ihr Philosophieren?
Man muss sich klarmachen, dass jeder, der anfängt zu philo-sophieren, schon bestimmte grundlegende Überzeugungen mitbringt, die gar nicht ausdrücklich ausgesprochen werden müssen. Darum erscheint es mir ein wenig als ein Trick, wenn man einem Gläubigen, der Philosophie treibt, vorhält: »Du hast ja diese oder jene Voraussetzung.« Als hätte der Andere keine.

Man muss sich fragen, was denn Voraussetzung heißt. Wenn das als logische Prämisse verstanden wird, ist es sicher falsch. Aber mit Voraussetzung kann eben auch eine Haltung gemeint sein.

Fichte sagt, welche Philosophie jemand habe, hänge da-von ab, was für ein Mensch er sei. Die Haltung des Vertrauens steht für den Gläubigen nicht zur Disposition. Aber sie hin-dert ihn nicht daran, frei zu denken, ohne Denkverbote. Es ist im Gegenteil so: Der Gläubige hält mehr für denkbar und für möglich als der Ungläubige, dessen Hintergrundüberzeugungen oft ähnlich unerschütterlich sind wie die des Offenbarungsgläubigen. Aber seine Bereitschaft, Unwahrscheinliches als wirklich zu akzeptieren, also zum Beispiel Wunder, ist sehr viel geringer.

Denken nichtgläubige Philosophen nicht voraussetzungslos?

Natürlich haben auch sie grundlegende Überzeugungen. Daraus ergeben sich dann auch andere Optionen in der Philosophie. Ich habe Ihnen ja schon Dennetts dogmatisches Bekenntnis zum Materialismus zitiert. Es ist unfair, wenn zum Beispiel – Norbert Hoerster pflegt bewusst dieses Spiel – gesagt wird: Spaemann ist ein katholischer Philosoph. Darum muss er dies oder das so sagen, wie er es sagt, also zum Beispiel für Embryonenschutz sein.

Ich jedenfalls würde nicht sagen, weil jemand der Humanistischen Union angehört, müsse er so und so denken, sondern ich nehme an, dass er, weil er bestimmte Grundüberzeugungen hat, Mitglied der Humanistischen Union ist. Ich leugne gar nicht, dass meine Grundhaltung gegenüber der Wirklichkeit in einem Grundvertrauen fundiert ist, das ich nicht der Philosophie verdanke.

Und Ähnliches gilt für die katholische Morallehre. Ich könnte ihretwegen katholisch werden, wenn ich es nicht schon wäre, so sehr stimmt sie mit dem überein, was ich denke.

Von Anselm von Canterbury stammt die Wendung: *Fides quaerens intellectum*, der Glaube, der nach dem Intellekt, nach der Vernunft fragt. Denkbar ist auch die Umkehrung: *Intellectus quaerens fidem*. Für welche der Alternativen würden Sie plädieren?

Der Offenbarungsglaube ist zunächst nicht direkt auf Philosophie angewiesen, wohl aber die Theologie. Aber es besteht doch bei einem denkenden Menschen, der ein bewusstes Leben zu führen sucht, das Bedürfnis, das, was er glaubt, mit dem, was er sonst von der Welt weiß, in einen Zusammenhang zu bringen. Dieser Zusammenhang lässt sich ohne Philosophie kaum herstellen. Philosophie bildet die Brücke, um den Glauben in dem, was wir sonst wissen, zu verankern. Deshalb plädiere ich für die *fides quaerens intellectum*.

Alle Philosophie geht nicht nur von bestimmten Grundüberzeugungen aus, sondern auch von bestimmten Erfahrungen. Darum hat ja Schelling seine späte Philosophie als spekulativen Empirismus bezeichnet. Dieser Art zu denken liegen Erfahrungen zugrunde, die man nicht einfach ausblenden kann und sagen, sie zählen nicht. Sicher, der übliche Empirismus lässt nur Sinnesdaten gelten. Aber sein Erfahrungsbegriff ist einer, der die Erfahrung eigentlich auflöst. Die Art von Philosophie, die ich treibe, will den Begriff der Erfahrung nicht einschränken, sondern erweitern.

Übrigens hat es mir bei den Berufungen auf Lehrstühle in Hamburg, Zürich oder Heidelberg, die noch nie mit einem Katholiken besetzt worden waren, nie geschadet, dass ich aus meinem Katholizismus weniger Hehl gemacht habe als viele andere.

Gut, eine theologische Fakultät hätte mich vielleicht heute nicht berufen, obgleich ich 1973 gefragt wurde, ob ich einen Philosophie-Lehrstuhl in der theologischen Fakultät von Tübingen zu übernehmen bereit sei. Der mir das angetragen hat, war übrigens Hans Küng, aber das liegt lange zurück.

Da ich katholisch bin, sind mir bestimmte theologische Traditionen geläufig, die auch von philosophischem Interesse sind. Über den Disput zwischen Fénelon und Bossuet hätte zwar auch ein Ungläubiger schreiben können, aber wahrscheinlicher ist es doch, dass ein Gläubiger darüber schreibt, weil er zu den Gegenständen, die da verhandelt werden, einen lebendigen Bezug hat. Aber mein spezielles Interesse an diesem Gegenstand war ein philosophisches und philosophiegeschichtliches.

Gibt es nicht Skeptiker, welche die Bedeutung des Glaubens für das Philosophieren überhaupt bestreiten?
Ja, es gibt natürlich Skeptiker, die aus ihrer Skepsis nicht wieder eine Theorie machen wollen, sondern sich persönlich als jemanden bekennen, dem es nicht gelungen ist, irgendeine Überzeugung für wahrer zu halten als eine andere, und die gern einen Grund dafür fänden, dies entscheiden zu können, ihn aber leider noch nicht entdeckt haben. Es gibt zynische Skeptiker, bekümmerte und schließlich vorsichtige.

Odo Marquard würde ich zum Beispiel zu den vorsichtigen rechnen. Sein Konservativismus, sein Plädoyer für das Bestehende beruht darauf, dass man eine feste Überzeugung davon haben muss, dass das, was man erreichen will, besser ist als das, was man schon hat. Der Skeptiker ist in der Regel konservativ.

Es gibt den Spruch: Besser der Spatz in der Hand als die Taube auf dem Dach. Ich habe mal geschrieben: Besser die Taube in der Hand als der Spatz auf dem Dach. Der Gläubige hat die Taube schon in der Hand, und die Utopien sind für ihn Spatzen.

Seit Ihrer Emeritierung im Jahr 1992 haben Sie sich im katholischen Raum stärker zu Wort gemeldet als zuvor, durch Artikel, Vorträge und Interviews. Sie nehmen auch zu innerkatholischen Auseinandersetzungen engagiert Stellung. Ist das tatsächlich nur der Zeit und Freiheit nach der Emeritierung geschuldet?

Ja, denn das Interesse an katholischen Fragen ist nicht erst nach meiner Emeritierung entstanden. Es gab Zeiten, da lud man mich ein, auf Katholikentagen zu sprechen. Ich erinnere mich noch, wie ich, damals noch Assistent in Münster, über das Thema sprach: »Die Kirche als Zeichen des Widerspruchs«. Ich erregte Anstoß, weil ich das zu enge Verhältnis von Kirche und CDU kritisierte.

Auf einem späteren Katholikentag setzte ich mich mit den Hoffnungsideologien auseinander. Vor mir hatte ein Bischof aus Südamerika mit der Parole Aufsehen erregt, die Kirche müsse für die Armen optieren, »denn die Armen werden siegen«. Dem hielt ich entgegen: »Was geschieht, wenn die Armen nicht siegen? Ist dann die Kirche nicht mehr auf Seiten der Armen? Ich würde sagen, erst recht, der Platz der Kirche wird immer auf der Seite der Verlierer sein. Also nicht auf der Seite von Marx.«

～

OSTERN AUF DEM ATHOS

Ostern 1981 auf dem Athos. Wir waren zu zehnt, einige Assistenten und Studenten aus meinem Institut, mein Sohn, ein junger Grieche und ein befreundeter Byzantinist. Wochen zuvor hatten wir uns bereits mit entsprechenden Empfehlungsbriefen die schwer zu erhaltenden Visa für die Mönchsrepublik besorgt.

Der Athos ist eine 45 km lange Halbinsel, die von Mönchen bewohnt wird und nur mit Visum ausschließlich von Männern besucht werden kann. Eine byzantinische Kaiserin soll einmal versucht haben, die Halbinsel zu betreten, wo ihr allerdings die Gottesmutter entgegentrat mit den Worten:

»Ich bin hier die einzige Frau.« Auf dem Athos wird nur zum himmlischen Leben, nicht zum irdischen Leben geboren. So gibt es auch keine weiblichen Tiere, außer den wilden, die einer anderen Welt angehören. Es gibt aber auch keine Autos und keine Elektrizität. Man wandert von Kloster zu Kloster. Wir wanderten unter einer wundervollen Frühlingssonne, begleitet von Vogelgezwitscher. Wir wanderten von Kloster zu Kloster. Überall nahm man uns auf, beköstigte und beherbergte uns für eine Nacht.

Die Gastfreundschaft war in verschiedenen Klöstern verschieden herzlich und kultiviert. Am aufmerksamsten, so fiel mir auf, war sie dort, wo die orthodoxe Observanz am strengsten war und wir also nicht an der Liturgie teilnehmen durften.

Ob wir orthodox seien, wurden wir von einem Mönch an der Kirchentür gefragt. Als wir uns als Katholiken bekannten, fuhr der Mönch uns an: »Ihr habt Konstantinopel geplündert und gebrandschatzt.« Es half nichts, dass ich ihn betroffen darauf hinwies, dass wir ja doch bei diesem beklagenswerten Ereignis nicht beteiligt waren, dass der Papst damals auf die Nachricht hin Tränen vergoss und dass kein Katholik diese Verirrung der Kreuzritter billige, die ja schließlich ursprünglich dem Kaiser von Konstantinopel zu Hilfe kommen wollten. Nun, dieser Mönch war etwas einfältig und wohl in allen drei Hierarchien eher im unteren Viertel angesiedelt.

Wenn ich von drei Hierarchien spreche, so drücke ich damit eine Beobachtung aus. Die erste ist die offizielle und institutionelle. Es ist die Autorität des Higoumenos, der ungefähr dem Abt in den westlichen Klöstern entspricht. Ihm küsst jeder Mönch die Hand, aber wenn ein älterer Mönch dies tut, dann erwidert der Abt die Geste sogleich, indem er seinerseits dem Älteren die Hand küsst.

Es gibt eine Hierarchie der Alten, die mich erinnerte an die Inthronisation Papst Johannes Pauls II., dem die Kardinäle durch Handkuss ihre Ergebenheit bezeugten. Als die Reihe an Stefan Wyszyński, den Kardinalprimas von Polen, kam, der dem Papst seine Reverenz erwies, sprang der Papst auf und küsste seinerseits dem alten Erzbischof von Warschau die Hand.

Die dritte Hierarchie in den Athosklöstern wirkt auf uns Lateiner zunächst seltsam. Es gibt in den Klöstern jeweils einen oder zwei Mönche, die einen schwarzen Überwurf tragen, auf dem in roter Farbe die Leidenswerkzeuge Jesu aufgestickt sind, das sogenannte Megiston Schima. Der Träger dieses Kleidungsstücks ist ein Mönch, der durch besondere Frömmigkeit, Demut, Schweigen und liebevolles Wesen eine Autorität jenseits aller institutionellen Amtsautorität besitzt. Oft handelt es sich um einen einfachen Mönch, der niedere Dienste in der Landwirtschaft oder im Hauswesen tut.

Wer verleiht denn diese Auszeichnung, die doch die Demut des Mönchs auf eine harte Probe stellt?, fragte ich. Die Antwort war: Es ist jeweils ein anderer Mönch, der bereits das Megisthon Schima trägt. Dahinter steht die Überzeugung, dass nur der geistliche Mensch den Blick hat, der einen Bruder im Geist erkennt: *Quis cognoscit spiritum nisi ipse spiritus?* – »Wer erkennt den Geist, wenn nicht der Geist selbst?« Mir scheint diese dreifache Hierarchie dem Wesen des Mönchtums mehr zu entsprechen als die eindimensionale reine Amtshierarchie.

Im Übrigen findet sich auf dem Athos auch die ganze Vielfalt monastischer Lebensformen: die Einsiedler, die in Berghöhlen hausen und die man kaum je zu Gesicht bekommt, die Eremitendörfer, in denen jeder Mönch in einem eigenen Häuschen wohnt und sich mit allen anderen in einer kleinen Dorfkirche zum Gottesdienst versammelt, dann die idiorhythmischen Klöster, wo jeder Mönch eine kleine Wohnung im Kloster hat und sein Eigenleben führt, eventuell sogar mit eigenem Eigentum, und schließlich die Zönobiten, die der heilige Benedikt als das »starke Geschlecht« der Mönche bezeichnet, Mönche mit einem monastischen Gemeinschaftsleben, das dem Leben unserer Benediktiner- oder Zisterzienserklöster gleicht. Übrigens haben die idiorhythmischen Klöster ihre Lebensweise zu gunsten des zönobitischen aufgegeben.

Wir waren in der Karwoche unterwegs, also in der Zeit der strengen Fasten. Fleisch wird ohnehin auf dem Athos nicht gegessen, in der Fastenzeit auch kein anderes tierisches Produkt, kein Fisch und nicht einmal Öl. Aber den Gästen wird weniger zugemutet.

Karfreitag feierten wir die Liturgie bei den Russen. Über das Kloster Simonos Petras, das auf einem felsigen Berg gelegen ist, kamen wir gegen Abend des Karsamstag im Kloster Gregoriou an, einer alten, am Meer gelegenen Lawra.

Beim Abendbrot im Freien trafen wir mit einer Gruppe Athener Studenten zusammen, die wie wir als Pilger zum Osterfest gekommen waren. Sie wurden sehr aufgeregt, als sie hörten, wir seien Katholiken. Ein Jurastudent, AStA-Vorsitzender an der Athener Universität, wollte mich gleich in ein kontrovers-theologisches Gespräch verwickeln und fragte mich, was meiner Meinung nach der Unterschied zwischen der orthodoxen und der katholischen Kirche sei. Ich erwiderte, dass es im Grunde nur um die Frage der Stellung des Bischofs von Rom gehe, also um die Frage, ob der Bischof von Rom Nachfolger des heiligen Petrus sei und als solcher nicht nur einen Ehrenvorsitz unter den Patriarchen habe, sondern ein spezifisches kirchliches Amt, das Amt der höchsten Autorität.

Mein Gesprächspartner erwiderte, dass dies ein eher nebensächlicher Differenzpunkt sei. Der Gegensatz gehe viel tiefer. Auf meine Rückfrage hin, worin er denn bestehe, nahm er ein Blatt Papier und zeichnete vor meinen Augen einen Kreis auf das Blatt mit der Bemerkung: »Das ist das Universum, die Welt.« Und dann markierte er den Mittelpunkt des Kreises und sagte: »Und dies ist Gott. Das ist orthodoxer Glaube. Für euch ist dieser Mittelpunkt der Mensch. Das ist der Unterschied.«

Ich konnte darauf nur antworten: »Lieber Freund, wenn Sie recht hätten, würde ich heute Nacht noch der orthodoxen Kirche beitreten. Aber so einfach stehen die Dinge nicht.«

Diese Sicht der Dinge begegnete mir aber auf dem Athos mehrfach. Der lateinischen Kirche wird Anthropozentrismus vorgeworfen. Ein junger Mönch erwähnte die Sixtinische Kapelle, die doch, im Unterschied zur Ikonenmalerei, eine einzige Apotheose des Menschen sei. Diesem Mönch konnte ich nur antworten, dass der Renaissance-Humanismus sich ja zu einem großen Teil den griechischen Gelehrten verdankt, die im 15. Jahrhundert in den Westen kamen.

Es wurde Abend, und wir wollten zur Osternachtsfeier in die Kirche. Die Liturgie beginnt um 8 Uhr abends und endet um 6 Uhr morgens. An der Kirchentür fragte uns ein Mönch, ob wir orthodox seien, und als ich das verneinte, sagte er, wir könnten leider nicht an der Liturgie teilnehmen. Ich gab mich mit diesem Bescheid natürlich nicht zufrieden, sondern überreichte dem Mönch ein Empfehlungsschreiben des griechischen Bischofs von Wien mit der Bitte, es dem Abt zu überbringen.

Der Mönch antwortete, der Abt sei zur Zeit dabei, bei Pilgern die Beichte zu hören. Das könne bis 10 Uhr dauern, und wir müssten uns so lang gedulden. Wir geduldeten uns – mit Ausnahme meines österreichischen Freundes, des Byzantinisten, der aufgrund seines südländischen Aussehens und seines Bartes nicht gefragt wurde, sondern einfach stracks in die Kirche hineinging, die Ikonen küsste und Kerzen anzündete. Man hielt ihn für einen Orthodoxen.

Wir warteten zwei Stunden, während die Liturgie mit der Lesung der ganzen Apostelgeschichte begann. Gegen 10 Uhr kam der junge Mönch und sagte mir, der Abt lasse mich bitten, zu ihm zu kommen. In Begleitung eines Mönches, der zwischen Griechisch und Französisch dolmetschte, und in Begleitung von Reinhard Löw, der damals mein Assistent war, empfing mich der Abt in einem kleinen Arbeitszimmerchen, bot mir einen Platz an, überreichte mir als Gastgeschenk ein kleines holzgeschnitztes Kreuzchen und fragte, wozu wir gekommen seien.

Ich: »Um mit Ihnen das Osterfest zu feiern, das für uns Lateiner in diesem Jahr mit dem der Griechen zusammenfällt.«

Der Abt darauf: »Sie haben wohl schon gehört, dass das leider nicht möglich ist. Die Gemeinsamkeit im Gebet setzt die Gemeinsamkeit im Glauben voraus.«

(Das Empfehlungsschreiben des Bischofs von Wien spielte keine Rolle. Bischöfe besitzen bei Athos-Mönchen keine große Autorität.)

Ich: »Gewiss. Auch wir sind dieser Meinung. Aber wo der bei weitem größte Teil des Glaubens gemeinsam ist, könnte doch auch der größte Teil des Gebetes gemeinsam sein. Wir denken ja nicht daran, bei Ihnen zur Kommunion gehen zu wollen. Wir wissen, dass Sie das ablehnen, und die katholische Kirche lehnt es ja auch ihrerseits ab, Häretiker zur Kommunion zuzulassen. Und wir sind ja in Ihren Augen wohl Häretiker.«

Der Abt: »Ob die Unterschiede groß oder klein sind, das zu beurteilen steht uns nicht zu. Gott kann auch tiefe Gräben überwinden und über hohe Mauern springen. Aber uns ist es nicht erlaubt, große Gesten zu machen.«

Ich wies den Abt darauf hin, dass in den orthodoxen Kirchen im Westen immer auch nicht nur andersgläubige Christen, sondern überhaupt Menschen anderer Religionen zugelassen seien.

Der Abt darauf: »Das mag im Westen wohl so sein. Aber wir auf dem Athos haben andere Gewohnheiten.«

Auch mein Hinweis auf die Zulassungspraxis anderer Klöster auf dem Athos half mir nichts. Es gibt eben auch auf dem Athos Differenzen, und Gregoriou gehört zu der strengeren Observanz.

Ich gab aber nicht so schnell auf. Ich drückte gegenüber dem Abt meinen Respekt aus vor der Festigkeit der Orthodoxie, wie ich sie hier antreffe, und sagte zu ihm: »Die westliche Kirche ist heute schwer von innen bedroht, und zwar von einem Liberalismus und Relativismus, der längst die Grenzen zur Häresie überschritten hat. Noch der Arianismus war ein Kinderspiel gegen die Lehren, die sich heute in der westlichen Theologie breitmachen. In dieser Situation ist es für uns lebensnotwendig, dass die Kirche wieder, wie der Papst sagte, auf zwei Lungenflügeln atmet und dass die Kirche des Ostens der des Westens mit ihrer Glaubensfestigkeit zu Hilfe kommt.«

Das gefiel dem Abt. Die Hauptangst der Orthodoxen ist ja ständig, von Rom dominiert zu werden. Ihre Starrheit ist oft Folge eines Minderwertigkeitskomplexes gegenüber dem Katholizismus.

In dieser Situation hört ein griechischer Abt es natürlich gern, wenn der Westen sagt, dass er die Orthodoxie braucht, genau so sehr oder mehr noch als die Orthodoxie die Wiedervereinigung mit dem Westen.

Im Übrigen sagte mir später der dolmetschende Mönch, dass ich in dem Augenblick das Herz des Abtes gewonnen hätte, als ich erklärte, dass wir keineswegs die Absicht hätten, bei ihnen zur Kommunion zu gehen. »Hätten Sie gesagt:

›Wir sind doch alle Christen, und lasst uns doch gemeinsam das Abendmahl feiern‹, hätte der Abt Sie gleich hinausgeworfen.«

Am Ende dieses Disputs, an dem ich noch einmal den Abt bat, uns mit Rücksicht auf das heilige Osterfest doch in ihre Kirche zu lassen, sagte der Abt: »Wissen Sie, wenn ich Sie jetzt hineinlasse, würden einige ältere Mönche die Liturgie verlassen.«

Daraufhin ich: »Das ändert die Sache. Wir wollen auf gar keinen Fall Ihren Osterfrieden stören. Wenn die Dinge so sind, dann bitte lassen Sie doch den Mönch mit dem Klosterschlüssel uns die Tür öffnen, und wir gehen noch in dieser Nacht hinauf in das Kloster Simonos Petras, wo man uns sicher zur Mitfeier zulassen würde.«

In diesem Augenblick erblasste der Abt und erwiderte: »Das können Sie nicht machen. Es ist dunkel, der Mond scheint nicht, der Weg nach Simonos Petras ist unter diesen Umständen zu gefährlich. Sie müssen durch einen kleinen Fluss und dann den Felsweg hinauf. Dabei kann jemand zu Tode kommen.«

Daraufhin ich: »Bitte lassen Sie uns gehen. Wir kennen den Weg ein bisschen, weil wir ihn heute schon gegangen sind. Außerdem haben wir eine Taschenlampe. Und im Übrigen – das Restrisiko nehmen wir auf uns, denn diese Nacht ist auch unser Ostern, und wir möchten gern, wenn es möglich ist, an einer Osterliturgie teilnehmen.«

Hier stand der Abt auf und bat uns, eine Weile zu warten, worauf er den Raum verließ. Wie ich später erfuhr, ging er in die bereits fortgeschrittene Liturgie und holte mitten aus dem Gottesdienst den Ältestenrat der Mönche zu einer kurzen Beratung heraus. Er legte ihnen den Kasus vor und sagte:

»Können wir es verantworten, diese Leute gehen zu lassen, wenn daraufhin einer von ihnen zu Schaden kommt?

Handelt es sich hier um ein göttliches Gebot, dann müssen wir ihm folgen, und die Verantwortung für die Konsequenzen dieser Befolgung liegt nicht bei uns. Ist es aber eine kirchlich-monastische Observanz, die auch von der anderer orthodoxer Kirchen abweicht, dann liegt hier doch wohl ein Fall dessen vor, was wir Oikonomia nennen und was im Westen Epikie heißt – das heißt, um eine Ausnahmesituation, in der die Regel außer Kraft gesetzt wird.«

Der Rat beschloss einstimmig, uns unter diesen Umständen zur Feier der Liturgie zuzulassen, immer vorausgesetzt, dass wir nicht verlangten, zur Kommunion zu gehen. Nach einer Weile kam der junge Dolmetscher-Mönch, um uns die freudige Nachricht zu übermitteln, mit der meine Hartnäckigkeit belohnt wurde.

Die Liturgie war herrlich. Beim Ruf des Diakons: *Christos anesti*, Christus ist auferstanden, setzte ein Mönch die riesigen brennenden Kronleuchter aus Bronze, die von der Decke herabhingen, in Bewegung – »die Verhältnisse zum Tanzen bringen« war eine Forderung von Karl Marx. Die Auferstehung Christi bringt in der Tat die Verhältnisse zum Tanzen, und das wurde in diesem Augenblick unter den schwingenden Kronleuchtern sinnlich erfahrbar. *Christos anesti* – »Christus ist auferstanden. Durch seinen Tod hat er den Tod besiegt und denen in den Gräbern neues Leben geschenkt« – dieser Gesang wurde von Mönchen und Pilgern in dieser Nacht so oft gesungen, dass ich ihn wohl bis zum Ende meines Lebens nicht vergessen werde.

Der Gottesdienst dauerte bis 6 Uhr morgens. Wir zogen dann alle gemeinsam in die Trapeza, das Refektorium der Mönche, wo vor jedem Mönch und jedem Gast bereits ein Teller stand mit einem großen gebratenen Fisch. Vorher hielt der Abt noch eine Predigt, die in den zehn Stunden der Liturgie noch nicht inbegriffen war und in der er sich Seitenhiebe auf die mit Rom unierten Ostkirchen nicht verkneifen konnte.

Anmerken muss ich noch, dass am folgenden Tag der Abt mir mit ausgesuchter Freundlichkeit begegnete, mich bei Tisch neben sich setzte und ebenso bei einer nachmittäglichen Zusammenkunft, bei der griechische Lieder gesungen wurden.

Die Herzlichkeit des Abtes war auffallend. So wie ich seine kompromisslose Festigkeit in Glaubenssachen bewunderte und respektierte, so wusste er offenbar die Verbindung von Respekt und Hartnäckigkeit bei mir zu schätzen.

Christos anesti, das war den ganzen Ostertag und die Osterwoche über der alltägliche Gruß, ebenso wie die Antwort: *Alithos anesti* – Er ist wahrhaft auferstanden. Dass Ostern war, konnte man auch keine halbe Stunde vergessen, weil die Luft immer wieder erfüllt war von dem Dröhnen der ausgehöhlten Baumstämme, auf die man schlägt und deren Klang die Glocken ersetzt.

An Ostern dürfen die Mönchsnovizen, so oft sie Lust haben, auf die Stämme schlagen.

~

Im Jahr 1999 erlangten Sie große Aufmerksamkeit mit einem Artikel »Das unsterbliche Gerücht« in der Monatszeitschrift »Merkur«. Vor kurzem erinnerte der damalige Herausgeber des »Merkur«, Karl Heinz Bohrer, an das Doppelheft im Herbst 1999 mit dem Titel »Nach Gott fragen. Über das Religiöse«, zu dem mehrere Geistesgrößen Beiträge lieferten, und bemerkte: »Der einzige, der die Gottesfrage affirmativ beantwortete, war kein Theologe, sondern der katholische Philosoph Robert Spaemann.« Sie haben mit weiteren Aufsätzen über die Gottesbeweise ein

Thema aktualisiert, dem im letzten Jahr ein Suhrkamp-Theorieband gewidmet war, unter anderem mit einem Artikel von Ihnen, aber auch einem des Mathematikers Kurt Gödel. Wer ist der Adressat dieser Überlegungen, der Gläubige oder der philosophisch Interessierte?

Natürlich der Letztere!

Weil Gläubige keiner Gottesbeweise bedürfen?

So ist es. Wenn ich mich ihnen überhaupt zuwende, dann höchstens, um ihnen den Rücken zu stärken und zu betonen, dass die Konvergenz von Glaube und Vernunft wohlbegründet ist.

Es gibt die Versuche, den Zusammenhang von Glaube und Philosophie bei den Vorsokratikern zu verankern. Heidegger sieht darin ein ursprüngliches Denken, dem gegenüber die Philosophie Platons und Aristoteles' schon als eine Reduktion anzusehen ist. Wie sehen Sie das?

Wenn man Philosophie als einen kontinuierlichen Diskurs betrachtet, in dem es eigentlich keine Brüche, sondern ein echtes Gespräch gibt, das immer weitergeführt worden ist, dann muss man sagen, Philosophie beginnt mit Platon. Vorher gibt es einzelne Denker, die für sich stehen. Platon hat deren erratische Blöcke eingeschmolzen in einen kontinuierlichen Diskurs von Argument und Gegenargument. Die Vorsokratiker reden ja fast immer apodiktisch, nicht argumentativ.

Lebt nicht jeder, der einerseits Platon-Dialoge und andererseits das Johannes-Evangelium oder die Psalmen liest, in einer Grundspannung, die man als die Konkurrenz zwischen Athen und Jerusalem bezeichnen könnte?

Das Christentum steht in großer Nähe zur »natürlichen Theologie« der Philosophen. Aber eben auch in Konkurrenz.

Vor allem ist es nicht elitär. Jeder ist berufen, in ein unmittelbares Verhältnis zum Schöpfer des Universums einzutreten. Und was die Lebensführung betrifft – an die Stelle der Ataraxie der Epikureer und der Apathie der Stoiker, also an die Stelle der Selbstbehauptung der Autonomie des Menschen als Vernunftwesen, tritt die Liebe als innerstes Motiv. »Wenn ich meinen Leib zum Verbrennen hingäbe«, schreibt Paulus – und meint damit offensichtlich die Stoiker –, »hätte aber die Liebe nicht, so wäre ich nichts.«

Jesus freut sich mit den Fröhlichen, ist von Mitleid bis zu Tränen gerührt mit den Leidenden und von Angst geschüttelt am Abend vor seinem Tod. Kein Philosoph also im antiken Verständnis. Außerdem steht er nach drei Tagen von den Toten wieder auf.

»Sie sollten etwas dieser Art zu tun versuchen«, sagte Talleyrand zu jemandem, der ihm im Rahmen der Revolution als Institutionalisierung der *religion naturelle* die Gründung einer neuen Religion vorschlug.

Man hat sich in jenen alten Zeiten noch nicht träumen lassen, dass einmal der christliche Glaube der Vernunft beispringen müsse, um deren Anspruch auf Wahrheit zu stützen – einen Anspruch, der, wie Nietzsche sah, den Tod Gottes nicht überleben würde.

Im zweiten Band Ihrer gesammelten Reden und Aufsätze »Schritte über uns hinaus« findet sich ein Abschlussteil »Das Schöne und die Kunst«, in dem Sie zu ästhetischen Fragen Stellung nehmen. Welche Aufgabe fällt der Kunst zu in einer Welt, die immer mehr zur Selbstinszenierung neigt?
Kunst ist eine Weise der Welterkenntnis. Ihre Funktion wandelt sich. Die bildende Kunst scheint so alt zu sein wie die Menschheit. Warum haben Menschen ihre Keramik- oder

Tongefäße mit Ornamenten verziert? Die Produkte der Tiere – Nester, Höhlen oder ad hoc hergestellte Werkzeuge – gehen auf in ihrem Gebrauch. Der Krug geht nicht auf in seinem Gebrauch, der schön geformte und verzierte Krug wird »etwas als es selbst«.

Und das setzt sich fort bis zum archaischen Torso Apolls, von dem es bei Rilke heißt, dass an ihm keine Stelle sei, »die dich nicht sieht: Du musst dein Leben ändern.« Natürlich sieht der Stein uns nicht, zumal der Apoll ja kein Haupt, keine Augen hat. Aber wir fühlen uns von ihm, von jeder Stelle, angeblickt. Er ist – könnte man sagen – simuliertes Selbstsein. Oder ein Seiendes, das an sich doch nur für den Betrachter ist.

Seit jeher hat man Sein und Schein unterschieden. Was ist, zeigt sich, es erscheint, und es verbirgt sich zugleich als es selbst hinter seiner Erscheinung. Das leuchtet ja wohl ein, wenn wir von einem Menschen sprechen.

Aber gibt es denn ein »Selbst« des Kunstwerks? Das Kunstwerk ist doch, was es zu sein scheint. Die Antwort kann nur ein Paradox sein: Das Kunstwerk ist simuliertes Selbstsein. Es »sieht uns«, es erweckt, wie Kant sagt, »interesseloses Wohlgefallen«, als das Leibniz Liebe definiert, also Selbsttranszendenz. Deshalb wählt Leibniz auch, wo es um seine Definition der Liebe geht, ganz ungeniert das Beispiel der Freude, die in uns ein Bild von Raffael erweckt.

Als ästhetische Selbsttranszendenz kann Kunst Vorbereitung für wirkliche Selbsttranszendenz sein, Antwort auf einen Anspruch, dem wir zu entsprechen haben. Das Kunsterlebnis kann aber auch zum verführerischen Ersatz für wirkliche Liebe werden.

Was bedeutet ein Kunstwerk in Zeiten expansiver technischer und technologischer Simulation?

Kunst ahmt, wie die Griechen sagten, die Natur nach. Zur besonderen Situation der Kunst heute nur zwei Bemerkungen. Erstens: Die zunehmend virtualisierte Welt wurde durch die europäische Kunst vorbereitet, etwa durch Säulen, die aussehen sollen wie Marmor, und durch kirchliche Skulpturen, die nur eine Schauseite, aber keine Rückseite haben, die ja nur Gott sähe.

In einer virtuellen Welt ändert sich die Funktion der Kunst. Wenn Walter de Maria in Kassel einen viele hundert Meter langen Stahlstab in ein Bohrloch versenkt, bleibt am Boden nur eine stählerne Scheibe zu sehen, die in Wirklichkeit die Schnittstelle des langen Stabes ist. Aber das sieht man nicht. Man muss es wissen oder glauben, damit diese Scheibe ein Gefühl für die Tiefendimension der Erde erzeugt.

So wie man glauben muss, dass die konsekrierte Hostie der Leib Christi ist. Wo sich das Sakrament aus der Welt zurückzieht, versucht Kunst, das Sakrament zu simulieren. Sie will, schreibt Paul Klee, »das Unsichtbare sichtbar machen«.

Die zweite Bemerkung: Wo die evolutionäre Weltanschauung Selbstsein in ein bloßes Stadium eines anonymen Entwicklungsprozesses auflöst, da ahmt Kunst diesen Prozess nach. Das Kunstwerk wird zur Dokumentation des Prozesses seiner Herstellung statt dessen Spuren zu tilgen.

Hat Philosophie, wie Sie sie betrieben haben, in Deutschland und der westlichen Welt noch ein Zukunft?
Ob sie eine institutionelle Zukunft hat, weiß ich nicht. Heute wird sie gefördert vor allem, wo es um Bioethik oder um Wirtschaftsethik geht. Ihre Aufgabe ist die Erzeugung von Akzeptanz für Entscheidungen.

Die eigentlich ethisch relevante Entscheidung wird aber durch Ethikkommissionen nicht getroffen, sondern längst vorher durch deren Besetzung, bei der Philosophie kaum eine Rolle spielt. Innerhalb dieses Prozesses halte ich die Institutionalisierung der Philosophie in Universitäten für sehr gefährdet.

In nicht institutionalisierter Form wird es sie weiter geben, solange es Menschen gibt, die nicht nur manchmal gründlich nachdenken, sondern auch in eine Beziehung treten wollen zu dem, was schon vor ihnen gedacht wurde. Wittgenstein schreibt: »Der Gruß unter Philosophen sollte sein: ›Lass dir Zeit.‹«

Nach einer Friedens- und Wohlstandszeit in Deutschland ohne Beispiel: Wurde das Philosophieren dadurch beflügelt?
Nein. Die Aufdringlichkeit der Anforderungen unserer Zivilisation – Aufdringlichkeit, wo es um Gelderwerb oder um Geldausgeben geht – ist dem zweckfreien Nachdenken über das, »was in Wahrheit ist«, wie Hegel sagt, nicht förderlich. Sokrates und Kant sind nie in Urlaub gefahren.

Wie sehen Sie die Chancen der westlichen Zivilisation, »das Menschliche im Umgang des Menschen mit sich selbst und seinesgleichen«, wie Sie es in Ihrem Aufsatz »Wahrheit und Freiheit« (2009) formuliert haben, zu verteidigen?
Wo es um die »letzten Fragen« geht und um Entscheidungen über Sinn oder Unsinn unseres Daseins, also um Alles oder Nichts, wird man dem Ernst der Situation nicht gerecht, wenn man nach den Chancen für das richtige Leben fragt. »Es gibt kein richtiges Leben im falschen«, schreibt Adorno. Das kann nicht wahr sein. Der Satz gehört selbst zum falschen Leben.

Fühlen Sie sich zu Hause in der Welt, wie Sie sie wahrnehmen?
Nein. Zu Hause wäre zu viel gesagt. Aber der Aufenthalt in der Fremde muss ja auch nicht schlecht sein. Er wäre sogar wundervoll, wenn mehr Menschen in die Lage versetzt würden, ihn wundervoll zu finden. Und wenn man nicht mit dem Bewusstsein leben würde, dass man selbst vielleicht mehr dazu beitragen könnte. Philosophie ist schließlich ein Luxus.

Haben Sie je an Ihrer vor über 60 Jahren getroffenen Entscheidung gezweifelt, sich der Philosophie zu zuwenden?
Nein. Es hat sich so ergeben, und ich bin nach wie vor einverstanden.

Was hat Ihr Leben durch das Philosophieren gewonnen?
Klarheit – womöglich der Antworten, jedenfalls aber der Fragen.

KAPITEL 10

DIE ZWEI INTERESSEN
DER VERNUNFT

Die gegenwärtigen Debatten um die Menschenrechte, um die genetische Technologie, um den Schutz menschlicher Embryonen oder auch um Fragen mit Bezug auf Anfang und Ende des menschlichen Lebens sind durch eine tiefe Ambivalenz gekennzeichnet. Man muss in dieser Ambivalenz den Ausdruck eines fundamentalen Dualismus in der Mentalität unserer Epoche sehen, eines Dualismus zwischen dem, was ich »Naturalismus« einerseits, »Spiritualismus« andererseits nennen möchte.

Um einen Dualismus, eine Polarität zu verstehen, darf man nicht in ihn verstrickt sein, man muss über einen Gesichtspunkt verfügen, der sich außerhalb oder oberhalb dieses Dualismus befindet. Andernfalls verwickelt sich der Dualismus in eine Dialektik, in welcher jede Position unbewusst und unfreiwillig in die entgegengesetzte Position umschlägt.

Philosophie ist der Versuch, diese Dialektik als solche zu verstehen. So ist es zum Beispiel die Intention der Hegel'schen Philosophie. Hegels Philosophie wollte keine dialektische Philosophie sein, sondern eine Philosophie, die die Dialektik entdeckt und begreift, in welche sich jeder endliche und begrenzte Gesichtspunkt verstrickt. Sie will die Dialektik verstehen, um sie zu überwinden. Ich nenne im Folgenden einige Beispiele für das, was ich unter der Dialektik von Spiritualismus und Naturalismus verstehe. 1. Einerseits haben wir es mit einer naturalistischen Theorie der Erkenntnis zu tun, die sich heute auf die Theorie der Evolution und die Neurobiologie stützt. Diese Theorie interpretiert Erkenntnis als eine Form der Anpassung eines Organismus an seine Umwelt, und dies nicht nur in dem Sinne, dass unsere Erkenntnisse das Überleben begünstigen und so einen Vorteil geben im Spiel der Selektion, sondern im radikaleren Sinne, nämlich so, dass die Zustände des menschlichen Organismus, der sich selbst versteht als Begreifen dessen, was ist, in Wirklichkeit nur eine Anpassungsleistung ist. Selbsttranszendenz ist eine Illusion. »We never advance one step beyond ourselves«, das war bereits die Formel von David Hume.

Diese Theorie selbst beansprucht allerdings für sich Wahrheit im traditionellen Sinn des Wortes. Sie beansprucht zu sagen, was ist, entsprechend dem Diktum von Étienne Gilson: »Jeder ist Realist mit Bezug auf irgendetwas.« Die Neurowissenschaftler sind Realisten mit Bezug auf das Gehirn. Wo aber ist das Subjekt der Erkenntnis des Gehirns? Das neue transzendentale Subjekt nennt sich »die Wissenschaft«.

In der holistischen Interpretation Quines ist Wissenschaft eine Totalität, die nichts außerhalb ihrer selbst zulässt. Sie ist so etwas wie ein gekrümmter Raum. Man kann geradeaus gehen, ohne jemals auf eine Grenze zu stoßen. Am Schluss kommt man am Ausgangspunkt wieder an. Die Wissenschaft setzt sich aus partikularen Wissenschaften zusammen, deren jede für die andere ein Außen darstellt, an welches jede Theorie ihre nicht gelösten Fragen abtritt. Das Objekt dieser totalen Wissenschaft ist nur Objekt, also träge Materie. Die Wissenschaft selbst hat sich an den Platz der transzendentalen Subjektivität von einstmals gesetzt. Sie gehört nicht zur Welt.

2. Der Begriff der Erkenntnis selbst ist ebenso wie der Begriff der Wahrheit ein Begriff, dessen Implikationen normativ und nicht deskriptiv sind.

Die Frage, ob ein bestimmter Bewusstseinszustand eine Erkenntnis ist oder nicht, hängt nicht von einer vollständigen objektiven Information über diesen Zustand ab. Irrtümer unterscheiden sich als subjektive Zustände nicht von wahren Meinungen. Das Wort »Erkenntnis« bedeutet nur wahre und wohlbegründete Überzeugungen, das heißt, der Begriff »Erkenntnis« impliziert einen Anspruch auf Legitimität, und diese Legitimität ist der hauptsächliche Gegenstand der Epistemologie. Subjektiv, als Überzeugung und als Hirnzustand, gibt es keinen Unterschied zwischen Erkenntnis und irriger Meinung.

Aber in diesem Kontext bedeutet Legitimität nicht Nützlichkeit, und zwar auch dann nicht, wenn die Fähigkeit zu wirklichen Erkenntnissen nützlich ist für das Überleben der Wesen, die sie besitzen.

Man kann das philosophische Missverständnis, das der naturalistischen Epistemologie zugrunde liegt, bei Konrad Lorenz gut studieren. Seinem Buch »Die Rückseite des Spiegels« ging ein Artikel voraus, der 1943 erschien und in dem Lorenz beansprucht, eine evolutionistische Erklärung der kantischen Formen a priori der Anschauung zu geben. Für Lorenz können diese Formen verstanden werden als Resultate eines Prozesses der Anpassung von Organismen. Es handelt sich um Schemata, die es einem Organismus erlauben, in nützlicher Weise auf seine Umwelt zu reagieren.

Diese Interpretation verwechselt Kants Formen a priori mit inneren Dispositionen, also zum Beispiel mit den eingeborenen Ideen Descartes', das heißt mit etwas, das empirisch konstatierbar ist – eine Interpretation, die Kant ausdrücklich zurückweist. Für Kant handelt es sich nicht um psychische

Gegebenheiten, denn die Psychologie selbst ist nur möglich dank dieser Formen a priori.

Das kantische Apriori ist kein psychologischer, sondern ein strikt epistemologischer Begriff. Eine Erkenntnis a priori ist eine Überzeugung oder Behauptung, die gerechtfertigt werden kann, das heißt deren Wahrheit erkennbar ist ohne Bezugnahme auf eine sinnliche Erfahrung. Das Subjekt einer solchen Erkenntnis kann letzten Endes nicht der empirische Mensch sein, kein psychologisches Ego, denn dieses Ego fällt selbst unter die Bedingungen der Formen a priori der inneren Anschauung. Wenn in der naturalistischen Erkenntnistheorie dieses transzendentale Ego ersetzt wird durch das empirische menschliche Subjekt und die Formen a priori durch eingeborene Qualitäten dieses Subjektes, dann kehrt das transzendentale Ich hinterrücks wieder, und zwar unter der Form eines abstrakten Subjekts, genannt »die Wissenschaft«, die in Wirklichkeit nicht Erkenntnis ist, nicht Wissen von konkreten Personen, sondern ein anonymer und abstrakter Prozess, der bei konkreten Subjekten hypothetisches Wissen generiert.

Die moderne Wissenschaft ist per definitionem materialistisch. Einer ihrer Theoretiker, Daniel Dennett, schreibt, er sei nicht bereit, eine Debatte über den materialistischen Monismus zu führen. Dieser ist für ihn die Bedingung a priori jeder wissenschaftlichen Forschung und muss deshalb verteidigt werden wie die Dogmen der Religion. Aber damit wird Wissenschaft selbst zu einer rein spirituellen und außerweltlichen Instanz. Das ist es, was ich Umschlag des Naturalismus in Spiritualismus nenne.

Wir beobachten eine analoge Dialektik auf der Ebene der Moral. Wir haben es einerseits zu tun mit einer naturalistischen, das heißt materialistischen Anthropologie, für die der Mensch nur Natur ist und alle menschlichen Handlungen definiert sind durch ihre natürlichen, das heißt biologischen Funktionen.

Moral ist selbst eine Funktion des Überlebens der Art. Aber von dem Moment an, wo dieselben Autoren sich einer normativen Sprache bedienen, wird das Wort »Biologismus« plötzlich pejorativ. Die Leute, die in der Anthropologie den Biologismus so weit treiben wie möglich, weisen jede Normativität des Natürlichen zurück.

Ein utilitaristischer Autor wie Peter Singer, für den die bloße Zugehörigkeit zum Menschengeschlecht keine Würde impliziert und für den der Wert eines erwachsenen Schweins höher steht als der eines menschlichen Babys von einem Jahr, verlangt von uns eine moralische Haltung, die den Platz Gottes einnimmt, einen Platz oberhalb jeder endlichen Perspektive oder oberhalb jeder Relation von Nähe und Ferne. Er verbietet jede Parteinahme für die Verwandten und für die Mitglieder der Menschheitsfamilie. Er fordert eine totale Uneigennützigkeit als einzig mögliche moralische Haltung.

Mit anderen Worten, er proklamiert einen »antinatürlichen« Spiritualismus und gleichzeitig eine materialistische Anthropologie. Moral wird unabhängig von jeder Anbindung an das Natürliche und emanzipiert sich von jeder Verbindung mit der menschlichen Natur.

3. Seit einigen Jahrzehnten hat sich eine fundamentale und manchmal fundamentalistische Reaktion gegen den cartesischen Dualismus gebildet, gegen die Transformation der Natur in ein bloßes Objekt fortschreitender Herrschaft.

Man hat begonnen zu verstehen, dass die Mittel der Naturbeherrschung immer zugleich Mittel der Beherrschung des Menschen durch den Menschen sind. Und man hat sich immer mehr Rechenschaft abgelegt über die verhängnisvollen Nebenwirkungen einer Unterwerfung der Natur unter menschliche Planung von immer größerer Reichweite.

Man beginnt also zu verstehen, dass jeder Versuch, die Nebenwirkungen durch Ausweitung der Planung in den Griff zu bekommen, zu immer größeren Nebeneffekten dieser neuen Planung führt, was der Soziologe Friedrich Tenbruck sehr gut gezeigt hat.

Aber die ökologische Bewegung leidet oft an der gleichen Ambivalenz, von der ich hier spreche. Man versichert, der Mensch müsste darauf verzichten, eine privilegierte Position zu beanspruchen, einen Ausnahmeplatz in der Natur. Er soll verstehen, nicht der Mittelpunkt der Welt zu sein, sondern ein natürliches Wesen unter anderen. Und er soll diese anderen mit der gleichen Achtung behandeln, die er für sich selbst beansprucht.

Diese Forderung ist aber in sich widersprüchlich. Jedes natürliche Wesen ist nämlich für sich selbst Mittelpunkt der Welt. Der Rest der Welt ist nur Umwelt. Für die Katze ist die Maus nur eine Beute. Sie weiß nicht, was sie selbst für die Maus ist.

Der Mensch ist ein Ausnahmefall. Er hat, so sagt Helmuth Plessner, eine »exzentrische Position«. Er hat sozusagen einen Blick von nirgendwo, eine »view from nowhere«. Er weiß, dass die Wesen in sich selbst noch etwas anderes sind als das, was sie für uns sind. Nur aufgrund dieser ganz und gar exzeptionellen Situation kann der Mensch andere natürliche Wesen respektieren.

Das biblische Mandat an den Menschen, die Natur zu beherrschen, verlangt, dass er sich benimmt wie ein wohlwollender Herr gegenüber seinen Untertanen, auch wenn er sie nebenbei für seine eigenen Interessen nutzt. Der Mensch ist selbst ein Tier, das von einer gewissen Ausbeutung seiner Umwelt lebt. Aufgrund seiner spezifischen Qualitäten kann er den Bereich seiner Herrschaft unbegrenzt ausweiten, aber nur kraft dieser spezifischen Qualitäten kann er sich selbst Grenzen setzen. Wer diese privilegierte Position des Menschen verneint, verneint die Möglichkeit der freiwilligen Selbstbeschränkung.

Eine privilegierte Position des Menschen aufgrund seiner exzentrischen Position zu behaupten bedeutet nicht, in das zurückzufallen, was ich Spiritualismus genannt habe. Der Mensch ist ein spirituelles und gleichzeitig ein natürliches, inkarniertes Wesen. Die natürliche Ordnung von Nähe und Ferne gehört zur Natur des Menschen. Der Mensch kann sich von seiner Natur emanzipieren, wenn er will, aber auch wenn er sich davon emanzipiert, wird er nicht Gott. Er wird nur ein sich selbst entfremdetes Wesen, und radikal emanzipieren kann er sich nur durch Selbstmord.

Die *conditio humana* ist weder rein biologisch noch rein spirituell. Die natürliche Ordnung wird nicht außer Kraft gesetzt, sondern in einen vernünftigen *ordo amoris* transformiert. Aber diese Analogie zwischen Natur und Vernunft ist unverträglich mit der Dialektik von Spiritualismus und Naturalismus, die als entgegengesetzte Positionen einander immer bewusstlos reproduzieren.

Was den Inhalt der Menschenrechte betrifft, so macht sich hier die gleiche Dialektik bemerkbar. In der deutschen Verfassung wird die Würde des Menschen für unantastbar erklärt. Die Achtung vor dieser Würde wird nicht durch irgendeine gesetzliche Einschränkung begrenzt.

Das Recht auf Leben dagegen ist zwar auch unbegrenzt, insoweit es für jedes menschliche Wesen gilt, beginnend mit seiner Empfängnis. Aber dieses Recht ist nicht genauso absolut wie die Unverletzlichkeit der Menschenwürde. Es wird als Konsequenz dieser Würde betrachtet, aber nicht als gleichrangig zu dieser.

Es gibt Fälle, in denen die Gesellschaft das Recht hat, von Soldaten, Polizisten oder Feuerwehrleuten zu verlangen, ihr Leben zu riskieren. Und die Völker haben immer diejenigen geehrt, die ihr Leben für andere hingegeben haben. Gerade durch die Hingabe ihres Lebens haben sie ihre Würde bewiesen.

Die eigene Würde preiszugeben kann von niemandem verlangt, ja nicht einmal akzeptiert werden. »Das Leben ist der Güter höchstes nicht. Der Übel größtes aber ist die Schuld.« (Schiller)

Kehren wir zurück zum Thema der zwei Vernunftinteressen. Zunächst Kant. Im dritten Abschnitt des Kapitels über die Antinomien der reinen Vernunft in seiner »Kritik der reinen Vernunft« unterbricht Kant den Gedankenfaden durch eine Reflexion über »das Interesse der Vernunft in diesem ihrem Widerstreite«. Es handelt sich für Kant um den Konflikt zwischen »Dogmatismus« und »Empirismus«. Es geht mit dieser Debatte ebenso wie mit allen großen philosophischen Debatten: Ihr Resultat hängt vor allen Dingen ab von der Verteilung der Beweislast. Aber wie entscheidet man über diese Verteilung? Das wiederum hängt ab von dem, was man als normal betrachtet, als evident, als »selbstverständlich«.

Keine Argumentation beginnt ab ovo. Leibniz, der wusste, was ein Beweis ist, schreibt einmal, jeder Beweis sei eine *demonstratio ad hominem*, das heißt eine Demonstration, die schon etwas als zugestanden voraussetzt. Und das kann von einer Person zur anderen variieren. Kant schlägt vor, den Grund dieses Konflikts aufzuklären, eines Konflikts zwischen zwei Weltanschauungen, eines Konflikts, der unlösbar zu sein scheint. Und er findet diesen Grund in zwei unterschiedlichen Interessen des Menschen.

Beides sind Interessen der Vernunft selbst. Daher sind beide Interessen legitim. Was sind diese Interessen? Hinter dem Dogmatismus, das heißt hinter den Ideen einer metaphysischen Kosmologie, gibt es nach Kant das praktische Interesse jedes rechtschaffenen Menschen, das Interesse an Religion und Moral, die ihrer Fundamente beraubt zu werden scheinen durch die empiristischen Antithesen. Das empiristische Interesse ist dagegen »spekulativ«. Es ist das Interesse an den Bedingungen der wissenschaftlichen Forschung, unbegrenzter Forschung, deren Fortschritte immer durch die Erfahrung kontrollierbar sind.

Das Interesse des Metaphysikers als »praktisch« zu charakterisieren und das des Empiristen als »spekulativ« scheint uns seltsam. Wir wären eher geneigt, die beiden Prädikate umzukehren. Aber das Wort »praktisch« betrifft bei Kant nicht die Frage: »Was soll ich tun, um ein gegebenes Ziel zu erreichen?«, sondern »Welches sollen meine Ziele sein?« oder: »Welche Mittel sind mir erlaubt, um meine Ziele zu erreichen?«

Der erste Gesichtspunkt wird spekulativ genannt, das heißt theoretisch, weil die Frage, wie ich ein gegebenes Ziel erreiche, in Wirklichkeit eine theoretische Frage ist, eine Frage nach der Struktur der Welt, nach den Naturgesetzen, von denen die Antwort auf diese Frage abhängt. Die Moral dagegen betrachtet die menschliche Praxis als Praxis.

Gewiss, es gibt auch auf der Seite des Dogmatismus ein spekulatives Interesse, denn der Empirismus, der einen unbegrenzten Weg der Forschung eröffnet, liefert uns dem *apeiron* aus, dem Unbegrenzten oder Unendlichen, was von der Philosophie von ihrem Anfang an verabscheut wurde. Die Vernunft wird zufriedengestellt mit der Idee eines absoluten und bedingungslosen Anfangs, der darüber hinaus den Vorteil der Popularität hat.

Der Empirismus eröffnet ein unbegrenztes Feld für wissenschaftliche Forschung und infolgedessen für progressive

Naturbeherrschung, indem er die Vernunft daran hindert, über die Grenzen der Erfahrungen hinaus auszuschweifen.

Ich schlage vor, die kantische Definition der beiden Interessen zu reformulieren und nach ihrem anthropologischen Fundament zu fragen.

Es gibt in der Tat eine Dualität von Interessen des denkenden Menschen. Man kann diese Dualität auf verschiedene Weise beschreiben, zum Beispiel so: Der Mensch hat das Bedürfnis, frei zu sein, und er hat das Bedürfnis nach Beheimatung und Sicherheit.

In der außermenschlichen Natur gibt es nur ein einziges Interesse. Es ist definiert durch die teleologische Struktur von Lebewesen. Es gibt die Tendenz, sich zu erhalten, sich zu entfalten, seine Natur zu realisieren. Das Wort *telos* kann übersetzt werden mit »Ende« oder mit »Ziel« im Sinne von Grenze. Freiheit außerhalb und jenseits der Grenzen der Natur ist nicht Freiheit, sondern Destruktion. Natur ist gleichzeitig Inhalt der Freiheit eines Wesens und die Bedingung seiner Erhaltung.

Der Mensch kann sich eine absolute Freiheit imaginieren, eine Emanzipation von der Natur. Gegen diese abstrakte und totale Freiheit macht sich das Interesse nach Sicherheit, nach Beheimatung, nach Bewahrung geltend.

Sigmund Freud hat vom Lustprinzip und vom Realitätsprinzip gesprochen, das heißt vom Prinzip der Erhaltung, der Selbsterhaltung. Da die Philosophie Freuds antiteleologisch war, konnte er die gemeinsame Quelle dieser beiden Interessen nicht sehen. Tatsächlich gibt es ja keine Freiheit ohne Sicherheit, ohne Schutz. Und ohne Freiheit wiederum fühlt sich ein Mensch nirgends beheimatet, nicht in Sicherheit und nicht wohl bei sich selbst.

In der modernen Politik haben die beiden Interessen sich ausdifferenziert. Thomas Hobbes definiert Eudaimonia als

Fortschritt von Begierde zu Begierde und Freiheit als Freiheit, sich auf einer möglichst großen Zahl von Wegen fortbewegen zu können. Diese inhaltslose Freiheit muss begrenzt werden durch eine absolute Macht, deren Ziel die Erhaltung des Lebens ist und die sich gründet auf der Furcht vor einem gewaltsamen Tod.

In der modernen Politik gibt es immer diese beiden Seiten: die Partei der Freiheit und die Partei der Bewahrung, die Linke und die Rechte. In Wirklichkeit garantiert der Dualismus dieser beiden Parteien ein gewisses Gleichgewicht zwischen den beiden Interessen, der Verwirklichung der Freiheit und des Schutzes der Freiheit. Die totale Freiheit zerstört sich selbst, die totale Sicherheit, der totale Schutz der Freiheit, zerstört auch sich selbst, also gerade das, was sie schützen will. Und dank der Dialektik der abstrakten Positionen gleichen sich die extreme Linke und die extreme Rechte wie ein Ei dem anderen. (»lichtung// manche meinen/ lechts und rinks/ kann man nicht velwechsern/ werch ein illtum//« Ernst Jandl)

Es gibt aber eine andere Beschreibung dieser beiden Interessen des Menschen, eine Beschreibung, die unterstreicht, dass es sich tatsächlich um eine für die *conditio humana* konstitutive Polarität und nicht um eine destruktive Dialektik handelt und dass es sich beide Male um Interessen der menschlichen Vernunft handelt. Am Anfang dieser Interessen liegt das Interesse, sich in einer vorwiegend feindlichen Natur zu behaupten. Diese Selbstbehauptung geschieht durch fortschreitende Beherrschung der Natur. Aber es gibt auch das Interesse, mit den Dingen der Welt vertraut zu sein, im Sein beheimatet zu sein, sich selbst zu verstehen im Kontext des Universums.

Wissenschaftliche Forschung liegt im Interesse des Herrschaftswillens, ohne den der Mensch nicht überleben kann. Die Philosophie ist der Versuch, die Welt auf solche Weise zu verstehen, dass der Mensch, indem er die Welt versteht, sich gleichzeitig auch selbst versteht.

Und wenn ich sage »Philosophie«, dann benutze ich das Wort nicht in einem neutralen, formellen Sinn, das heißt indem ich vom Inhalt einer jeweiligen Philosophie abstrahiere. Ich benutze es vielmehr wie Platon, wenn er oder sein Sokrates den Gesprächspartnern empfiehlt, nicht auf das zu hören, was die Leute sagen, sondern auf das, was die Philosophie sagt. Sokrates und mit ihm Platon setzen dabei voraus, dass die Philosophie nicht irgendetwas sagt. Philosophie, das ist schon eine bestimmte Position, ja mehr, ein *bios*, eine Lebensweise. Es ist ein Leben, in dem der Wille zur Macht nicht blind bleibt, sondern sich unterordnet unter die Wahrheit, unter den Willen zu verstehen.

Seit dem 16. Jahrhundert hat sich diese Relation umgekehrt. Wissen tritt in den Dienst der Praxis. Ihr Ziel ist nicht mehr die menschliche Macht zu orientieren, sondern sie zu vergrößern durch wachsende Kenntnis der Natur. *Savoir est pouvoir*, oder, wie Auguste Comte sagte, *Savoir pour prévoir, prévoir pour prévenir, prévenir pour pouvoir.* Um die Natur zu beherrschen, ist es überflüssig, sie nach dem Modell des Verstehens von unseresgleichen zu verstehen. Die Dinge der Natur sind nicht unseresgleichen. Und es ist nicht nur überflüssig, sondern sogar schädlich, sie so zu betrachten. Man soll nicht die Natur verstehen, man soll sie erklären, und das heißt, man soll wissen, wie sie funktioniert.

Eine Sache kennen heißt nach Thomas Hobbes, »to know what we can do with it when we have it«. *Res cogitans* und *res extensa* haben nichts mehr gemeinsam. Denn der Begriff, der sie vergleichbar macht, ist verschwunden: der Begriff des Lebens. Die alte Trias *Esse – vivere – intelligere* wird reduziert auf den Dualismus Sein – Bewusstsein. Leben ist für Descartes ein unklarer, ein diffuser Begriff. Entweder ist das Lebewesen ein bewusstes Subjekt, oder es gehört zur Welt der *res extensa*, zur Welt der trägen Objekte. Und die Philosophie als Metaphysik? Bei Descartes teilt sie sich in zwei Teile. Descartes spricht in den *Principia* von einem Baum, dessen Wurzel die Metaphysik ist, dessen Stamm die Physik und dessen Zweige, von denen man die Früchte erntet, die nutzbringenden Wissenschaften wie Medizin, Mechanik und wissenschaftliche Moral sind, das heißt in einer wissenschaftlichen Psychologie begründete Moral. Descartes trägt diesen beiden Interessen des Menschen noch Rechnung. Das Hauptinteresse ist es jetzt, *maître et possesseur de la nature* zu werden. Und die Philosophie ist vor allem Wissenschaftstheorie geworden, die diesem Ziel dient.

Aber damit der Forscher sein psychisches und mentales Gleichgewicht bewahrt, muss er ein für allemal die Fragen, die seinen Platz im Universum und in der Totalität des Seins betreffen, klären. Metaphysik ist nicht mehr das Ziel der Wissenschaft und der Gipfel menschlicher Praxis, sondern sie ist der Grund, der, einmal gelegt, es nicht verlangt, dass man ihm mehr als einige Stunden im Jahr widmet.

Für die Empiristen dagegen hat die Philosophie nichts mit diesem Grund zu tun. Philosophie, das heißt Wissenschaftstheorie im modernen Sinn. Was das Interesse des Menschen betrifft, sich selbst und seine Stellung in der Welt zu verstehen, so fällt es außerhalb der Rationalität. Es ist ein irrationales Interesse, nach den einen eine Schwäche, die überwunden werden muss, nach den anderen ein Bedürfnis, das man durch Sedative zufrieden stellen muss, Sedative, die geliefert werden auf Anweisung der Psychologie.

Ich möchte ein Beispiel von dem geben, was ich unter den beiden fundamentalen Interessen der menschlichen Vernunft verstehe. Und dies in Bezug auf das, was ich gesagt habe über das Verschwinden des Begriffs des Lebens. Es gibt keinen adäquaten Begriff des Lebens ohne Rekurs auf bestimmte teleologische Begriffe. Leben, das heißt Aus-Sein-auf-etwas, Streben nach etwas, wenigstens Streben danach zu sein. Ein lebendes Wesen verstehen heißt seine Tendenz verstehen.

Aristoteles glaubte, die Bewegungen der Elementarkörper verstehen zu können, weil er sie verstand nach Analogie zu den Lebewesen, das heißt auf teleologische Weise.

Francis Bacon dagegen verabschiedete die *causa finalis* ganz allgemein »*tamquam virgo Deo consecrata, quae nihil parit*«, wie eine gottgeweihte Jungfrau, die nichts gebiert. Er schätzte gottgeweihte Jungfrauen offenbar nicht. Sie sind nicht produktiv. Um die Natur zu beherrschen, ist es eher lästig, die inneren Tendenzen natürlicher Wesen zu verstehen. Es genügt, die Gesetze ihres Funktionierens zu verstehen.

Von einem Hund sagen, dass er Durst hat, ist in der nicht-teleologischen Perspektive der Wissenschaft eine inadäquate Formel, denn sie nützt uns nichts, den Lauf des Hundes zum Fressnapf zu verstehen. Auf etwas aus sein, nach etwas streben, das sind, so heißt es, Anthropomorphismen. Aber ohne diese Anthropomorphismen würde kein Mensch einen Hund halten. Tiere, Pflanzen und sogar die Dinge, die nur Objekte sind, sind doch zu gleicher Zeit Begleiter, die uns in irgendeiner Hinsicht ähneln. Sich in seinem Umgang mit anderen Lebewesen jeden Anthropomorphismus verbieten führt schließlich dazu, sich eine menschliche Sprache mit Bezug auf den Menschen zu verbieten. Der Mensch selbst wird für sich zum Anthropomorphismus. Es ist uns unmöglich, ohne Anthropomorphismus über die Welt zu sprechen.

Nietzsche hat gezeigt, dass es schon ein Anthropomorphismus ist, wenn wir über so etwas wie »Dinge« sprechen. Und Leibniz hat gesehen, dass es ohne eine teleologische, das heißt eine anthropomorphe Sprache sogar unmöglich ist, Bewegung zu definieren. Leibniz war gleichzeitig mit Newton der Erfinder der Infinitesimalrechnung, die es zum ersten Mal einer mathematisierten Physik möglich machte, Bewegung zu denken. Aber es ist derselbe Leibniz, der als Philosoph den Preis dieser Unterwerfung sah. Es ist nämlich der Preis des Verschwindens der Bewegung als Bewegung. Die Infinitesimalrechnung transformiert Bewegung in eine unendliche Zahl stationärer Zustände. Das Phänomen der Bewegung als solches zu retten erforderte von Leibniz die Einführung eines offen anthropomorphen Begriffs, des Begriffs des *conatus,* der Tendenz. Und es ist noch einmal Leibniz, der ein klares Bewusstsein von der Dualität der Sehweisen besaß, wenn er *regnum potentiae* und vom *regnum sapientiae* sprach.

Diese Dualität korrespondiert mit den beiden Interessen, von denen ich gesprochen habe, und den »zwei Kulturen«, von denen C. P. Snow sprach. Die beiden Kulturen existieren seit der Ablehnung der Teleologie durch die neue, die mathematisierte Wissenschaft, die, um besser erklären zu können, darauf verzichtete, zu verstehen.

Auch Pascal hat diesen Bruch bemerkt, wenn er von der Komplementarität des *esprit de géometrie* und des *esprit de finesse* sprach.

Die beiden Interessen, die dem modernen Dualismus zugrunde liegen, sind anthropologische Konstanten. Das Interesse an Beherrschung ist das Interesse, das wir mit allen anderen Lebewesen teilen.

Sich nicht nur selbst behaupten in der Welt, sondern das Andere als es selbst zu verstehen, das ist ein ganz andersartiges Interesse. Und dennoch kann es genetisch als eine Funktion des ersteren interpretiert werden. Die Anthropologie zeigt uns den Menschen als Bedürfniswesen, als Mängelwesen. Er ist von Natur nicht mit hinreichenden Mitteln zur Sicherung seines Überlebens ausgestattet. Er besitzt bis auf einige wenige Rudimente nicht die dazu erforderlichen Instinkte. Er muss also diese Mittel selbst schaffen und die natürliche Welt in eine kulturelle Welt transformieren. Aber diese schöpferische Transformation des Gegebenen ist nicht möglich ohne ein gewisses Verständnis des Gegebenen, unabhängig von seiner Bedeutsamkeit innerhalb eines kulturellen Kontextes. Verstehen heißt: nachvollziehen können. Und nachvollziehen kann ich nur das mir Ähnliche.

Für die Katze ist die Maus nichts als Beute. Für das Tier ist alles, was ihm begegnet, Umwelt und als solches Träger unveränderlicher Bedeutungen. Diese Bedeutungen sind Funktionen des Selbsterhaltungsinstinkts. Jedes Lebewesen hält sich im Zentrum seiner Welt. Es ist »extrovertiert«. Aber seine Extroversion bedeutet, dass es nie über sich selbst herausgehen, sich nicht selbst überschreiten kann. Für das Tier gilt, was David Hume vom Menschen sagt: Es tut niemals einen Schritt über sich selbst hinaus. Wenn das Tier kein Selbstbewusstsein hat, dann deshalb, weil es sich selbst nie von außen, nie mit den Augen des anderen sieht. Die Katze sieht sich nicht mit den Augen der Maus.

Tiere sind egozentrisch, was nicht heißt: egoistisch. Egozentrismus bedeutet, dass sie niemals etwas als es selbst in Betracht ziehen, weder sich noch die anderen. Deshalb ist ihre Beziehung zur Umwelt nicht geschichtlich. Sie bleibt über Jahrtausende hinweg unveränderlich. Ebenso ist ihre Herrschaft über die Umwelt immer die gleiche. Sie besteht nicht in einer fortschreitenden Unterwerfung der sie umgebenden Welt. Sie leben auf Kosten anderer Lebewesen, während die anderen Lebewesen wiederum auf ihre Kosten leben. Sie leben nach dem Satz des Anaximander: »Woraus die Dinge entstehen, da hinein vergehen sie auch nach der Ordnung der Zeit. Denn sie zahlen einander Buße für das Unrecht.« Tiere versuchen nicht, anderen Lebewesen »gerecht zu werden«. Sie erfüllen die Gerechtigkeit durch ihren Tod.

Der Mensch als nicht definitiv angepasstes Wesen ist sich immer schon dessen bewusst, dass andere Wesen von Tendenzen bestimmt sind, die sich nicht durch die Weise definieren, wie sie uns erscheinen. Sogar dann, wenn es nicht um die Anerkennung des Anderen, sondern um die Herrschaft über es geht, setzt die Kenntnis dessen, was man beherrschen will, voraus, dass sie sich nicht erschöpft in der Kenntnis der notwendigen Mittel der Herrschaft. Es leistet Widerstand. Wenn Thomas Hobbes schreibt, eine Sache kennen heiße »to know what we can do with it when we have it«, dann gilt für diese Formel dasselbe wie für den bereits zitierten Satz von David Hume: *Stricto sensu* gilt er nur für die Tiere. Was die Menschen betrifft, müssten wir den Satz umkehren: Wir können nichts mit einer Sache machen, ohne sie bis zu einem gewissen Grad zu kennen. Der Dompteur kann wilde Tiere nur beherrschen, wenn er weiß, worauf die Tiere von aus sich heraus aus sind. Er muss sie verstehen.

Max Scheler und in seinem Gefolge später Horkheimer und Adorno haben den Unterschied herausgearbeitet zwischen instrumentellem Wissen, also Wissen im Dienst der Beherrschung der Natur, und einer substantiellen Vernunft, der es um Wahrheit geht, das heißt um das, »was in Wahrheit ist«, um mit Hegel zu sprechen. Ich habe selbst von dieser Unterscheidung Gebrauch gemacht, ich möchte aber betonen, dass das Interesse an dem, was in Wahrheit ist, das Interesse an der »Sache selbst«, sogar dann als Konsequenz des Herrschaftsinteresses verstanden werden kann, wenn es sich am Ende von diesem emanzipiert und zu genuinem Erkenntnisinteresse wird. Es geht ihm schließlich nicht mehr um dasselbe. Das Interesse am Verstehen, das in die Anerkennung mündet, ist dem permanenten Interesse an Herrschaft entgegengesetzt.

Max Scheler hat in seinem wichtigen Werk »Erkenntnis und Arbeit« gezeigt, dass die pragmatische Interpretation der menschlichen Erkenntnis zwar nicht dem philosophischen Interesse entspricht, wohl aber dem Erkenntnisinteresse der Naturwissenschaften.

Die moderne Naturwissenschaft ist nicht Kontemplation, Betrachtung des Seins, sondern arbeitet mit funktionalen Beziehungen, mit Verknüpfungen auf der Basis der Naturgesetze, aufgrund deren wir prinzipiell in den Lauf der Dinge eingreifen können, sogar dann, wenn eine solche Intervention nicht unmittelbar der subjektiven Intention des Forschers entspricht. Das, was man Grundlagenforschung nennt, muss nicht einmal den langfristigen Nutzen ihrer Resultate antizipieren können. Und dennoch ist gerade diese Forschung von größtem praktischen Interesse. Sie entspricht der Tendenz zur Arbeitsteilung, die seit Langem den Menschen dazu bewegt, Werkzeuge herzustellen unabhängig von einem unmittelbaren Bedürfnis, sozusagen auf Vorrat und im Blick auf ihre Tauschbarkeit. Sie gewinnen so eine gewisse Autonomie mit Bezug auf den Prozess ihrer Nutzbarmachung. Sie werden den »natürlichen« Dingen analog.

Der Wille zu verstehen entspringt also dem Interesse eines unangepassten Lebewesens, die Welt zu seiner Disposition zu stellen. So wird das anfänglich sekundäre Interesse autonom. Es eröffnet dem Menschen die Möglichkeit einer authentischen Bewegung zum Anderen hin, einem authentischen theoretischen Interesse, das nicht auf Herrschaft, sondern auf Anerkennung gerichtet ist.

Anerkennung ist Selbsttranszendenz. Ihr Motiv ist dem der Selbstbehauptung entgegengesetzt. Wir können es »Liebe« nennen, wenn wir darunter die Bewegung verstehen, mit dem das Andere für mich wirklich wird. *Fieri aliud inquantum aliud, das Andere als das Andere werden*, so lautete eine tiefsinnige Definition von Erkenntnis bei Johannes a Sancto Thoma, einem spanischen Thomisten des 17. Jahrhunderts. Aber aus dieser Definition ergibt sich auch die Differenz zwischen jeder Art von Begierde und dem, was die Alten *amor benevolentiae* nannten, Wohlwollen, wohlwollende Liebe, die Leibniz definierte als *delectatio in felicitate alterius* – »Freude am Glück des Anderen«.

Wenn man auch denken kann, dass dieses zweite Interesse seinen Ursprung in dem ersten hat, so ist es doch diesem, wenn es einmal konstituiert ist, überlegen. Dieses Interesse versteht sich nämlich selbst, und es versteht ebenso das erste, das Interesse an Selbstbehauptung.

Umgekehrt ist jeder Versuch, das Interesse am Verstehen als Funktion von Selbstbehauptung zu interpretieren, zum Scheitern verurteilt. Es handelt sich um ein systematisches Missverständnis, um eine Verkennung der Emanzipation des Interesses der Vernunft von seinem biologischen Ursprung.

Aristoteles folgerte aus dieser Emanzipation die vollständige Negation eines solchen Ursprungs. Die Vernunft kommt, so schreibt er in *De generatione animalium*, *thyrathen*, von außen, in den Menschen. Sie kann nicht als ein Teil der Seele verstanden werden.

Thomas von Aquin hat dieses Verständnis der Vernunft als getrennte Substanz bestritten, aber nicht um sie auf ihre biologische Funktion zu reduzieren. Im Gegenteil: Das Leben selbst enthüllt sich für Thomas erst wirklich, wenn es durch die Vernunft zu sich selbst gekommen ist. So kann Thomas sagen: *Qui non intelligit, non perfecte vivit, sed habet dimidium vitae* – »Wer nicht versteht, lebt nicht vollkommen, sondern hat nur ein halbes Leben.«

Ich möchte die Aufmerksamkeit auf das Paradox der Transzendenz lenken, das Paradox eines Interesses an dem, was nicht auf mein Interesse bezogen und nicht durch mein Interesse definiert ist. Das primäre Interesse verwandelt alles, dem ich begegne, in Objekt. Das zweite Interesse dagegen ist das Interesse an dem, was das Andere in sich selbst und an sich selbst ist. Es setzt eine Ipseität, ein Selbstsein voraus, aufgrund dessen das begegnende Objekt dem Subjekt der Begegnung ähnlich ist. Es ist also seinerseits Subjekt, und sei es auf eine noch so entfernte Weise.

Diese Voraussetzung ist eine letzte Voraussetzung der Philosophie, die wir nicht ihrerseits noch einmal begründen können. Darauf spielt Whitehead an, wenn er zu Beginn von »Process and Reality« schreibt, dass nur das als wirklich real gelten darf, was selbst einen Pol der Subjektivität besitzt.

Für Whitehead handelte es sich dabei um eine analytische Wahrheit. Wenn das Sein einer Sache sich nicht reduzieren soll auf die Tatsache, für ein Subjekt zu sein, dann muss dies Seiende selbst der Ordnung der Subjektivität angehören, die, aufgrund ihres objektiven Gehaltes, zum Objekt für andere Subjekte werden kann.

Eine solche Einheit von Subjektivität und objektivem Gehalt ist es, was die Griechen *physis* nannten. *Physis* ist eines der fundamentalen Worte der antiken Philosophie, und zwar ebenso wohl der theoretischen wie der praktischen. Man kann sogar sagen, dass dieser Begriff das Bindeglied darstellt zwischen theoretischer und praktischer Philosophie.

Seiendes in Termini der *physis* denken war eine Entscheidung von großer Reichweite. Oder besser: Die Tatsache, dass die Realität sich zeigt, insoweit sie *physis* ist, war für den Beginn des europäischen Denkens ein Ereignis von großer Tragweite. Diese Entscheidung blieb bis ins 16. Jahrhundert, also ungefähr 2000 Jahre lang unbestritten. Seither wird sie in Frage gestellt.

Und während der letzten Jahrzehnte zeichnen sich die Konsequenzen dieser Infragestellung immer deutlicher ab. Im Licht dieser Konsequenzen müssen wir uns fragen, ob wir bewusst und mit allen Implikationen die Entscheidung übernehmen wollen, die damals gefallen ist, oder ob wir sie revidieren wollen.

Die Philosophie kann nicht beanspruchen, diese Frage auf autoritäre Weise zu beantworten, aber, geleitet vom Eigeninteresse des Menschen, sucht sie zu verstehen, was in Wahrheit ist. Daraus leitet sich allerdings ein hermeneutischer Zirkel ab. Denn mehr noch als die einfache Selbstaffirmation setzt das Wahrheitsinteresse immer schon voraus, was es sucht, das heißt es setzt voraus, dass etwas wie Wahrheit existiert.

Seit Nietzsche ist dies eine kühne und bestreitbare Voraussetzung, außerdem setzt das Interesse am Verstehen der Wirklichkeit etwas voraus, das zum Beispiel Michel Foucault bestreitet, nämlich dass »die Welt uns ein lesbarer Gesicht zuwendet«.

Der Begriff der *physis* beruht aber genau auf dieser Voraussetzung. Eine Sache daraufhin befragen, was ihre *physis* ist, bedeutet den Versuch, sie in Analogie zu unserem Selbstverständnis zu verstehen. Denn *physis* bezeichnet genau das, was uns mit allem verbindet, was ist.

Es wurde oft gesagt, dass der Mensch das Wesen ist, das sich von der Natur emanzipiert hat. In einem gewissen Sinne ist das richtig. Aber ehe wir verstehen, in welchem Sinn, müssen wir sehen, dass der Begriff der *physis* ein Anthropomorphismus ist. Er bedeutet, dass wir die Wirklichkeit, die uns umgibt, nach Analogie zu uns selbst verstehen und nur in einem zweiten Schritt uns selbst nach Analogie der lebenden Dinge, die uns umgeben. Von den Anfängen der Philosophie an, von Heraklit und Parmenides an, ist der Begriff der *physis* durch zwei Bedeutungselemente bestimmt.

Einmal die Bedeutung der Entfaltung, des Wachstums, ausgehend von einem inneren Prinzip, und zweitens die Bedeutung einer artspezifischen Struktur. Beide Bedeutungen hängen zusammen. Die innere Belebung eines Lebewesens ist Teil dessen, was wir wahrnehmen. Diese Wahrnehmung schließt das Faktum ein, dass wir jedes Mal, wenn wir ein Ding als Lebewesen identifizieren, zwischen Toten und Lebenden unterscheiden. Andererseits ist das natürliche Wachstum nicht eine unbegrenzte Wucherung, sondern hat die Form einer bestimmten spezifischen Struktur. Was Ursprung, Selbstheit und Spontaneität heißt, können wir nur wissen, weil wir uns selbst als Selbstsein erfahren. Und Ähnliches gilt für die spezifische Struktur. Wir kennen sie, wenn wir vom Umgang mit den Dingen der Realität, die uns umgibt, ausgehen, angefangen mit dem Umgang mit unseresgleichen. Und wir wissen aus Erfahrung, dass wir selbst für andere sichtbar und identifizierbar sind aufgrund einer unserer Spezies eigentümlichen Struktur, also einer »Natur des Menschen«.

Das erste und entscheidende Element ist aber das, was der Bedeutung des Wortes *physis* zugrunde liegt. *Physis* ist das, was Zeugung und Wachstum von Seiendem leitet. Offenkundig ist das Paradigma für *physei onta* das Lebendige. *Physis*, das ist Leben eines Lebewesens entsprechend seiner Gattung.

Aristoteles hat eine Definition von *physis* gegeben, die Lebewesen als Paradigma für Substanzen benutzt, das heißt als Paradigma für Seiendes, das etwas an sich selbst ist. Alle natürlichen Wesen, auch die unbelebten Elemente, besitzen ein solches formales inneres Prinzip, aufgrund dessen sie sich so verhalten, wie sie sich verhalten. Sie sind zum Beispiel brennbar oder nicht brennbar. Künstliche Dinge bewegen sich aufgrund der spezifischen Mobilität ihrer natürlichen Komponenten. Ein Auto bewegt sich nicht kraft seiner eigenen *physis*, sondern kraft der *physis* der natürlichen Substanzen, die in einen Verbrennungsvorgang eintreten. Für ein Auto ist es nicht irgendwie zu sein.

Aber für alles Lebendige ist es irgendwie zu sein, etwa eine Fledermaus, wenngleich wir nicht wissen, wie es ist. *Physis* ist nach Aristoteles definiert als »Quelle und Grund von Bewegung und Ruhe in einem Wesen, das diese Natur besitzt, das heißt nicht aufgrund akzidenteller Umstände«.

Wenn wir eine Erfahrung suchen, in der wir eine solche Kausalität antreffen, dann liegt die Antwort auf der Hand: Wir erfahren uns selbst als eine solche Ursache unseres eigenen Handelns. Diese Erfahrung besitzt einen paradoxen Charakter. Einerseits begründet sie in der Tat den Begriff der *physis* als Ursprung.

Man kann sogar sagen, dass sie generell unserem Begriff von Kausalität zugrunde liegt. Wenn Ursache mehr bedeutet als Antezedens-Bedingung, dann können wir dieses Mehr nur beschreiben, indem wir uns auf unsere Erfahrung als handelnde Wesen beziehen. Andererseits aber ist unsere Erfahrung von Selbstsein ebenso am Ursprung der Idee, der Mensch sei das Wesen, das aus der Natur herausgetreten ist, denn indem wir einen Elan verspüren, einen spontanen Impuls, spüren wir gleichzeitig die Möglichkeit, uns auf diesen Impuls zu beziehen, ihn freiwillig in unseren Willen aufzunehmen oder uns von ihm zu distanzieren.

Erst in dieser Erfahrung von »secondary volitions«, wie Harry Frankfurt sie nennt, ergreifen wir uns selbst im vollen Sinn eines Ursprungs von Bewegung und Ruhe. Denn der erste Elan ist von der Art, dass wir aufgrund seiner Ursprung unserer Handlungen sind, ohne aber Ursache dieses Elans selber zu sein.

Die Handlungsfreiheit ist noch nicht Willensfreiheit. Erst im Durchgang durch die Emanzipation mit Bezug auf *physis* kommt die *physis* des Menschen zu sich selbst. Das Paradigma der *physis* im aristotelischen Sinn ist genau diese Qualität des Menschen, aufgrund deren er die *physis* überschreitet. Diese paradoxe Struktur müssen wir im Sinn behalten, wenn wir von so etwas wie einer Natur des Menschen sprechen.

»So ist es mit allem, was die Menschen anfangen: Ein später Frost im Frühjahr oder ein verregneter Sommer, und ihre Hoffnungen gehn nicht auf.«

»Doch selten nur geht nicht auf, was sie aussäen«, sagte Legolas. »Das liegt im Staub und vermodert und sprießt dann wieder auf, wo und wann man es nicht erwartet. Die Werke der Menschen werden uns überdauern, Gimli.«

»Und doch wird nichts dabei herauskommen, denke ich, als lauter Hätte-sein-können«, sagte der Zwerg.

»Darauf wissen die Elben nichts zu erwidern«, sagte Legolas.

J. R. R. Tolkien, »Der Herr der Ringe«

GLOSSAR

Bense, Max, 1910–1990, Philosoph und Publizist, Begründer des »Existenziellen Rationalismus«, der die Trennung von Natur- und Geisteswissenschaften aufheben wollte, lehrte ab 1950 an der Technischen Hochschule Stuttgart.

Bonald, Louis-Gabriel-Ambroise de, Vicomte, 1754–1840, französischer Staatsmann und Philosoph, Kritiker der Französischen Revolution.

Comte, Auguste, eigentlich Isidore Marie Auguste François Xavier Comte, 1798–1857, Mathematiker, Religionskritiker und Mitbegründer der Soziologie, Autor von »Système de politique positive« 1851–1854, Gründerfigur des »Positivismus«.

Daniélou, Jean, 1905–1974, französischer Jesuit. Kardinal, Theologe, Autor von »Platonisme et théologie« 1944 und »La Trinité et le mystère de l'existence« 1968.

Dirks, Walter, 1901–1991, Publizist, Schriftsteller und Journalist, Sekretär von Romano Guardini, ab 1946 Herausgeber der »Frankfurter Hefte«, befreundet mit Theodor W. Adorno, galt als Protagonist des Linkskatholizismus.

Döderlein, Johann Ludwig, 1909–1999, Privatgelehrter und Hegelforscher, Nachfahr einer Familie berühmter deutscher Wissenschaftler, lebte nach dem Krieg in München.

Donders, Adolf, 1877–1944, Theologe, Professor für Homiletik an der Universität Münster, 1911 bis 1944 Domprediger im Dom zu Münster.

Fénelon, eigentlich François de Salignac de La Mothe-Fénelon, 1651–1715, französischer Erzbischof und Schriftsteller, sein Roman »Télémaque« gilt als Klassiker der frühen Aufklärung.

Gilson, Étienne Henry, 1884–1978, französischer Philosoph und Philosophiehistoriker, lehrte an der Sorbonne in Paris, 1948 Mitglied der »Académie Française«, Autor von »La philosophie au moyen-âge« 1922.

Gundlach, Gustav, 1892–1963, deutscher Jesuit, Moraltheologe, Professor an der Universität Gregoriana in Rom, Berater von Papst Pius XII.

Hengstenberg, Hans-Eduard, 1904–1998, Philosoph, konvertierte 1930 zum katholischen Glauben, lehrte von 1961 bis 1969 an der Universität Würzburg.

Hildebrand, Dietrich von, 1889–1977, Philosoph, Schüler von Edmund Husserl, eng befreundet mit Max Scheler, emigrierte 1933, lehrte ab 1941 in New York, schrieb 1930 »Die Metaphysik der Gemeinschaft«.

Krüger, Gerhard, 1902–1972, Philosoph, lehrte in Münster, Tübingen und Frankfurt, Autor von »Leidenschaft und Einsicht«, einem Buch über Platons »Symposion«.

Lichtenstein, Ernst, 1900–1971, Pädagoge und Philosoph, lehrte ab 1955 an der Universität Münster, Autor von »Paideia: Der Ursprung der Pädagogik im griechischen Denken«.

Lubac, Henri de, 1896–1991, französischer Jesuit, Kardinal, Theologe, Autor von »Le drame de l' Humanisme athée« 1945.

Maistre, Joseph Marie de, Comte, 1753–1821, französischer und savoyischer Schriftsteller und politischer Denker, Autor von »De la souveraineté du peuple« 1794.

Maritain, Jacques, 1882–1973, französischer Philosoph, Schüler von Henri Bergson, konvertierte 1906 zum katholischen Glauben, lehrte an verschiedenen Universitäten der USA, Autor von »Humanisme intégral« 1936 und »Raison et raisons« 1947.

Pirker, Theo, 1922–1995, Sozialwissenschaftler, lehrte ab 1972 an der Freien Universität Berlin, Pionier der deutschen Industriesoziologie.

Ritter, Joachim, 1903–1974, Philosoph, lehrte seit 1946 an der Universität Münster, Lehrer u.a. von Hermann Lübbe, Odo Marquard, Robert Spaemann, Autor von »Politik und Metaphysik« 1969.

Schmitt, Carl, 1888–1985, deutscher Staatsrechtler und »ein Klassiker des politischen Denkens« (Herfried Münkler), wegen seines Engagements für den Nationalsozialismus nach dem Krieg inhaftiert, lebte danach in Plettenberg, Nord-Rhein-Westfalen. Autor von »Politische Theologie« 1922 und »Der Begriff des Politischen« 1927.

Warnach, Walter, 1910–2000, Philosoph und Schriftsteller, lehrte ab 1964 Philosophie an der staatlichen Kunstschule Düsseldorf, Autor des Buches »Die Welt des Schmerzes« 1952, befreundet mit Carl Schmitt, Heinrich Böll und Joseph Beuys.

AUSGEWÄHLTE HAUPTWERKE

von Robert Spaemann

Der Ursprung der Soziologie aus dem Geist der Restauration. Studien über L. G. A. de Bonald. Kösel, München 1959; 2. Auflage Klett-Cotta, Stuttgart 1998.

Reflexion und Spontaneität. Studien über Fénelon. Kohlhammer, Stuttgart 1963; Neuausgabe und 2. Auflage Klett-Cotta, Stuttgart 1990.

Zur Kritik der politischen Utopie. Zehn Kapitel politischer Philosophie. Klett-Cotta, Stuttgart 1977.

Rousseau – Bürger ohne Vaterland. Von der Polis zur Natur. Piper, München 1980. Erweiterte Neuausgabe unter dem Titel: Rousseau – Mensch oder Bürger. Das Dilemma der Moderne. Klett-Cotta, Stuttgart 2008.

Die Frage Wozu? Geschichte und Wiederentdeckung des teleologischen Denkens (mit Reinhard Löw). Piper Verlag, München 1981. Neuausgabe unter dem Titel: Natürliche Ziele. Klett-Cotta, Stuttgart 2005.

Moralische Grundbegriffe. C. H. Beck München 1982.

Philosophische Essays. Reclam, Stuttgart 1983; 2., erw. Auflage 1994.

Glück und Wohlwollen. Versuch über Ethik. Klett-Cotta, 5. Auflage Stuttgart 2009.

Personen. Versuche über den Unterschied zwischen »etwas« und »jemand«. Klett-Cotta, 3. Auflage Stuttgart 2006.

Grenzen. Zur ethischen Dimension des Handelns. Klett-Cotta, 2. Auflage Stuttgart 2002.

Das unsterbliche Gerücht. Die Frage nach Gott und der Aberglaube der Moderne. Klett-Cotta, 5. Auflage Stuttgart 2007.

Der letzte Gottesbeweis (mit Rolf Schönberger). Pattloch, Düsseldorf 2007.

Schritte über uns hinaus. Gesammelte Reden und Aufsätze I. Klett-Cotta, 2. Auflage Stuttgart 2010.

Schritte über uns hinaus. Gesammelte Reden und Aufsätze II. Klett-Cotta, 2. Auflage Stuttgart 2011.

Nach uns die Kernschmelze. Hybris im atomaren Zeitalter. Klett-Cotta, Stuttgart 2011.